오직 모를 뿐

숭산 대선사의 서한 가르침

오직 모를 뿐
숭산 대선사의 서한 가르침
현각 편집 · 무산본각 옮김

1판 1쇄 발행일/1999년 5월 19일
1판 6쇄 발행일/2000년 9월 15일
개정판 1쇄 발행일/2000년 12월 20일
개정판 17쇄 발행일/2014년 10월 15일

펴낸이/류희남
교정 · 편집/권미경
펴낸곳/물병자리
출판등록일(번호)/1997년 4월 14일(제2-2160호)
주소/110-070 서울시 종로구 내수동 새문안로5가길 11, 801호
대표 전화 (02) 735-8160/팩스 (02) 735-8161
홈페이지/www.aquariuspub.com
e-mail/aquari@aquariuspub.com

ONLY DON'T KNOW
Selected Teaching Letters of Zen Master Seung Sahn
ⓒ1982, 1999 Providence Zen Center
Korean translation ⓒ1999 by Aquarius
Published by arrangement with Shambhala Publications, Inc., Boston
through Sibylle Books Literary Agency, Seoul.

비평이나 서평의 짧은 인용문으로 사용할 목적이 아니고서는, 이 책의 어느 부분도
이 책 발행인의 서면 동의 없이 어떤 수단으로도 복제하거나 유포할 수 없습니다.

ISBN 89-87480-31-3 03220

오직 모를 뿐

숭산 대선사의 서한 가르침

현각 편집 • 무산본각 옮김

물병자리

차 례

이 책을 읽기 전에

1 선이란 무엇인가?

참다운 마음 공부 — 14
교도소에서 온 편지 — 19
얻는 바 없음을 얻어라 — 27
다른 이들에게 참선 수행을 어떻게 설명할까? — 28
오뚝이 인형처럼 중심을 잡으세요 — 33
너는 무엇인가? — 37
딸에게 배워야만 합니다 — 38
선은 평상심이다 — 42
그것을 찾다 — 48

2 고통에 대하여

인생 행로 — 50
이 세상에서는 모두가 미쳤다 — 56
아플 때에는 아프기만 하세요 — 59
불타는 집 — 65
지붕 한가운데에서 내려와야 할 때 — 68

3 일에 대하여

창도 없는 소란스런 작은 방 — 76
베트남에서의 기억들 — 79
과학과 선(禪) — 81
당신의 본분사(本分事) — 86
그대의 일은 무엇입니까? — 90
기자의 펜끝 — 91

4 가족관계에 대하여

네 가지 종류의 분노 — 98
삶과 죽음의 일대사(一大事) — 104
딸을 어떻게 가르칠까요? — 108
더 이상 남편을 따를 수 없어요 — 118
선을 하는 마음을 던져 버려라 — 122

5 출가 수행에 대하여

스님이란 어떤 사람인가? — 130
다른 스님, 다른 행동 — 137
단순한 삶, 막중한 책임 — 145
불교 본연의 전통 — 157

6 참선 수행법

강한 좌선이란 무엇인가? — 170
좌선을 할 때에는 좌선만 — 173
망념심·일념심·청정심 — 178
수준 낮은 수행 — 182
수행에 따르는 장애 — 187
병을 알고, 맞는 약을 복용하라 — 195

7 공안 수행에 대하여

쫭!! — 202
'멍 멍' 개 짖는 소리가 무(無)자 보다 낫다 — 204
아야! — 208
공안 수행의 의미 — 209
머리는 용, 꼬리는 뱀 — 216
이미 죽었다 — 221
선과 기독교 — 224
거울에 비친 얼굴 — 229
한 걸음 더 — 232

8 함께하는 수행

혼자만의 수행 — 234
함께하는 수행 — 239
당신의 휘발유는 소진되지 않았다 — 246
꿈에서 깨어나라! — 250
위대한 법(法)의 바다 — 255

9 스승과 제자

스승을 찾는 일 — 260
난잡한 법의 현장과 깨어진 계율 — 263
선사보다 더 낫다 — 269
29개의 나 — 272
당신의 생각이 당신을 가둔다 — 276
내버려 둔 꿈 — 282
그림으로 보여주는 가르침 — 288

숭산 대선사의 생애 — 305
선원(禪圓) — 325
옮긴이의 말 — 326

이 책을 읽기 전에

사실, 이 책은 침술(鍼術) 책과 같습니다. 환자가 훌륭한 의사 선생님께 마음이 울적하여 불편함을 호소하는 것과 같은 그런 '사례'들이 엄선되어 실려 있습니다. 이렇게 불편함을 호소하는 자신이나 가족 그리고 친구들은 그 불편함이 무언지 명확히 알 수도 있고 혹은 모를 수도 있지만, 분명한 것은 그들이 무언가에 가로막혀 있고 갇혀 있어 숨막히다고 느끼고 있다는 사실입니다. 그들은 자신의 참된 성품을 모르는 것입니다. 그들이 해야 할 일은 바로 자기의 성품을 아는 것뿐입니다. 불편함이 늘어난다면 다른 이들에게도 좋지 않은 영향을 미치게 될 것입니다.

그래서 그들은 그 불편함을 자연스럽게 토로합니다. 환자는 자신의 불안정한 상태에 관하여 의사에게 열심히 설명하지만, 의사는 가볍게 고려해보거나 전혀 고려하지 않을 수도 있습니다. 훌륭한 의사는 환자가 하는 말을 하나도 빼놓지 않고 귀담아 듣기는 하겠지만 그저 듣고, 알아차리고, 바라보고, 기다리고, 받아들일 뿐 다른 상황과 연계된 선입견을 갖지는 않습니다. 환자가 호소하는 말들은, 의사에게는 단지 부분적으로만 유용할 뿐입니다. 의사는 환자가 자신의 증상을 설명하는 말의 홍수 속에 가만히 앉아 무심한 얼굴로, 동요하지 않은 채, 오랜 세월의 이끼가 끼어 까맣게 된 암석처럼, 설명을 해 나가는 환자의 얼굴 위로 휙 스쳐 지나는 보이지 않는 징후들을 주목하여 살핍니다. 희미한 열기가 얼굴의 이곳 저곳을 유동하더라도, 그것은 곧 사라져 버릴 홍조입니다. 얼굴 근육에서 잠시 나타나는 긴장도 단지 피부 밑에서 일어나는 일입니다. 눈자위가 건조해지고, 입에는 침이 고입니다. 환자는 여전히 말을 하고 있지만 그 말에 의사는 동요하지 않습니다. 쥐구멍 앞에 웅크리고서 쥐를 기다리고 있는 고양이처럼, 여러분이나 내 눈에는 더 잘 보일 수도 있고 더 안 보일 수도 있는 것들(이를테면 벽 뒤에서 은밀히 긁어대는 소리나 밭은 숨소리 또 지금 어디 있으며 어떻게 하려는지 눈치채게 하는 작은 움직임들)에 매우 날카로운 시선을 집중하고 있는 것입니다.

그러다가 드디어 쥐를 덮칩니다.

이렇게 하는 데에는 값비싼 연장이나 기구가 필요하지 않습니다. 어떠한 이론이나 과학기술 또는 치료요법도 필요치 않습니다. 이렇게 하는 데에는 책에서 얻은 지식이 필요한 것이 아니고 오직 하나의 결정적인 일만이 필요합니다. 즉, 마음속 깊은 곳에서부터 우러나 바로 지금 이 순간을 확고하게 틀어쥐는 일 말입니다. 온전한 깨달음이란 무엇일까요? '오직 모를' 뿐입니다.

이 책은 우리가 살고 있는 이 시대의 가장 위대한 영적 스승 가운데 한 분이신 숭산 스님이 우리에게 주신 독특한 가르침을 모은 것입니다. 서울 화계사(華溪寺) 조실이신 숭산행원(崇山行願) 대선사(大禪師)님은 여러분이 만났거나 만나게 될 그 어떤 분보다도 뛰어난, 가장 노련하고도 자연스러운 심침(心針)의 교사입니다. 이 책에 실린 그분의 가르침이 담긴 편지들을 읽고나면 그분의 비상한 심침의 효력을 충분히 경험할 수 있습니다. 여러 가지 의미 있는 면에서 이 책은 여느 편지들을 모은 책과는 전혀 다릅니다. 훌륭한 영적 스승들의 편지들을 모아 표준적이고 고전적으로 번역한 책들은 스승의 가르침과 제자의 물음이 담긴 편지들을 함께 싣는 경우가 거의 없습니다. 무엇을 물어 보았었는지 개의치 않고, 훌륭한 스승의 가르침만을, 마치 스승의 가르침만 있었던 것처럼 책에 싣는 것이 보통입니다. 제자가 자기 수행의 어느 부분에 걸려 불평하는지는 무시하고 마치 스승의 가르침만이 텅 빈 하늘에서 툭 떨어진 것처럼 말입니다. 여러분이 지금 손에 들고 있는 이 책은, 드러난 마음의 병이 치유되는 과정을 통하여 그 병을 보다 잘 이해하고 배울 수 있도록 하였습니다.

세계의 도처에서 선사님의 지도를 받고 있는 선원(禪院)에서는 이 책에 실려 있는 것과 같은 편지들(제자가 보낸 편지 하나와 선사님의 답장)을 매일 아침과 저녁 수행 시간에 다 함께 큰 소리로 읽고 있습니다. 케임브리지 선원에서 매일 큰 소리로 이 편지들을 읽는 소리를 듣는 젊은 제자처럼, 이 책을 읽으면서 여러분은 매우 다양하고 예상치 못한 변화를 경험하게 될 것입니다. 먼저 제자가 보내온 편지를 읽으며 듣습니다. 여러분은 자주 "나라면 그 편지에 담긴 문제에 대해 이렇게 답하여 줄 텐데"라는 생각이 들 것입니다. 순간적으로 여러분은 소(小) 선사의 입장이 되어 여러분 나름의 가르침을 생각하는 것입니다. 그리고는 선사님의 답장을 읽습니다. 저는 몇 번이나 숭산행원 선사님의 편지에 실린 증상을 다루는 탁월한 솜씨와 명료함에 흠칫 놀라고, 충격을 받았던 것을 기억합니다. 선사님께서는 제가 생각했던 것과는 전혀 다른 방식으로 말씀하시고, 별로 중요해 보이지 않은 점에 대해서도 가르침을 주십니다. 그분은 사물을 전혀 새로운 방식으로 보십니다. 게다가 그분은 자신의 깨달음이란 관점에서 문제의 핵심을 정통으로 겨냥하여 날카로운 바늘로 찔러 버립니다. 너무나 정곡을 찔러, 특히 강력하고도 직설적인 가르침을 듣게 된 법당에 있던 여러 사람들이 몸을 움찔하는 것을 자주 보게 됩니다. 하지만 몇 차례 이런 절묘한 경험을 하면서 편지를 다 읽을 즈음이면, 여러분은 그 가르침을 완전하게 이해하게 됩니다. 그분의 방편(方便)은 여러분에게도 큰 영향을 줄 것입니다. 왜냐하면 제자들이 쓴 편지는 여러분이 썼을 수도 있는 문제들을 안고 있기 때문입니다. 그분이 제자들에게 준 가르침은 여러분 내면의 문제도 치유해 줍니다. 허리의 통증을 제거하기 위하여 여러분의 머리에 침을 놓는 침술사처럼, 그분의 가르침은 전혀 예상치 못한 방식으로 처방을 받는 이나 듣는 이(바라건대 지금 이 책을 읽는 독자들까지도) 모두의 내면에 갇혀 있는 활력을 풀어내 줍니다. 최근에 몇몇 분들이 제자들의 편지는 싣지 않고, 숭산행원 선사님의 가르침을 훨씬 더 많이 담은 서한집을 출판하자고 제안한 바 있었습니다. 하지만 선사님께서는 이렇게 말씀하시면서 그 제안을 거절하셨습니다.

"병이 무슨 병인지 알려주지 않고, 그 병을 고치기 위한 약만 보여주자는 것입니까? 그것은 옳지 않습니다. 내 말뿐만 아니라, 제자들의 편지도 사람들에게 가르침을 주는 것입니다."

이 책에 실린 편지들은 수많은 편지들 가운데서 가려 뽑은 것입니다. 서양에서 거의 30년을 쉼없이 펼치신 그분의 가르침 속에서, 숭산행원 선사님은 당신에게 온 모든 편지에 대하여 빠짐없이 답장을 쓰셨습니다. 수 천 통에 이르는 편지와 카드를 영어로 썼는데, 편지의 끝에는 항상 '숭산 합장'이라고 서명하였습니다(이 책에는 50여 년 전 깨달음을 얻고 전법건당하신 이래 한국의 수행자들과 주고받은 편지나 한자와 영어로 가르친 중국계 제자들과 나눈 편지는 소개하지 않았습니다.). 여러분이 이 편지들을 읽고 알 수 있듯이, 이 경이로운 스승께서는 법회나 설법을 위해 비행기를 타고 떠난 후에 지난번 머물렀던 선원에서 비서가 모아 다시 보낸 수많은 편지들에 대해서도 일일이 답장하였습니다. 영어로 쓰여진 편지들만 하더라도 이 책 분량으로 70~80권은 될 것입니다. 한 분의 선사가 감당한 이 엄청난 분량의 편지 왕래는 실로 놀라운 것입니다. 어느 제자가 그분께 왜 편지를 주고받는 일에 그토록 많은 애를 쓰시냐고 물은 적이 있습니다. 이 질문에 대한 그분의 대답은 그분이 하시는 일의 전형을 보여주는 것입니다.

"어떤 이들은 마음속으로 고통을 겪고 있습니다. 그런데 내가 많은 곳을 두루 돌아다니다보니 쉽게 나를 만나지 못합니다. 그래서 그분들은 편지를 써서, 내게 보냅니다. 그러니 내가 어떻게 가르침이라는 약을 보내드리지 않을 수 있겠습니까?" 이 책을 만들면서 그분이 '편지를 통한 가르침'이라고 부르는 작업의 본질이 잘 드러나도록 노력하였습니다. 하지만 당분간 출판되지 못한 채 남겨진 많고 많은 매혹적인 편지들이 있어 유감스러울 뿐입니다.

2000년 11월 1일
서울 삼각산 화계사
현각 합장(合掌)

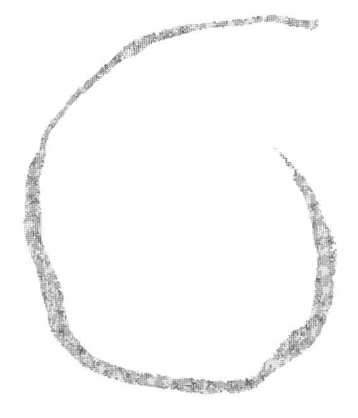

1 선이란 무엇인가

참다운 마음 공부

선사님께,

다이애너가 저에게 전화를 걸어 선사님께서 심장과 당뇨 때문에 고생하고 계시다는 이야기를 해주었습니다.* 건강이 좋지 않으시다니 걱정입니다. 제 아들이 처음 당뇨병에 걸려 인슐린을 맞아야 한다는 이야기를 듣고 큰 충격을 받았던 기억이 아직도 생생합니다. 당시 제 아들의 나이는 겨우 열일곱 살이었고, 췌장이 제 기능을 다하지 못하기 때문에 인슐린의 투여량을 아이의 운동량과 음식에 따라 조절해야 했습니다. 하지만 얼마 가지 않아서 아이는 언제 인슐린을 맞아야 하는지 알게 되었고, 필요 이상으로 인슐린을 맞았을 때에는 오렌지 주스를 마셔야 한다는 것도 배웠습니다. 선사님께서도 이제는 새로운 치료법에 적응하셨으리라 믿습니다.

지난번 빅셔에서 있었던 기도법회에 참석하지 못해 죄송합니다. 하루 빨리 건강을 되찾으시기를 간절히 기원합니다.

캘리포니아 주 버클리에서 마쥐 올림

---

* 1977년 7월, 선사님께서는 심장의 부정맥을 검진하기 위하여 병원에 입원하셨던 적이 있으며, 당뇨의 합병증을 조절하기 위해 인슐린을 사용하기 시작하였습니다.

마쥐에게,

편지 주셔서 감사합니다. 요즈음 어떻게 지내십니까?

방금 병원에서 돌아왔습니다. 내 건강에 대해 걱정해주서서 고맙습니다. 나는 병원에서 지시하는 대로 따르고 있으며, 인슐린을 맞기 시작했습니다. 지난 15년 간 당뇨약을 복용했는데, 의사들의 말이 그 약이 내 심장을 손상시켰다고 하더군요. 그래서 병원에 가서 검진하고 심장병 치료제를 복용하였더니 이제 심장은 정상을 회복하였습니다. 그러니 이제 내 몸은 아무 문제도 없는 것이지요.

병원에 있는 동안, 그곳에 있는 많은 의사들이 몸을 치유하는 데 도움이 되는 특정한 명상법에 관심을 가지고 있다는 것을 알았습니다. 내 주치의가 이런 종류의 명상을 하면 심장이 빨리 회복될 것이라고 말해주어 그렇게 해보았습니다. 처음 병원에 갔을 때만 해도 심장 박동이 비정상적이었습니다. 이 문제를 치료하는 데는 통상 2~3개월이 걸린다고 합니다. 하지만 나는 명상을 하여 1주일 만에 회복되었고, 의사들도 매우 놀라며 기뻐하였습니다. 의사들이 말하기를 많은 의사들이 명상을 선호하는 것은 무엇보다 환자들의 건강을 회복하는 데 도움이 되기 때문이라고 합니다. 몇몇 의사들이 명상에 대하여 좀 더 깊이 배우기를 원하여 따로 약속을 정해서 내 병실을 찾아 왔기에, 선(禪)을 조금 가르쳐 주었습니다.

그들에게 '몸을 치유하는' 명상은 일종의 집중요가명상이라고 일러 주었습니다. 이런 명상은 좋은 것도 아니고, 나쁜 것도 아닙니다. 그러나 올바른 공부는 아닙니다. 이런 종류의 요가명상은 여러분의 몸을 쉬게 하고 건강하게 해줍니다. 어떤 요기들은 조용한 곳에 앉아 숨을 들이쉬고 내쉬는 것만으로도 백년 혹은 천년의 장수를 누리기도 합니다. 이렇듯 수명을 연장하는 것은 가능하지만 결국엔 모두 죽고 마는 것입니다.

올바른 공부란 삶과 죽음을 초월한 자유(自由)를 얻는 것입니다. 우리의 몸에는 삶과 죽음이 있지만, 참된 자기(自己)에게는 삶과 죽음이 없습니다. 만일 여러분이 참된 자기를 찾는다면, 한 시간이나 하루 또는 한 달 후에 죽는다 해도 문제될 것이 없습니다. 만일 여러분이 '몸을 치유하는' 명상만을 한다면, 여러분은 자신의 몸에만 관심을 가질 것입니다. 언젠가, 당신의 몸이 죽어버릴 때 이런 종류의 명상은 아무런 도움이 되지 못할 것이고, 그렇게 되면 이런 종류의 명상에 대해 신뢰하지 못하게 될 것입니다. 이 말은 이런 종류의 명상은 올바른 공부가 아니라는 뜻입니다. 올바른 공부를 한다면, 어느 때 병이 들어도 OK, 고통을 겪어도 OK, 설사 죽는다 하여도 OK, 문제 될 것이 전혀 없습니다. 부처님께서는, "순간순간마다 청정한 마음을 지키면, 어디에서나 행복을 얻을 수 있다."고 말씀하셨습니다.

여러분은 자신을 얼마나 믿습니까? 다른 이들을 얼마나 돕고 사십니까? 이 두 가지는 매우 중요한 물음입니다. 참다운 마음 공부는 여러분이 자신의 참된 길을 찾을 수 있도록 도와줄 것입니다.

그들에게 이런 이야기를 해주었습니다.

내 옆의 침대를 쓰는 이에게, "당신은 무엇을 위해 살고 있습니까?"라고 물었습니다. 그이는 훌륭한 직업, 좋은 가족, 멋진 아내를 가지고 있었지만, 그런 것들이 그를 도울 수는 없었습니다. 그는 "아무것도 없습니다."라고 대답했지요. 그는 "아무것도 없다."는 것은 이해했지만, 그런 이해가 그에게는 아무런 도움도 되지 못했고, 그래서 고생을 하고 있었던 것입니다. 선(禪)이란 이런 '아무것도 없는, 바로 그 마음'을 깨닫게 하는 것입니다.

그러면 어떻게 그 무심(無心)의 마음을 증득(證得)할 수 있을까요? 먼저 '나는 누구인가? 내 삶의 목적은 도대체 무엇일까?'라고 물어 보아야만 합니다. 만약 당신이 말로써 답변을 한다면, 그것은 단지 생각일 뿐입니다. 당신은 아마 "나는 의사입니다."라고 말할지도 모르겠습니다. 하지만 당신이 환자와 함께 있으면서 "나는 훌륭한 의사이다."라고 생각한다면 당신은 환자의 상태를 감지할 수 없게 되는데, 그것은 당신이 자신만의 생각에 사로잡혀 있기 때문입니다. 생각이란 그저 이해하는 것에 불과합니다. 병원에 있던 그 환자의 경우처럼, 이해한다는 것은 별 도움이 되지 않는다는 것을 알 것입니다. 그러면 어떻게 해야 하냐고요? 만약에 모른다면, 모르는 채 곧바로 나아가야만 합니다.

모르는 마음은 생각을 끊어 버립니다. 그것은 생각 이전입니다. 생각 이전에는 의사도, 환자도, 그리고 하느님도, 부처도, '나'도, 언어(言語)도, 아무것도 전혀 없습니다. 그러면 당신은 우주와 하나가 됩니다. 우리는 이것을 무심(無心)이라 부르기도 하고, 원점(primary point)이라고 부르기도 합니다. 어떤 이들은 이것을 하느님이나, 우주적 기운, 희열이나 적멸(寂滅)이라고 부르기도 합니다만 이 말들은 그저 가르치기 위해 쓰는 말일 뿐입니다. 무심(無心)이란 언어 이전입니다.

선(禪)이란 무심을 증득하는 것이고, 무심한 마음을 쓰는 것입니다. 그렇다면 어떻게 그 무심을 쓸 수 있을까요? 무심을 대자비(大慈悲)의 마음으로 만드십시오. 무(無)란 '나―나의―나를' 이라는 생각과 장애(障碍)가 없다는 뜻입니다. 그렇기 때문에 이 마음을 일체 중생을 위해 행하는 마음으로 바꿀 수 있는 것입니다. 이것은 가능한 일입니다. 무심은 생겨나지도 않고 없어지지도 않습니다. 참다운 마음 공부를 한다면 이 무심은 강해지고 자신이 처한 상황을 명백히 지각할 수 있게 될 것입니다. 생각을 끊어낸다면 당신이 보고, 듣고, 냄새 맡고, 맛보고, 만지는 모든 것이 그대로 진리입니다. 그래서 당신의 마음은 거울과 같아집니다. 순간순간 당신은 올바른 상황을 지켜 나갈 수 있게 됩니다. 어떤 의사가 환자를 치료할 때, 만일 '나―나의―나를' 이라는 생각을 버리고 환자와 하나가 된다면, 비로소 환자를 도울 수 있게 됩니다. 그리고 그 의사가 가족과 함께 할 때에도, 아버지의 마음을 100퍼센트 지닐 수 있다면 가족을 위한 최선의 일이 무엇인지 확연히 알게 됩니다. 이렇게 즉여(卽如)할 뿐입니다.

청산(靑山)은 움직이지 않는데
흰 구름 제 스스로 오가는구나
靑山自不動 白雲自去來

의사들이 선을 좋아합니다. 그들이 모두 수행에 정진하기를!

오직 모를 뿐인 마음으로 곧바로 나아가, 무심을 증득하고, 무심을 써서, 일체 중생을 고통에서 제도해 주시길 빌어 마지않습니다.

숭산 합장

교도소에서 온 편지

스님께,

스님의 어떤 제자가 스님은 친절하셔서 반드시 조언을 해주실 터이니 직접 편지를 써보라고 제게 제안하였습니다.

저는 애틀랜타 교도소에 수감되어 있습니다. 이곳에 있는 동안 선을 수행할 수 있는 방법을 알고 싶습니다.

이제까지 D. T. 스즈키 선사의 수필집을 비롯한 선에 관한 책을 많이 읽어 보았습니다.

어떤 때에는 깨달음을 이룬 것 같은 생각이 들기도 하고, 어떤 때에는 그것을 잃어 버리고 옛날의 나로 추락하여 되돌아 가버린 것처럼 느껴지기도 합니다. 왜 저는 제가 선을 수행하면서 얻었던 것을 지켜 나갈 수 없을까요?

감사합니다.

조지아 주 애틀랜타에서 로버트 올림

로버트에게,

편지 주셔서 감사합니다. 요즈음 어떻게 지내십니까? 내게 직접 편지를 쓴 것은 참 잘한 일입니다.

당신의 편지에는 지금 당신이 교도소에서 지내고 있다고 했지요? 그곳은 아주 훌륭한 선원(禪院)입니다. 나도 한때 교도소에 간 적이 있습니다.* 어쩌면 그때의 투옥 경험이 나를 선사로 만들었는지 모릅니다. 당신도 그 경험으로 선사가 될지도 모르겠습니다.

선에 관한 책을 많이 읽었다고 말씀하셨습니다. 그것은 좋은 일도, 나쁜 일도 아닙니다. 당신이 가야할 방향을 뚜렷이 알고 있다면, 모든 종류의 선서(禪書)나 성서(聖書) 또는 경전(經典)은 당신이 참다운 길을 찾는 데 도움을 줄 것입니다. 하지만 뚜렷한 방향없이 그런 책을 읽는다면 당신의 마음은 생각으로 가득 차게 됩니다. 생각은 욕망이고, 욕망은 고통입니다. 그런 생각이나 이해는 당신에게 아무런 도움이 되지 않습니다.

무엇이 올바른 방향입니까? 당신에게는 그 방향이 설정되어 있습니까? 만약 있다면 제게 보여주세요. 그 방향이 무엇인지 알지 못한다면, 당신이 가진 책 모두를 버려 버리세요! 당신에게 묻습니다. 당신은 무엇입니까? 당신이 태어났을 때, 어디로부터 태어났습니까? 당신이 죽을 때, 어디로 갑니까? 당신의 이름은 무엇입니까? 당신의 나이

---

* 숭산 선사님은 1944년 지하 독립운동에 가담한 혐의로 일본 헌병대에 의해 체포 수감된 적이 있습니다. 이때의 투옥 경험은 이 책의 마지막 장인 〈숭산 대선사의 생애〉와 《부처님께 재를 털면》에 실려 있습니다.

는 얼마입니까? 이것들 모두 단순하기 그지없는 질문입니다. 아마도 당신은 "내 이름은 로버트입니다."고 답할 것입니다. 그것은 당신의 몸뚱이가 가진 이름입니다. 당신의 참된 자기가 가진 이름은 무엇입니까? "나는 서른 다섯 살입니다."라고 말할지 모르겠습니다. 그것은 당신 몸뚱이의 나이입니다. 참된 당신의 나이는 몇 살입니까? 나에게 말하세요, 말하세요! 만일 내 말을 알 수 없다면, 모른 채로 그냥 곧바로 나아가십시오. 당신의 느낌이나, 당신의 마음, 당신의 이해에 대하여 점검(點檢)하려 하지 마십시오.

다음으로, 어떤 때에는 깨달음을 이룬 것 같았다고 했습니다. 그것은 느낌상의 깨달음입니다. 느낌이 사라지면, 깨달음도 사라지니, 올바른 깨달음이 아닙니다. 올바른 깨달음이란 움직이지도 않고, 바뀌지도 않습니다. 느낌의 작용도 없고, 생각도 없는 것입니다. 무감각(無感覺)입니다. 《반야심경(般若心經)》에 이르기를, "얻음도 없고, 얻는 바도 없다〔無得 無所得〕."라고 하였습니다. 당신은 이것을 알아야 합니다.

나는 자주 원점에 대하여 말하곤 합니다. 원점이란 무엇입니까? 단순한 저울이 있다고 생각해 봅시다. 저울 위에 아무것도 없다면, 바늘은 0을 가리킬 것입니다. 그런데 저울 위에 무엇을 올려놓으면, 바늘은 그 무게를 가리키기 위해서 움직일 것입니다. 물건을 다시 치우면, 바늘은 다시 0으로 돌아옵니다. 이 0이 원점입니다. 당신이 원점을 알게 되면, 좋은 느낌이 들거나 나쁜 느낌이 들 때 당신의 바늘은 이 방향 저 방향을 가리키겠지만, 그것은 아무런 관계도 없는 것입니다. 그 느낌이 다하여 사라져 버리면, 당신의 바늘은 다시 0으로 되돌아오게 됩니다.

그러나 당신의 원점을 찾지 못했다면, 그것은 마치 저울에서 물건을 들어냈는데도 저울의 바늘이 아직도 그 무게를 가리키고 있는 경우이거나, 아니면 다시 0으로 돌아오는 과정에 있는 경우와도 같은 것입니다. 그러면 문제가 생기는 것입니다. 당신의 저울은 정확한 무게를 재지 못합니다. 만일 이 저울 위에 다시 무거운 것을 올린다면, 저울은 완전히 망가져 버릴 것입니다.

그러니 먼저 당신의 원점을 찾아야 합니다. 그런 다음에는 그것을 강하게 지켜 나가야 합니다. 충격흡수 장치가 약한 택시는 조그만 요철을 만나도 위아래로 흔들립니다. 충격흡수 장치가 강한 기차는 어떤 경우에도 흔들리지 않습니다. 당신의 원점을 지켜만 나간다면, 당신 마음의 스프링은 점점 더 강해질 것입니다. 커다란 문제가 닥치면 당신의 마음 또한 동요하겠지만, 곧 원점으로 되돌아가게 될 것입니다. 마침내 당신의 마음은 매우 강력해질 것이고, 어떤 문제도 이겨낼 수 있게 될 것입니다. 그러면 일체 중생을 고통에서 제도하는 일도 가능해집니다.

선은 특별한 것이 아닙니다. 당신이 무언가를 만들고 어떤 '특별한' 것을 만든다면, 당신은 무언가를 가질 것이고 어떤 '특별한' 것을 가질 것입니다. 그러나 그 무언가나, '특별한' 것이 당신을 도울 수는 없습니다. 모두 내려놓으십시오. 바로 지금 당신은 무엇을 하고 있습니까? 무엇을 할 때에는, 그것만을 하십시오. 대부분의 사람들은 어떤 일을 할 때 절반밖에 경험하지 못합니다. 그들의 마음에는 이전의 경험이나 생각 또는 느낌이라는 무게가 남아 있기 때문이지요. 그렇기 때문에 다른 사람이나 이 세상과 교감을 나누지 못하는 것입니다. 당신이 그 모든 것을 다 버리고 매 순간순간 그저 행하기만 한다면, 당신은 이미 완전해진 것입니다. 그렇게 되면 당신의 원점을 찾게 됩니다. 당신의 올바른 방향과 올바른 일을 알게 되는 것입니다. 이렇게 되기 위해서는 오직 모를 뿐인 마음으로 곧바로 나아가야 합니다. 당신이 교도소에 있건 다른 곳에 있건 아무런 관계가 없습니다. 당신은 삶과 죽음을 초월한 자유를 누릴 것이기 때문입니다.

여기 당신에게 숙제로 공안(公案) 하나를 드립니다.

향엄상수(香嚴上樹)

향엄 화상은 말했다. 수행은 사람이 나무에 오르는 것과 같다. 손으로 나뭇가지를 붙잡지도 않고, 발 역시 나무에 딛지 않고, 입으로만 나뭇가지를 물고 있을 때, 나무 아래에서 한 사람이 "달마가 서쪽에서 온 뜻이 무엇인가?"라고 물었다. 만약 대답하지 않는다면 질문을 피하는 것이 될 것이고, 대답한다면 나무에서 떨어져 목숨을 잃게 될 것이다.

자, 이와 같을 때 당신은 어떻게 살아날 것인가?

오직 모를 뿐인 마음으로 곧바로 나아가, 자신의 원점을 찾고, 숙제를 풀어서, 일체 중생을 고통에서 제도해 주시길 빌어 마지않습니다.

숭산 합장

숭산 선사님께,

답장을 주셔서 정말 감사합니다. 선사님의 답장을 받고 가르침까지 받게 되어 얼마나 기쁜지 모르겠습니다.

선사님께서 깨달음에 대해서 하신 말씀을 듣고 너무나도 당황하였습니다. 참선의 목적이 직관적인 자각의 상태인 깨달음을 이루는 것이 아닌가요? 선사님께서는 참된 깨달음이란 "움직이지도 않고, 바뀌지도 않는다. 느낌의 작용도 없고, 생각도 없는 것이다."고 말씀하셨습니다. 그러한 말씀은 모두 깨달음에 관한 부정적인 표현입니다. 긍정적인 의미에서는 어떻게 설명할 수 있습니까? 그것은 충만한 행복감, 전체적이고 완전한 마음의 상태가 아닙니까?

선사님은 얻는 바도 없다고 하셨습니다. 이 말씀을 깨달음과 관련하여 저에게 설명해 주시면 좋겠습니다. 저는 어떻게 깨달음의 상태에 도달할 수 있을까요? 제가 깨달음의 상태에 있게 되면, 저는 그것을 어떻게 알 수 있을까요?

선사님의 답장을 기다리겠습니다. 몹시 바쁘신 줄 압니다만, 제가 교도소에 있는 동안 제 참선 수행을 더 발전시킬 수 있는 방안에 대하여 도움을 주셨으면 합니다. 교도소는 굉장히 시끄러워서 감방에 앉아 있는 동안 정신을 집중하기가 어렵습니다. 설상가상으로, 제가 정신 집중을 하면서 좌선(坐禪)을 하는 시간 동안 무엇을 해야 하는지 잘 모르겠습니다. 어떻게 명상하는 것이 바른 것인지, 그리고 목표가 있다면 어떻게 마음속에 지녀야 하는지 일러주실 수 있으십니까?

조지아 주 애틀랜타에서 로버트 올림

로버트에게,

편지 주어서 고맙습니다. 어떻게 지내십니까? 케임브리지 선원에서의 용맹정진을 마치고 프라비던스 선원에 방금 도착하여 답장이 조금 늦었습니다.

편지에서 당신은 깨달음을 원한다고 하였습니다. 만약 당신이 깨달음을 원하면 깨달음은 멀리, 멀리 달아나 버립니다. 만약 당신이 깨달음을 원하지 않는다면 당신이 보고, 듣고, 냄새 맡는 모든 것이 깨달음입니다. 그러니 "나는 무엇인가를 원한다."는 생각을 놓아 버리십시오. 만일 '나—나의—나를'이라는 마음을 가지고 좌선을 한다면, 당신은 영원토록 깨달음을 얻을 수 없습니다. 만일 당신의 '나—나의—나를'이라는 마음을 사라지게 하면, 이미 당신은 깨달음을 얻은 것입니다. 됐습니까?

편지에 당신의 감방이 시끄러워서 명상을 하는데 지장이 있다고 하였습니다. 당신의 마음이 산란하면, 산꼭대기에 가더라도 시끄러울 것입니다. 마음이 산란하지 않다면, 시끄러운 공장 한가운데 있더라도 매우 고요할 것입니다. 바로 지금의 마음을 어떻게 지니느냐가 매우 중요합니다. 당신은 마음속을 점검(點檢)하고, 또 바깥을 점검하고, 점검, 점검, 점검합니다. 그래서 당신은 많은 의문을 갖습니다. 모두 내려놓으세요. 그러면 온 우주가 아주 조용해집니다.

《대반열반경(大般涅槃經)》에 이런 말이 있습니다.

모든 것은 무상하나니
그것은 생멸의 법이다
생멸이 멸하여 버리면
적멸의 즐거움이니라
諸行無常 是生滅法
生滅滅已 寂滅爲樂

    교도소에 있는 동안 참선 수행을 더 발전시킬 수 있는 방안과 마음속에 지닐 목표가 무엇인지 물었습니다. "나는 무엇인가를 하고자 한다. 나는 무엇인가를 원한다. 나는 무엇인가를 가지고 싶다." 라고 말하는데, 만약 당신이 '나'를 떨쳐버린다면, "나는 무엇인가를 하고자 한다. 나는 무엇인가를 원한다. 나는 무엇인가를 가지고 싶다."는 모두 사라져 버립니다. 즉, 당신은 이미 완전해진 것입니다. 이 '나'는 어디에서부터 왔습니까? 어느 조사(祖師)께서는 "생각을 내지 않으면, 이렇게 여여하며, 이것이 진리이다."고 하셨습니다. 데카르트가 말하기를, "나는 생각한다. 고로 나는 존재한다."고 하였습니다. 만일 당신이 생각을 내지 않으면, 무엇입니까?

    교도소에 있는 것은 때로는 매우 힘이 듭니다. 하지만 당신의 견해, 당신의 조건 그리고 당신의 상황을 사라지게 하면, 힘든 상황이라도 OK입니다. 소음도 OK. 당신의 마음은 움직이지 않습니다. 그렇게 당신이 무엇을 하든, 그것만을 해야 합니다. 이것이 선(禪)입니다.

오직 모를 뿐인 마음으로 곧바로 나아가, 허공처럼 맑은 마음을 지키고, '나—나의—나를'이라는 마음을 없애고, 깨달음을 얻어, 일체 중생을 고통에서 제도해 주시길 빌어 마지않습니다.

숭산 합장

얻는 바 없음을 얻으라

선사님께,

지난 주말 케임브리지 선원에서 있었던 용맹정진법회 동안 일본의 선에 관한 책을 몇 권 읽었습니다. 그들은 깨달음을 매우 강조하더군요. 저희들의 수행에 있어서 깨달음은 어떤 위치에 있나요?

과연 깨달음이란 무엇입니까?

주디 올림

주디에게,

편지를 주어 고맙습니다. 요즈음 어떻게 지내십니까?

당신에게 30방(棒)을* 내립니다!

《반야심경(般若心經)》에서 얻음도 없고 얻는 바도 없다고 하였습니다. 그러니 당신은 얻는 바 없음을 얻어야만 합니다. 이것뿐입니다.

숭산 합장

다른 이들에게 참선 수행을 어떻게 설명할까?

선사님께,
지난번 선사님께서 주신 편지에 감사드립니다.

저는 가족들과 친구들, 특히 부모님께 참선과 저의 수행에 대하여 어떻게 설명을 해야 할지 잘 모르겠습니다. 대부분의 사람들은 이런 질문을 하곤 합니다. "삶이란 무엇인가? 또 죽음이란 무엇인가? 삶에 있어서 올바른 일이란 무엇인가?" 그들은 자신에게 이런 질문을 하곤 하지만 결코 답을 알지는 못하는 것 같습니다. 그래서 이렇게들 말합니다. "하느님만 아시지."

---

* 선가(禪家)에서 학인을 지도할 때 잘 쓰는 방법의 하나로, 방(棒)은 주장자(拄杖子)를 세우거나 주장자로 때리는 것을 말한다. 여기에서 30방을 내린다는 말은 주장자나 몽둥이로 30번을 때린다는 뜻으로 쓰였다. — 옮긴이 주

많은 사람들은 저에게 일체 중생을 고통에서 제도하는 것은 불가능하다고 말합니다. 그들은 삶은 고통이고 이러한 사실을 우리가 변화시킬 수는 없다고 느끼고 있습니다. 또한, 좌선을 하거나 염불을 하거나 절을 하는 일이 다른 이들을 어떻게 도울 수 있는지 납득이 가지 않는다고 합니다. 다른 이들과는 동떨어진 채 선원에서 항상 '나 자신에 대해 생각하고' '아무것도 하지 않는' 것이 그들에게는 자기 중심적이고 이기적인 일로 여겨지는 것 같습니다. 그들이 느끼기에는 인간이란 마땅히 '세상 속으로 나와' 도움을 필요로 하는 이들과 함께 일해야 한다는 것입니다.

이런 질문에 대한 좋은 답을 여쭈어 보고 싶습니다. 선사님의 가르침에 깊은 감사를 드립니다.

　　　　　　　　　　매서추세츠 주 케임브리지에서 스티브 올림

스티브에게,

멋진 편지를 보내주어 감사합니다. 요즈음 어떻게 지내십니까?

어떻게 일체 중생을 고통에서 제도할 수 있는지 그리고 삶과 죽음이란 무엇인지를 물었더군요. 아주 쉬운 질문입니다.

당신의 친구들과 가족은 여러 가지 문제에 대하여 나름대로의 생각을 가지고 있을 것입니다. 그러한 생각들을 가지고 있지만, 자기들이 바로 그 생각에 집착하고 있다는 사실은 알지 못합니다. 본래 아무것도 없는 것입니다. 만일 여러분이 무엇인가를 만든다면, 여러분은 그 무엇인가를 가질 것입니다. 그렇지만 아무것도 만들지 않는다면, 여러분은 그대로 이미 완전한 것입니다.

　죽음이란 무엇입니까? 삶이란 무엇입니까? 우리의 몸뚱이에는 삶과 죽음이 있지만, 참된 나는 삶과 죽음이 없습니다. 사람들은 자기의 참된 나를 알지 못합니다. 그래서 삶과 죽음이 있는 것입니다. 사람들은 말합니다. "하느님만 아시지." 그러나 무엇이 하느님입니까? 그들이 하느님을 압니까? 그런 이들이 어떻게 하느님만이 안다고 합니까?

　하느님을 알고 싶다면, 먼저 자기의 참된 나를 알아야 합니다. 이것이 첫 번째 관문입니다.

　그러면 어떻게 참된 나를 알 수 있겠습니까? 그럼 당신에게 묻겠습니다. 당신은 무엇입니까? 당신은 압니까? 만약 모른다면, 모른 채 곧바로 나아갈 뿐입니다. 이 모르는 마음은 모든 생각을 끊어 버리게 하고 나만의 상황, 나만의 조건, 나만의 견해를 소멸시키게 합니다. 그렇게 되면 당신의 올바른 상황, 올바른 조건, 올바른 견해가 나타납니다. 얼마나 간단합니까! 어느 조사께서는 "물이 뜨거운지, 차가운지 스스로가 알 수 있는 것이다."고 하였습니다. 이렇게 참 나를 아는 것은 특별한 것이 아닙니다.

　다음 관문을 일러 드리겠습니다. 당신이 생각을 하게 되면, 당신의 마음과 나의 마음은 달라집니다. 당신이 모든 생각을 끊어 버리면, 당신의 마음과 나의 마음 그리고 일체 중생의 마음이 같아집니다. 어느 조사께서 말씀하시기를, "하나가 일체이고, 여럿이 하나이다〔一卽一切 多卽一〕."라고 하셨습니다. 당신이 모든 생각을 끊어 버리면 '나—나의—나를' 이라는 것도 없게 됩니다. 그러면 당신은 매 순간순간마다 당신의 올바른 상황과 올바른 조건 그리고 올바른 견해를 지닐 수 있습니다. 이렇게 하면 이미 세상은 평화롭고, 일체 중생을 제도한 것입니다.

그러니 먼저, 어떻게 하면 모든 생각을 끊어낼 수 있겠습니까?
벌써 내가 당신에게 물었습니다. "당신은 무엇입니까?" 만약 모른다면, 모른 채 곧바로 나아갈 뿐입니다.
다음, 어떻게 하면 매 순간순간마다 모를 뿐인 마음을 지닐 수 있겠습니까?
정진하고, 정진하고, 또 정진하여야 합니다. 그래서 우리들은 선원에서 매일 함께 절하고, 염불하고, 좌선하고, 일합니다. 때로는 용맹정진도 하고, 기도도 합니다. 이런 일들은 우리가 매 순간순간마다 하는 수행에 도움이 됩니다. 당신은 지금 무엇을 하고 있습니까? 만일 당신의 마음이 맑지 않다면, 당신의 생각들을 버리세요. 오직 모를 뿐이지요. 점차로 당신의 탐욕과 분노와 어리석음에 사로잡힌 생각들이 사라지고, 당신의 모를 뿐인 마음은 더욱 강해지고 맑아지게 될 것입니다.

좌선을 할 때에는 좌선만 하십시오. 염불을 할 때에는 염불만 하십시오. 절을 할 때에는 절만 하십시오. 이것이 아주 중요합니다. 이렇게 수행해 나가면, 다른 이들을 가르칠 때 그저 가르치게만 됩니다. 가르칠 뿐인 것입니다. 도울 뿐입니다. 그들이 이해하든 그렇지 않든 걱정하지 말고, 오직 전력을 다할 뿐입니다. 당신이 100퍼센트 전력을 다한다면, 당신의 가르침은 완전한 것이고 당신의 마음의 빛은 그들에게 빛을 발할 것입니다. 어느 날, 그들도 이것을 알 것입니다.

그러니 걱정하지 마십시오. 오로지 정진(精進)만 하십시오. 정진하는 것이야말로 어떤 선사보다, 부처님보다, 하느님보다 더 나은 것입니다. 이것이 바로 대자대비(大慈大悲)한 마음이고 위대한 보살의 길〔菩薩道〕입니다. 당신의 느낌을 점검하려 하지 마십시오. 당신의 마음을 점검하려 하지 마십시오. 당신의 알음알이를 점검하려 하지 마십시오. 당신의 바깥을 점검하려 하지 마십시오. 그러면 안도, 바깥도, 나도, 당신도, 그들도 없습니다. 당신은 당신의 상황과 하나가 된 것입니다. 이것이 매우 중요합니다.

오직 모를 뿐인 마음으로 곧바로 나아가, 허공같이 맑은 마음을 지키고, 만 년 동안 논스톱으로 정진하고, 정진하고 또 정진하여, 깨달음을 얻어, 일체 중생을 고통에서 제도해 주시길 빌어 마지않습니다.

숭산 합장

오뚝이 인형처럼 중심을 잡으세요

선사님께,

그간 안녕하셨습니까? 좋은 기도를 알려 주셔서 감사합니다. 저는 그 기도로 많은 활력을 얻었습니다. 저는 관세음보살을 염송하는 수행을 해왔습니다. 마음으로 다른 일을 하지 않을 때에는 언제나 관세음보살을 염송하려고 애썼습니다. 하지만 아직도, 많은 소아(小我)와 생각들이 남아 있습니다. 이런 모든 생각이 저를 불행하게 합니다. 그래서 다이애나를 만났을 때, 제가 우울하다고 말해 주었지요. 그리고 다이애나와 함께 한 시간 동안 치유요법을 실시했습니다. 그 시간이 끝날 즈음에, 다이애나는 저에게 "관세음보살을 더 많이 염송하고, 선원에 와 머물라."고 하였습니다. 그래서 제가 살고 있는 집에 이사 올 사람을 찾는 대로 가급적 빨리 선원에 들어갈 작정입니다. 이렇게 다른 이들과 함께 하는 수행이 저에게 매우 유익할 것이라고 확신합니다.

캘리포니아 주 버클리에서 매기 올림

매기에게,

편지를 보내주어 고맙습니다. 당신과 버클리 무문선원(無門禪院)의 법우들도 잘 지내는지 궁금합니다. 기도가 좋았다니 저도 기쁩니다.

당신은 마음으로 다른 일을 하지 않을 때에는 언제나 관세음보살을 염송한다고 하였습니다. 이것은 좋은 일도, 나쁜 일도 아닙니다. 당신에게 묻겠습니다. 당신의 중심은 어디에 있습니까? 이것은 매우 중요한 문제입니다. 만일 당신이 당신의 중심을 잃지 않으면, 어떤 일을 하더라도 아무런 문제가 되지 않습니다. 그리고 당신의 중심은 얼마나 강합니까? 당신이 무언가를 하고 있을 때에는, 그것만 하십시오. 당신이 무언가를 100퍼센트 할 때, 자신의 중심을 찾게 됩니다. 그것은 청정한 맑은 마음입니다. 그러나 주의해야만 합니다. 만약 당신의 생각이나 조건 또는 상황에 집착한다면, 어떤 일을 하건 당신은 중심을 잃게 됩니다.

나는 종종 우리가 경험할 수 있는 세 가지의 마음에 대하여 이야기해 왔습니다. 이 세 가지 마음이란 망념심(妄念心), 일념심(一念心), 청정심(淸淨心)입니다.

어떤 남자와 여자가 성교를 한다고 생각해 봅시다. 그들은 자기들 각자의 마음은 접어두고 함께 매우 행복해 하겠지요. 바로 그때, 강도가 침입하여 총을 들이대며 "돈을 내놓으라."고 협박합니다. 그 남녀의 행복은 일순간에 모두 사라져 버리고, 그들은 완전히 겁에 질려 이렇게 소리칠 것입니다. "제발 살려 주세요, 살려 주세요!" 이것은 소심한 마음입니다. 이 마음은 외부 조건이 바뀜에 따라, 끊임없이 변하는 마음입니다. 이런 마음을 헤매는 마음, 망념심이라고 합니다.

다음으로, 어떤 이가 진언(眞言, mantra : 呪文)을 하고 있습니다. 그의 마음은 전혀 동요하지 않습니다. 이 마음에는 안도 없고 밖도 없어, 참으로 텅 비어 있을 뿐입니다. 강도가 침입하여 "돈을 내놓으라."고 소리칩니다. 그는 두려워하지 않습니다. "옴 마니 반메 훔, 옴 마니 반메 훔……"이라고 진언만 외울 뿐입니다. "돈을 내놔. 안 내놓으면 죽여버리겠어." 그러나 그는 개의치 않습니다. 이미, 삶도 죽음도 없는 것입니다. 그래서 전혀 두려워하지 않는 것입니다. 이 마음을 하나로 된 마음, 일념심이라고 합니다.

다음은 맑은 마음, 청정심입니다. 어떤 이가 모를 뿐인 마음을 지닌 채 길을 걷고 있습니다. 강도가 나타납니다. "돈을 내놔." 그는 그 강도의 마음을 떠보기 위해 물어 봅니다. "얼마를 원하지요?" "가진 것 다 내놔." 이 강도는 매우 험악하였고 절대로 마음을 굽힐 것 같지 않습니다. "OK." 하며 가진 돈 모두를 내주었습니다. 그는 두려워하지는 않았지만, 마음이 몹시 슬펐습니다. 그는 마음속으로 생각합니다. '왜 이런 일을 하지? 지금은 이겼다고 생각하겠지만, 언젠가는 큰 고통을 겪게 될 것이야.' 강도는 그의 얼굴을 살펴보고 상대가 두려워하지 않을 뿐만 아니라 강한 동정심을 느끼고 있다는 것을 알아차립니다. 강도는 어리둥절하겠지요. 그는 벌써 그 강도에게 바른 길을 가르쳐 준 것입니다. 언젠가는 그 강도도 이 일을 기억하고 이해할 수 있게 될 것입니다.

강한 중심에서 나오는 청정심을 지녀야 합니다. 동양에는, 보리달마(菩提達摩)의 이름을 따서 '달마 인형'이라고 부르는 오뚝이 인형이 있습니다. 이 인형은 둥글게 생겼는데, 아래쪽을 무겁게 만들어서 옆으로 밀쳐도 흔들리기만 합니다. 완전히 뒤집어 버려도 다시 제자리로 돌아오는데, 이것은 이 인형이 중심을 갖고 있기 때문입니다. 관세음보살을 마음속에 강하게 간직하고 있다면, 누군가 말을 걸어오면 함께 말을 하겠지만 그가 이야기를 마치고 떠나는 즉시, 당신은 관세음보살께 돌아올 수 있습니다. 하지만 이야기를 마치고 나서도, 마음속으로 다른 생각을 하고 있다면 결코 관세음보살께 돌아갈 수 없게 됩니다. 그러니 아무것에도 집착하지 마십시오. 아무것에도 집착하지 않는 그 마음이 바로 청정한 마음이요, 모를 뿐인 마음이며, 중심을 잡는 일입니다.

버클리 무문선원으로 이사를 한다니, 아주 훌륭한 소식입니다. 다른 참선 수행자들과 함께 생활하며 수행하는 것이 당신의 중심을 강하게 만드는 데 가장 좋은 방법입니다.

관세음보살을 의지하며 오로지 곧바로 나아가, 법의 중심을 찾고, 깨달음을 얻어, 일체 중생을 고통에서 제도해 주시길 빌어 마지않습니다.

숭산 합장

너는 무엇인가?

가장 존경하는 선사님께,

가르침을 주셔서 감사합니다. 지금 저는 선사님의 편지도 놓아 버렸고, 선사님의 의견도 놓아 버렸고, 선사님의 입장도 놓아 버렸습니다.

저는 108,000년 전에 수행도 포기하였습니다.

마조(馬祖) 선사께서 말씀하시기를, 이 줄(———)은 길기도 하고 짧기도 하다고 하였습니다. 이와 마찬가지로, 저의 말도 어리석은 말이기도 하고 깨달은 말이기도 합니다.

순간순간마다 모든 종류의 그림자와 반영(反影) 그리고 메아리와 먼지와 소음 속에 있는 모순된 자신과, 공안(公案)이라는 속임수에 꽉 막혀버린 자신을 발견하곤 합니다.

저는 가르침 안에서나 가르침 밖에서나 당신의 제자가 아닙니다.

토니 올림

너는 무엇인가?
내일 네가 죽을지도 모르지.
너는 무엇을 할 수 있는가?

숭산 합장

(선사님의 이 답변은 토니가 보내온 편지의 밑 부분에 큰 글씨로 적어서, 발송인에게 되돌려졌습니다.)

딸에게 배워야만 합니다

눈이 밝으신, 고된 수행을 시키시는 존경하는 스승님께,
　불법승(佛法僧) 삼보(三寶)에 귀의(歸依)하옵니다.
　장엄한 흑단나무의 대지에서 돌아오시는 스승님을 맞이하도록 허락하소서.

　선사님께서 1975년 보스턴의 에리카 협회에서 설법하신 법회에 저도 참석했습니다. 아주 최근에 《부처님께 재를 털면》 한 권을 입수하여 참으로 잘 읽었습니다. 그리고 한 살배기 제 딸 테라도 그 책의 표지를 참 잘 먹었습니다. 그래서 지금 제가 스승님께 질문을 드립니다. 한 살배기 갈색 머리의 테라가 부처님을 먹지 않도록 어떻게 가르

치시겠습니까?

요즈음 이곳은 우기입니다. 오늘 아침 출근하는 길에, 길가에 정차시켜 놓은 차에서 '대중을 위한 깨달음'이라고 쓰여진 글을 보았습니다.

> 향불에서 재가 떨어지니
> 거대한 천둥소리 들린다.
> 이보다 더 푸른 하늘 있을까.
> 황금의 수탉은
> 한 다리로 설 수 없어
> 나비를 쫓는다.
> 달마 고양이가
> 유인원에게 오줌을 눌 때
> 누군가 부처님께 재를 턴다.

저에게 답장해 주실 여유가 있으셨으면 좋겠습니다.

나이지리아 일레 이페에서 하비 올림

훌륭한 법우(法友)이신 하비에게,
편지 주셔서 감사합니다. 당신과 부처님을 먹는다는 아기도 잘 지내십니까? 당신은 아주 멀리 떨어져 있지만, 바로 가까이 있는 것입니다.

편지에 1975년 에리카 협회의 법회에 참석하였다고 하였습니다. 그 법회는 참 훌륭하였습니다. 당신이 그렇게 좋은 업(業)을 지었기 때문에 지금 당신과 내가 이토록 가까워진 것입니다.

《부처님께 재를 털면》을 읽었다니, 매우 좋은 일입니다. 그런데 딸이 책의 표지를 먹어서, 어떻게 하면 이 한 살배기 테라가 부처님을 먹지 않도록 가르칠 수 있는지 알려달라고 했지요? 당신은 부처님을 먹을 수 없는데, 테라는 부처님을 먹을 수 있다니 당신보다 더 낫군요. 당신의 딸은 부처님보다 더 강하고, 그래서 부처님을 먹은 것입니다. 테라는 이미 더 이상 배울 게 없다는 말이지요.

부처님을 먹었다는 말은 부처가 없다는 뜻입니다. 오래 전 어느 스님이 마조 선사에게 물었습니다. "무엇이 부처입니까?" 마조 선사가 답했습니다. "마음이 부처이고, 부처가 마음이다." 다음날, 다른 이가 같은 질문을 하였습니다. 마조 선사는 "마음도 아니고, 부처도 아니다."고 하였습니다. 무엇이 참된 부처입니까? 만약 당신이 부처를 먹어 버리면 부처는 이름도, 모양도, 말도, 문자도 없게 되는 것입니다. 이름의 부처와 모양의 부처가 모두 사라집니다. 그러니 당신은 당신의 딸에게 배워야만 하고, 과거·현재·미래의 모든 부처를 먹어 버려야 합니다. "어떻게 제 딸을 가르칠까요?"라고 물었는데, 그것은 큰 잘못입니다. 당신은 당신의 딸에게 배워야만 합니다.

《부처님께 재를 털면》에 실린 말은 모두 좋지 않은 것들이니, 당신의 딸은 당신에게 "《부처님께 재를 털면》을 읽지 마세요. 이렇게 하는 것이 올바른 방법이에요."라고 가르친 것입니다. 테라는 내 가르침을 이해한 것입니다. 내 가르침은 모든 것을 다 내려놓으라는 것뿐입니다. 오직 모를 뿐인 마음으로 곧바로 나아가십시오. 아마도 당신이 너무 말에 집착하기 때문에, 딸이 《부처님께 재를 털면》을 먹었는지 모릅니다. 테라의 답은 아주 좋습니다. 당신의 답보다 더 낫군요.

'대중을 위한 깨달음'이라고 적힌 차량에 관한 이야기는 매우 흥미로웠습니다. 84,000가지의 깨달음이 있습니다. 그런데 당신이 대중을 위한 깨달음을 하나 더했으니 당신에게는 84,001가지가 되겠군요. 아마도 당신은 그 깨달음을 좋아할 것 같습니다.

당신이 보내준 시는 훌륭했습니다. "이보다 더 푸른 하늘 있을까."라고 하였습니다. 매우 흥미로운 말입니다. 내가 말하겠습니다. "하늘도 없고, 땅도 없다." 그렇다면 당신은 어떻게 살아갈 수 있겠습니까? 아마 당신이 더 푸르러진다면, 살 수 있을 것입니다. 그런데 어떻게 하면 더 푸르러질 수 있을까? 이것이 아주 중요한 점입니다!

오직 모를 뿐인 마음으로 곧바로 나아가, 과거 · 현재 · 미래의 모든 부처를 먹어치우고, 깨달음을 얻어, 일체 중생을 고통에서 제도해 주시길 빌어 마지않습니다.

숭산 합장

선은 평상심이다

선사님께,

집필을 잠시 멈추고, 저는 아내와 아들과 함께 휴가중입니다. 어제는 바닷가에서 노는 동안, 그곳에서 명상을 하고 있는 어떤 사람을 보았습니다. 그이는 해변에 있는 수많은 인파의 한가운데에서, 허리를 꼿꼿이 세우고 마치 정식의 좌선 자세와 같은 모양으로 앉아 있었습니다. 그렇게 많은 사람들의 한가운데에 앉아 있다니, 꼭 과시를 하는 것 같아 처음에는 놀랐습니다. 그런데 그때, 그이는 벌떡 일어나 얼음처럼 차가운 바닷물로 거침없이 걸어 들어갔습니다. 물이 너무나 차가워 바닷가에 있던 사람들 중 바닷물에 들어갈 엄두를 내는 이는 거의 없었고, 설사 들어갔다 해도 법석을 떨며 금방 빠져 나왔습니다. 좌선하고 있던 그이 외에는 어느 누구도 그 속에서 몇 초 이상 견디지 못했습니다. 그는 물 위에 떠서 15분인가 20분 정도를 견디더군요.

저의 질문은 이것입니다. 마음이 참다운 공(空)에 이르면, 감각적으로 아무것도 느끼지 않고 얼음처럼 찬 물 속에 걸어 들어갈 수 있을까요? 저에게는 그 바닷물이 너무나 차가웠습니다. 참선 수행자인 저 같은 사람도 그와 같은 어떤 능력을 지녀야 하지 않을까요? 비록 얻는 것은 아무것도 없다고 말들을 하지만 말이죠. 무엇이 참된 공입니까? 무언가 특별한 것이 아닐까요? 아니면 순간순간의 수행에서 얻어지는 청정함일까요?

저는 아직도 꾸준히 참선 수행을 하고 있습니다. 항상 맑은 마음을 지니려고 애씁니다만 때로는 실패하기도 하고, 생각에 사로잡히기도 하고, 가끔은 아무 생각도 하지 않습니다. 아직도 저는 제 집필에 도움이 될 선의 정수를 터득하지는 못했습니다. 어쩌면 지금 그 도움으로 편지를 쓰고 있는지도 모르겠지만, 아직 그것이 무엇인지 뼈저리게 알지 못합니다. 그러니 저의 탐구와 알지 못함은 계속될 것입니다.

케임브리지에서 조지 바우먼 지도법사님과 함께 했던 4월의 용맹정진은 매우 좋았습니다. 선사님 말씀이 맞았습니다. 조지 법사님은 간결하고, 직설적이며, 옳은 말씀만 하시는 선사님을 빼 닮은 훌륭한 스승이었습니다. 오는 7월 케임브리지에서 열릴 용맹정진에 다시 참석할 계획입니다. 그때 선사님을 뵐 수 있기를 바랍니다.

지난번에 답장을 빨리 주셔서 감사합니다. 제게 큰 도움이 되었습니다.

아직도 나는 좌선을 한다. 왜일까?
할(喝)!
숲속으로 햇볕 쏟아지니, 솔잎에는 금물결이 이누나.

제가 선사님을 위하여 바닷가에서 지은 시입니다.

1 선이란 무엇인가 43

파도는 아무 말 없이 오래도록 해변과 대화한다
바람은 일없이 나뭇가지를 흔들어댄다
햇빛은 세상을 소리없이 물들이는데, 아직도
세상은 고요하지 않구나.
광활한 허공, 텅 빈 바다, 모래, 하늘이
끝없이 펼쳐졌건만.
나 홀로 갈팡질팡하며,
오래도록 바닷가 서성이며,
잃어 버린, 진실을
(아니면 그 무엇인가를)
어리석게 찾아 헤맨다.
내 앞에 펼쳐진 것은
조가비와 모래,
파도 소리뿐인데.

메인 주 위스캐셋에서 탐 올림

탐에게,

편지 대단히 고맙게 받아 보았습니다. 탐과 가족 모두 잘 지내는지 궁금합니다.

휴가차 가족과 함께 바다에 갔다니, 잘 했습니다. 바닷가에서 정식으로 명상 자세를 취하고 앉아 있는 사람을 보았고, 그 사람이 15분인가 20분 정도 얼음같이 차가운 바닷물 속에 들어가 있는 것을 보았다고 하였습니다. 그리고 그것이 참다운 공(空)인지 또 참선 수행자가 그와 같은 어떤 능력을 얻길 바라야 하는지 물었습니다. 만일 당신의 내면에 '나―나의―나를'이라는 마음이 있다면, 그것은 '영웅심'에 불과한 것입니다. 불교에는 탄트라 수행이라고 불리는 어려운 종류의 수행법이 있습니다. 이런 수행을 하는 수행자들은 많은 진언(眞言) 수행을 하여 마침내 한마음(一念心)에 이르게 됩니다. 그런 경지에 이르면 얼음을 깨고 물 속으로 들어가 수십 분 동안 견딜 수도 있고 불 속에서도 몇 십 분을 견딜 수 있습니다. 또한, 진언을 수행하여 한마음에 이르면 아주 뜨겁거나 펄펄 끓는 기름탕 속에서 목욕을 할 수도 있고 송곳판 위에 앉을 수도 있습니다. 이런 수행은 모두 인내심을 시험하기 위한 것입니다. 이런 과정을 모두 마친 뒤에는 더 높은 단계의 탄트라 수행에 입문하게 됩니다. 이 모든 과정을 마치면 그들은 초능력을 지니게 됩니다. 이것이 탄트라 수행이라고 불리는 것입니다. 이것은 선(禪)이 아닙니다. OK?

선은 청정한 마음, 항상 맑은 마음입니다. 맑은 마음이란 일상의 마음 즉, 평상심(平常心)이 진리라는 뜻입니다. 찬물은 차갑고, 뜨거운 물은 뜨거울 뿐입니다. 특별한 것이 아닙니다. 만일 어떤 사람이 "나는 어려운 수행을 경험해야겠다."고 한다면 그것은 좋지도, 나쁘지도 않습니다. 그러나 그들이 항상 어려운 수행이라는 것에 집착한다면, 그것은 무언가를 만드는 일이 됩니다. 만일 당신이 무언가를 만들면 당신은 무언가에 집착하는 것이고, 그러면 그 집착은 장애가 되어 당신은 완전한 자유를 얻을 수 없게 됩니다. 아마도 당신은 무언가로부터는 자유를 얻을지는 몰라도, 완벽하고 완전한 자유는 얻지 못합니다. 그렇다면 완벽하고 완전하다는 것은 무엇입니까? '나―나의―나를' 이라는 마음을 버리세요. 그렇게 하면 당신이 보거나 들을 때, 그 모든 것이 다 완벽하고 완전합니다. 참말로 특별한 것이 아닙니다.

다음으로, 선의 정수를 터득하지 못하였다고 하였습니다. 나쁘지 않습니다. 만약 당신이 선의 정수를 터득한다면, 당신을 30방망이 때리겠습니다. 선의 정수를 터득한다는 것은, 이미 선의 정수를 잃어 버렸다는 말과도 같습니다. 선의 정수를 찾으려 하지 마십시오. 그러면 당신은 이미 그것을 가진 것입니다.

조지와 용맹정진을 하였다니, 참 훌륭합니다. 조지는 위대한 스승입니다. 모두들 그를 좋아하지요. 또 7월의 케임브리지 용맹정진에 참석할 계획이라니, 그것 또한 훌륭한 일입니다.
그리고 이렇게 썼었습니다.

　　아직도 나는 좌선을 한다. 왜일까?
　　할(喝)!
　　숲속으로 햇볕 쏟아지니, 솔잎에는 금물결이 이누나.

나쁘지 않습니다. 하지만 이 말들은 그저 여여(如如)한 것입니다. "아직도 나는 좌선을 한다."고 말하면, 이것은 한 점으로 집중하였음을 뜻합니다. '나'는 이미 주관과 객관을 가진 것입니다. 만일 '부처'나, '마음'이나, '법(法)'이라고 했더라면 그 답은 한결 훌륭했을 것입니다. 이렇게 한다면, 여여한 답도 괜찮습니다. 그렇기는 하지만 한 점에 대한 질문에는, 한 점으로 답하는 것이 필요합니다.

그렇다면 "나는 좌선한다."에 대한 즉여(卽如)한 답은 무엇일까요?

보내준 시는 훌륭하였습니다. 이번에는 당신을 위하여 내가 시를 한 수 적어 보냅니다.

> 본래 한 물건도 없는 것. 하지만 파도는
> 항상 서로 이야기한다.
> 본래 텅 비어 있는 것. 하지만 바람과 나무는
> 항상 겨룬다.
> 햇빛은 색(色)이 없다. 하지만 만물은 저들이
> 좋아하는 색을 만든다.
> 고요하고, 또 고요하다.
> 눈을 가진 누군가는 혼란하다.
> 눈이 없다면, 열리는 광활한 허공, 푸른 바다,
> 하얀 모래밭과 만리로 펼쳐지는 맑은 하늘 그리고
> 하얀 구름뿐인 것을.
> 해가 서쪽으로 진다.
> 조가비 그림자는 길어지고, 더욱 길어진다.

숭산 합장

그것을 찾다

선사님께,

 선사님께서 항상 말씀하시기를 제가 이미 그것을 갖추고 있다고 하셨습니다. 하지만 아무리 찾아 보아도, 저는 그것을 찾을 수가 없습니다. 그것은 어디에 있습니까? 말해 주십시오! 말해 주십시오!

어리석은 제자, 짐 올림

짐에게,

 너에게 30방(棒)을 내린다! 차나 한 잔 드시게나!

숭산 합장

2
고
통
에
대
하
여

인생 행로

존경하는 숭산 선사님,

선사님께서는 아마 저를 모르실 것입니다. 왜냐하면 선사님을 몇 번 뵙지 못했거든요. 지난 여름에 선사님의 기도법회에 참석한 적이 있습니다. 제가 누군지 모르시더라도 저에게 무언가 조언을 주셨으면 하고 바랍니다.

지난달 제 여동생 팸이 너무나도 괴이하고 외롭게 죽었습니다. 제 가족들은 업(業)이 어렵게 얽혀 있고, 우리들에게는 혼란과 고통만 있을 뿐입니다. 팸은 일 년 반 동안 하반신 마비였습니다. 발코니에서 뛰어내려 자살을 기도하다가 결국 세 군데가 부러졌기 때문입니다. 편지를 쓰고 있는 이 순간에도 눈물이 그치질 않습니다. 예전에도 동생과 가까웠지만, 그 일이 일어난 후에는 더욱 가까워져서 텍사스로 동생을 찾아가 이야기를 나누기도 했고 편지도 많이 썼었지요. 저는 팸을 끔찍이 사랑했어요. 그 아이는 아주 아름다운 마음을 지니고 있었습니다. 사랑스럽고, 무언가를 추구하는 마음을 지녔었죠. 그러다가 지난달 갑자기 차를 몰고 떠나버렸습니다. 동생은 자기 스스로 운전할 수 있도록 특별 제작된 차를 가지고 있었거든요. 팸은 북부 텍사스까지 차를 몰고 가서, 어머니께 두 번 전화를 한 뒤 여러 날 동안 연락이 없었습니다. 동생은 결국 숲속에서 경찰에 의해 발견되었습니다. 그 애는 차 밖으로 나와 휠체어를 타려다가 땅에 넘어져 숲속에 고립되었고, 불도 피웠던 것 같지만 그곳에서 숨지고 말았습니다. 아마 피할 곳이 없는 데다가, 먹을 것도 없어 굶어 죽은 것 같습니다.

저에게도, 지난 수년 간의 세월은 고난의 연속이었습니다. 두 번이나 정신병원에 입원했었고, 최근 3년 간은 정상적인 마음을 되찾기 위한 힘든 과정을 겪었습니다. 이제야 겨우 팸을 위하여 진정으로 힘이 되어줄 수 있고 참으로 많은 일을 도와줄 수 있게 되었는데, 그 아이가 세상을 떠나버리다니 이 슬픔을 어찌 말로 다할 수 있겠습니까? 그 아이도 떠날 때 가슴에 많은 한과 고통을 품었던 것 같습니다.

지금 그 아이의 유골은 저의 집에 있는 불단(佛壇)에 안치되었고, 저는 그곳에서 강한 에너지를 느낍니다. 선사님께 두 가지를 여쭈어 보고 싶습니다.

첫째, 죽은 팸을 위해 지금 제가 할 수 있는 것은 무엇일까요? 좌선을 할 때면 그 아이를 찾아 헤매곤 합니다. 항상 그 아이의 생각을 떨쳐 버릴 수가 없고, 가끔은 제가 그 아이의 고통을 느끼고 있는 것 같기도 합니다. 그래서 매일 밤 염불을 하지만, 그것만으로는 충분하지 않은 듯 합니다. 그렇게 할 수 없다는 것을 잘 알지만, 그 아이가 너무나도 보고 싶고, 그 아이가 어디에 있든지 도와주고, 그 아이가 고통받고 있지 않다는 것을 직접 확인하고 싶습니다.

둘째, 어떻게 하면 수많은 어려움에 봉착한 제 자신과 제 가족들을 정화할 수 있겠습니까? 저는 이제 막 정신적인 길을 걷기 시작한 초

보자입니다. 제가 올바른 정신을 가질 수 없었던 이유 중 하나는 제 자신이 아주 올바르지 못한 사람이라고 생각했었기 때문이었습니다. 지금은 조금 다르게 생각하게 되었습니다만, 고통과 불행을 겪게 하는 업에 대하여 조금 설명해 주셨으면 합니다.

  선사님께서 어떤 말씀이든지 해주신다면 그 보다 더 큰 은혜가 없을 것입니다. 비탄과 함께 커다란 고통을 겪는 이들에게 사랑을 전하고 싶은 마음에서, 내면으로부터 흘러내리는 눈물로 이 편지를 씁니다.

관세음보살을 부르며, 뉴욕에서 쉴러 올림

쉴러에게,

  보내주신 편지 감사히 받아보았습니다. 어떻게 지내십니까? 보내주신 편지를 읽고 나 역시 몹시 슬펐습니다. 당신의 마음을 충분히 이해합니다. 그리고 동생에 대한 당신의 생각과 진한 사랑도 이해합니다. 당신과 당신의 동생은 매우 강한 업, 같은 업을 가지고 있습니다. 그래서 동생이 죽자, 당신의 마음도 죽은 것입니다.

  그러나 이 모든 것은 느낌일 뿐입니다. 만일 당신이 당신의 느낌에 걸려 있으면, 당신은 동생을 도와 줄 수 없게 됩니다. 그리고 당신 자신은 물론이고 당신의 가족도 도와 줄 수 없게 됩니다. 느낌은 느낌 그대로 두십시오! 그리고 당신은 당신의 올바른 길을 찾아야 합니다. 그러면 당신의 마음의 빛이 동생과 가족에게 비추어질 것입니다. 이렇게 하면, 다음 생에서는 이런 슬픈 일들이 생기지 않을 것입니다.

그렇지 않고, 당신이 이 슬픈 느낌에만 걸려 있으면, 다음 생에서도 이 같은 슬픈 일들이 다시 생겨나게 됩니다.

모든 일들은 어떤 원인에서부터 나오고 결과로 이끌어집니다. 당신이 과거의 생에서 한 어떤 행위가 이번 생에 그에 상응하는 결과를 가져옵니다. 만일 이번 생에서 이 느낌들을 사라지게 하지 않으면, 이것이 원인이 되어 다음 생에 똑같은 결과를 다시 불러오게 되는 것입니다. 이것을 윤회(輪廻)라고 합니다. 많은 이들은 이것을 이해하지 못하기 때문에, 결과에만 집착합니다. 이 이치를 알지 못하기 때문에 사람들은 슬퍼하고, 울부짖고, 괴로워합니다.

당신이 업을 이해한다면, 당신은 더 이상 결과에 매달리지 않게 될 것이고, 그러면 마음이 답답해지거나 괴롭지 않을 것입니다. 울 때는, 울기만 하십시오. 울음이 그치면, 끝난 것입니다. 맑은 마음을 지녀야 합니다. 그러면 당신은 맑고, 올바른 업을 짓게 되는 것입니다.

그러므로 당신의 느낌에 걸려들지 말고, 아무것도 만들지 말고, 어떤 것에도 집착하지 마세요. 모두 내려놓으세요! 그렇게 하면, 당신의 마음은 맑아지고, 당신 마음의 빛이 온 누리를 비출 것입니다. 이것을 법력(法力)이라고 합니다. 마음의 빛이 동생과 가족들 모두에게 비출 것입니다. 그러면 그 원인은 사라져 버리고 고통과 슬픔은 다시 생겨나지 않을 것입니다.

인생 행로

빈손으로 왔다가 빈손으로 가는 것
이것이 인생(人生)
날 때는 어디에서 왔으며
죽을 때는 어디로 가는가?
나는 것은 한 조각 구름 일 듯하고
죽는 것은 한 조각 구름 스러지듯
뜬구름은 그 자체 실(實)이 없나니
삶과 죽음, 오고 감이 이와 같도다
그러나 한 물건 있어 홀로 드러나
담연히 삶과 죽음을 따르지 않노라

空手來 空手去 是人生
生從何處來 死向何處去
生也一片浮雲起 死也一片浮雲滅
浮雲自體本無實 生死去來亦如然
獨有一物常獨露 湛然不隨於生死

당신은 홀로 드러나 담연히 삶과 죽음을 따르지 않는 참된 자기를 얻어야만 합니다. 그러면 동생의 본래면목(本來面目)을 볼 수 있으며, 당신 자신과 동생 그리고 가족들을 구할 것입니다.
홀로 드러나 담연히 삶과 죽음을 따르지 않음을 알 수 없다면, 오직 모를 뿐인 마음으로 곧바로 나아가십시오. 모든 것을 있는 그대로 두세요! 오직 만 년 동안 논스톱으로 정진하고, 정진하고 또 정진할 뿐입니다. 이것이 매우 중요합니다.

정신병원에 있었다고 하였습니다. 매우 힘들었겠군요. 혼자 수행하면서 마음을 다스리기는 아주 어려운 일입니다. 당신의 입장에서는 선원에 가는 것이 최상의 선택일 것입니다. 다른 이들과 더불어 수행하는 것이 매우 중요합니다. 다른 이들과 함께 절하고, 함께 좌선하고, 함께 공양하고, 함께 염불하고, 함께 일하면, 모든 이들이 당신의 나쁜 업을 다스릴 수 있도록 도와줍니다. 그러면 당신의 견해, 당신의 조건, 당신의 상황을 완전히 내려놓기가 수월해집니다.

선(善)과 악(惡)은 당신의 진정한 스승입니다. 하지만 혼자 산다면, 당신은 선과 악을 알지 못합니다. 자신의 나쁜 업을 볼 수 없는 것입니다. 그러면 당신의 나쁜 업이 당신을 지배하게 되고, 당신의 문제 또한 그치지 않을 것입니다. 나쁜 업을 없애고 싶다면 아무쪼록 선원에 가십시오.

동생을 도울 수 있는 방법을 알고 싶다고 하였습니다. 그것에 대하여는 이미 말씀드린 바와 같습니다. 그렇지만 무언가 특별한 것을 하고 싶다면, 불교에는 사자(死者)를 위한 지장보살(地藏菩薩) 진언이 있으니 이것을 실천해 보라고 권하고 싶습니다. 지장보살을 하루에 3천 번씩 49일 동안 염송하십시오. 그러면 당신의 동생은 건강한 몸으로 다시 태어날 것입니다.

오직 모를 뿐인 마음으로 곧바로 나아가, 당신의 느낌이나 당신의 마음 혹은 당신의 알음알이를 점검하려 하지 말고, 참된 길을 찾아, 당신의 동생과 가족 그리고 일체 중생을 고통에서 제도해 주시길 빌어 마지않습니다.

숭산 합장

이 세상에서는 모두가 미쳤다

선사님께,

선사님께 질문이 있습니다. 저는 매일 정신지체아들을 돌보는 일을 합니다. 그 아이들은 비명을 지르고, 고함을 지르며, 매우 자해적인 행동을 합니다. 심지어 어떤 여자아이는 자기 팔을 물어뜯어 염증이 생기기도 하였습니다. 이 질환에 관한 어떤 이론에 의하면, 이런 환자들은 죽은 자들의 영혼에 사로잡혀 있다고 합니다.

이 말이 사실일까요? 그리고 어떻게 하면 제가 그들을 도울 수 있을까요?

캘리포니아 주 버클리에서 미쥐 올림

마쥐에게,

편지 주셔서 감사합니다. 요즈음 어떻게 지내십니까?

편지에서 정신지체아들과 당신이 보살피고 있는 한 소녀에 대해서 말했습니다. 이 소녀는 불 속으로 뛰어들어가 자기의 몸을 태워 죽어버리는 불나방과도 같습니다. 이 세상에서는 모두가 약간씩은 이와 비슷합니다. 그러니 모두가 미친 셈이지요.

내 제자 중의 한 명이 유대인 보육원에서 일하고 있습니다. 며칠 전에 어떤 사람이 그곳에 불을 질렀다고 합니다. 경찰이 와서 왜 불을 질렀느냐고 물으니까, "나는 이곳을 좋아하지 않아요." 라고 대답했다고 합니다. 경찰에선 전과기록을 조회하여 그 사람이 유대인이 경영하는 가게에만 모두 예닐곱 차례나 방화하였다는 것을 알게 되었습니다. 왜 그랬느냐고 묻자, 그 사람은 "왜 내가 유대인들을 좋아하지 않는지 나도 몰라요. 그냥 불을 질렀죠." 라고 하더랍니다. 미친 짓이지요.

당신이 돌보는 아이들이나 불을 지른 그 사람이나 다 불나방과 같습니다. 그들은 어떤 것에 강하게 집착한 나머지 왜 그렇게 하는지도 모르면서 똑같은 일을 자꾸만 되풀이합니다. 이렇게 편협하게 한 길로만 나가는 것을 미쳤다고 합니다. 그리고 마음이 조금 넓다면, 그렇게까지 미친 것은 아닙니다. 마음이 조금 더 넓다면, 가끔씩 조금만 미친 것입니다. 마음이 허공처럼 맑다면, 완벽하게 정신적으로 건전한 것입니다.

사람들이 자신들의 생각에 걸려 그 생각에 따라 행동하면 자신들의 습관에 의해 지배당하게 되고, 그래서 사람들은 똑같은 일을 자꾸만 되풀이하게 됩니다. 결국에는 스스로 고통을 만드는 것입니다. 만약 당신이 당신의 견해나 당신의 조건, 혹은 당신의 상황에 매달리면 당신 또한 불나방과 같은 신세가 됩니다. 그렇지 않고, 당신이 당신의 견해나 당신의 조건 혹은 당신의 상황을 끊어내 버리면, 당신에게는 삶도 죽음도 없어 생사를 초월하게 됩니다.

어떻게 하면 매 순간순간마다 당신의 올바른 상황을 지켜나갈 수 있을까요? 다시 말하면, 어떻게 다른 이들을 도울 수 있을까요? 만일 어떤 이가 배고프다고 한다면, 당신은 무엇을 하겠습니까? 어떤 이가 스스로 자해를 한다면, 당신은 그를 위해 무엇을 할 수 있습니까? 당신은 이미 알고 있습니다. 당신의 느낌을 점검하지 마십시오. 당신의 마음을 점검하지 마십시오. 아무것도 점검하지 마십시오. 오직 사람들을 도울 뿐입니다. 모든 생각을 끊어내 버리고 "어떻게 도울 수 있을까?"라는 마음을 지니면, 올바른 행동이 나옵니다. 이것이야말로 대자대비(大慈大悲)한 마음이며, 위대한 보살도(菩薩道)입니다. 이것이 우리의 본분사(本分事)입니다. 만약 당신이 당신의 견해나 당신의 조건 혹은 당신의 상황에 매달리면, 당신은 상대적인 것 즉 '나'와 '너'를 만들게 되고, 그렇게 되면 당신은 다른 이들을 도울 수가 없습니다.

만일 당신이 아무것도 만들지 않고, 아무것에도 걸리지 않는다면, 당신의 마음은 이미 절대(絶對)인 것입니다. 여기에는 인식 주체인 주관도 인식 대상인 객관도 없습니다. 안과 밖이 하나가 됩니다. 만물이 그냥 그대로 진실인 것입니다. 그러면 당신의 일상의 삶이 그대로 진리입니다. 매 순간순간마다의 상황이 올바르게 되고, 이미 당신은 일체 중생을 고통에서 제도한 것입니다. 이 마음을 지켜 나가면, 당신은 그 여자아이를 비롯하여 당신이 보살피는 다른 정신지체아들을 어떻게 도와야 할지 알게 될 것입니다.

오직 모를 뿐인 마음으로 곧바로 나아가, 위대한 보살의 서원(誓願)을 지니고, 깨달음을 얻어, 일체 중생을 고통에서 제도해 주시길 빌어 마지않습니다.

숭산 합장

아플 때에는 아프기만 하세요

선사님께,

저는 아직도 병상에 누워 있으며, 비록 더 이상의 통증은 없지만 아직 다리에 문제가 남아 있습니다. 무릎 아래에는 감각이 없습니다. 그래서 허리를 고치기 위해서 쉬기만 할 것이 아니라, 무언가를 해야만 하겠다고 생각합니다. 왜 어떤 사람은 다른 사람보다 척추 뼈가 하나 더 있거나 엉덩이 뼈의 구조가 다른지 선사님은 아시나요?

지금처럼 병석에 누워 있는 이 시간이 여러 가지 면에서 수련회에 있는 것과 같습니다. 제 생애에서 처음으로, 제가 선택할 수 있는 게 아무것도 없다는 것을 알았습니다. 사람들이 음식을 저에게 가져다줍니다. 저는 선택할 수가 없죠. 제가 하고 싶은 대로 할 수가 없습니다. 하루하루가 그저 오고, 갑니다. 사람들도 오고, 갑니다. 때로는 따뜻하고, 때로는 춥습니다. 저는 그저 이곳에 머물며, 만사는 제 나름의 방식대로 일어나도록 놓아두고, 저의 마음만 맑게 하여야 합니다. 저에게 선택은 없고, 제 업을 벗어나 살 수도 없습니다. 그러니 이 병이야말로 아주 강력한 가르침입니다. 예전에는 이해할 수 없었던 것을 이제는 이해할 수 있습니다. "만약 네가 어떤 것에 의존한다면, 그것은 고통을 만드는 것." 이라는 말씀말입니다. 제가 다른 이들에게 의존하면서도, 동시에 제 마음만은 의존적이지 않으니 참 묘한 일입니다.

선사님께서 건강하시길 바라며, 큰 사랑을 보냅니다.

커네티컷 주 뉴 헤이븐에서 앤드리아 올림

앤드리아에게,

몸은 어떠십니까? 편지 감사히 받아 보았습니다.

음식이나 어떤 행동도 선택하지 못하고, 다른 이들에게 의존하고 있지만, 마음만은 그 어떤 것에도 의존하지 않는다고 하니, 훌륭합니다. 이것이 올바르게 선병(禪病)을 앓는 것입니다. 아플 때에는, 오직 아플 뿐입니다. 선택하지 않고, 점검하지 않고, 의존하지 않고, 오직 아플 뿐입니다. 그러면 병은 병이 아닙니다. 이것은 고급 수행이며,

고급 교육입니다.

　부설(浮雪) 거사의 이야기를 아십니까? 부설은 본래 신라의 스님이었는데 도반인 두 스님과 함께 3년 결사(結社)를 하기로 하였습니다. 하지만 오대산으로 입산하던 도중에 부설 거사가 결혼을 하게 되었습니다. 한 처녀가 그들 세 스님을 쫓아와, "제가 결혼하지 못하면 자결해 버리겠어요."라고 울부짖으며 매달리자, 부설 거사가 보살행을 실천하는 마음으로 그녀와 결혼을 하였습니다. 그러자 함께 결사를 한 두 스님은 "자네는 탐욕으로 가득 차 있네. 이것은 보살행이 아니라, 한 인간의 이기적 행동일 뿐이네."라고 비난과 격노에 찬 말들을 쏟아 붓고는 입산 길을 떠났습니다. 부설 거사는 결혼을 한 후에 큰 병을 앓았습니다. 당신과 마찬가지로 몸을 움직일 수 없었습니다. 부설 거사의 아내는 그를 극진히 보살폈습니다. 몸을 닦아 주고, 음식을 가져다 주는 등 그를 위해 모든 일을 다 하였습니다. 부설 거사는 3년 동안을 병석에 누워 천장만 쳐다보았을 뿐입니다.
　입산하였던 두 스님은 3년 결사를 마치고 귀향하는 길이었습니다. 그들은 한때 법우였던 부설을 생각하였습니다. 그래서 그들은 부설을 찾아보기로 하고 그의 집으로 갔습니다. 그들이 부설의 집에 당도했을 때, 부설의 아내는 앞뜰을 쓸고 있었습니다.
　"안녕하세요? 남편은 어디에 계십니까?"
　"남편은 3년 동안 병을 앓아 왔습니다. 지금은 병환이 너무나 심해 아무것도 하실 수가 없습니다."
　한 스님이 다른 스님에게 속삭였습니다. "악업이로다. 계율을 깨트리고 결혼을 하여, 3년 동안이나 앓게 된 게야." 하지만 그들은 자기들의 법우를 보고 싶어 잠시나마 그를 만나 볼 수 있겠느냐고 청했습니다. 부설 거사의 아내는 마음이 썩 편하지는 않았지만 친절하게 남편이 누워 있는 방 안으로 안내해 주었습니다. 두 스님은 방에 들어서자 웃음을 터뜨렸습니다.

"그래, 3년 동안이나 병을 앓았다고? 나빠 보이지는 않구먼!"

부설 거사는 두 도반을 보자, 자리에서 벌떡 일어나며 말했습니다.

"오, 잘 지냈는가? 이렇게 나를 찾아주니 고맙기 그지없네."

두 스님은 깜짝 놀라며 물었습니다.

"3년 동안이나 병석에 누워 있었다고 들었는데, 어떻게 일어났나?"

"아마도 자네들이 3년 동안 열심히 수행을 하여 그 덕분에 내가 일어난 것 같네."

"그럴지도 모르겠네. 우리는 매일 같이 자네 걱정을 하였네."

"나는 어찌나 악업이 많았던지 지난 3년 동안 병을 앓았네. 자네들은 그동안 열심히 수행을 하였겠지. 그래 무슨 수행을 하였나? 가르쳐 주시게. 무엇을 얻었나?"

"그동안 우리들은 많은 경전과 조사어록을 읽었네. 그래서 부처님의 가르침을 모두 알게 되었지." 그 후 여러 시간 동안 두 스님은 그들이 배운 바를 부설에게 이야기해 주었습니다.

마침내, 부설 거사가 물었습니다.

"그래, 자네들은 부처님의 말씀을 아주 훌륭하게 이해하였군. 그런데 부처님의 마음은 어떤가?"

"부처님의 마음?"

"그렇지. 무엇이 부처님의 마음인가?"

"자네는 부처님의 마음을 아는가?"

"자, 내 생각으로는 부처님의 마음을 얻으면 무슨 일이든 가능할 게야. 그러니 우리 한번 시험해 보세." 부설 거사는 이렇게 말하며 아내를 불러 도와달라고 청하였습니다.

그의 아내는 목이 가늘고 길며 밑이 넓은 병 세 개에 물을 가득 채워 가져왔습니다. 부설 거사는 끈 세 가닥을 꺼내 물병의 목 부위를 각각 묶고 그 줄의 끝을 따로따로 방의 대들보에 묶었습니다. 그리고 망치를 들고 와서 도반들에게 말했습니다.

"여기 망치가 있네. 이걸로 물병을 쳐서 물이 쏟아지지 않는다면, 자네들은 부처님의 마음을 얻은 것이야. 한번 시험해 보세."

이 두 스님은 매우 자부심이 강하였습니다. 만약 시도한다면 실패할지도 모르지만, 그렇다고 시도도 하지 않는다면 체면이 서지 않을 것입니다. 그래서 시도해 보기로 하였습니다.

먼저, 강력한 진언 수행을 한 스님이 망치로 병을 쳤습니다. 병 안에 있던 물이 모두 쏟아져 내렸습니다. 이번에는 경전을 통달한 스님이 망치로 병을 쳤습니다. 역시 물이 모두 쏟아져 버렸습니다.

마지막으로, 부설 거사의 차례입니다. 그는 망치를 쓰지 않았습니다. 물병을 가리키며 "할!"이라고 소리쳤습니다. 이 할 소리가 얼마나 컸던지 마치 대포 소리 같았습니다. 두 스님은 소스라치게 놀라 껑충 뛰었습니다. 병은 산산이 부서져 바닥에 떨어졌는데도, 물은 제자리에서 빙빙 돌고만 있을 뿐 쏟아져 내리지 않았습니다.

두 스님은 바닥에 엎드려 부설 거사에게 절을 하며 말했습니다.

"미안하네. 제발 가르침을 주시게."

부설 거사는 미소를 지으며 이렇게 말했습니다.

"나는 자네들에게 가르칠 것이 없네. 자네들은 이미 모든 것을 가진 게야. 하지만 참된 자아를 찾아야만 한다네. 그러면 무엇이든 할 수 있을 것이야."

그렇게 말하고는 물병 모양을 하고 있는 물을 집어 문 밖으로 쏟아 버렸습니다.

이것이 부설 거사의 이야기입니다.

아플 때에는, 아프기만 하세요. 그러면 당신은 모든 것을 얻게 되고, 무슨 일이든 할 수 있게 될 것입니다.

이미 이 병이야말로 당신에게 아주 강력한 가르침이라고 하였습니다. 훌륭한 말입니다. 그러니 당신에게 묻겠습니다. 당신의 병과 부설 거사의 병은 같습니까? 다릅니까? 만약 같다고 대답한다면, 눈을 감고도 별을 볼 수 있다고 하는 것입니다. 다르다고 대답하여도, 출구가 없는 무간지옥(無間地獄)에 있게 됩니다. 어떻게 하겠습니까?

숭산 합장

불타는 집

선사님께,

지금은 금요일 오후이고 방금 자신들이 완전히 '막혀 버렸다'고 느끼는 세 명의 정신요법 환자를 연속으로 보았습니다. 세 명 모두 스스로 만든 삶을 힘들어 하면서도 빠져 나올 방도를 찾지 못하고 있었습니다. 너무나 고통스러워 합니다! 저는 불교를 공부했기 때문에, 고통의 원인이 탐욕과 분노와 어리석음이라는 것을 잘 알고 있습니다. 하지만 다른 사람들이 고통에 대하여 이해하고 그 고통을 극복하기 위해 무엇을 할 것인가를 결정하도록 돕는 일은 또 다른 문제입니다. 베개를 치며 "감정에서 벗어나라."고 말해주는 것만으로는 충분하지 않습니다. 더 많은 관세음보살의 가피(加被)가 있기를!

에즈라와 저는 항상 선사님을 생각합니다.

캘리포니아 주 버클리에서 다이애나 올림

다이애나에게,

보내주신 편지 감사히 받았습니다.

몇 분의 환자가 찾아왔는데 너무나 고통스러워한다고 하셨습니다. 부처님께서 말씀하시기를, 이 세상은 불타는 집(三界火宅)과도 같다고 하셨습니다. 이 세상이 고해(苦海)라는 말씀입니다. 이 말씀을 한 번 살펴보기로 합시다.

많은 이들이 어떤 것은 얻는가 하면, 어떤 것은 얻지 못합니다. 하지만 얻는다는 것과 얻지 못한다는 것은 같은 것입니다. 만약 어떤 것을 얻지 못하면 고통을 받습니다. 또한 어떤 것을 얻어도 결국에는 사라지는 것이므로 고통을 받게 됩니다.

이를테면 당신이 간밤에 꿈을 꾸었는데 어찌나 그 꿈에 신경이 쓰이는지 온종일 그 꿈에 마음을 빼앗겼다고 합시다. 꿈을 꿀 때에는 그 꿈이 좋은지 아니면 나쁜지 생각하지 않고 그냥 꿈만 꿀 따름입니다. 하지만 꿈에서 깨어난 후 그 꿈이 길몽이면 하루종일 함께 가져가고 싶어할 것이고, 흉몽이면 잊고 싶어할 것입니다. 하지만 꿈은 한낱 꿈일 뿐입니다. 그 꿈을 가지고 다니고 싶든지, 버리고 싶든지 간에 당신에게는 문제가 됩니다. 좋아한다거나 싫어한다는 생각을 냈기 때문입니다. 많은 이들은 좋아한다든가 싫어한다는 이것 또한 꿈이라는 것을 알지 못합니다. 잠을 자면서 꾸는 꿈이나 일상적인 생각이 모두 다 꿈입니다. 실재하지 않는 것입니다. 이 비실재(非實在)라는 말을 이해하면 가지고 싶다는 것도 필요없고, 버리고 싶다는 것도 필요없다는 것을 알 것입니다. 모두 다 내려놓으세요!

고통에 대한 다른 예를 하나 더 들어보겠습니다. 사탕이 가득 들어 있는 작은 항아리가 있다고 합시다. 항아리 속에 손을 집어 넣어 한 줌 가득 사탕을 집으면, 손을 빼낼 수가 없습니다. "아아, 손을 빼낼 수가 없어!"하며 큰 고통을 느낄 것입니다. 만일 사탕을 원하는 마음을 내려놔 버리면, 손을 빼낼 수 있게 되고 고통도 없게 됩니다. 손을 빼낼 수 없다고요? 왜 그렇지요? 이 고통을 만든 이가 누구입니까? 당신의 욕망과 생각을 내려놓으면, 손은 쉽게 미끄러져 나옵니다. 문제 될 것이 전혀 없습니다.

"베개를 치며 '감정에서 벗어나라'고 말해주는 것만으로는 충분하지 않다."고 하였습니다. 맞는 말입니다. 그런 행위는 감정만을 바꿔 줄 뿐입니다. 그것은 업이나 원인과 결과를 알게 하는 데 도움이 되지 않습니다. "더 많은 관세음보살의 가피가 있기를!"이라고 하였습니다. 그렇습니다. 관세음보살께서는 나쁜 업을 소멸시켜 줍니다. 당신이 모두 내려놔 버리면, 무슨 일이든 할 수 있습니다. 많은 이들이 평화롭고 행복한 마음을 지니기를 원합니다. 부처님께서는 "너희가 순간순간 보리심(菩提心)을 지니면, 어디에서나 행복을 얻을 것이다."라고 하셨습니다. 위대한 보살행은 대자대비(大慈大悲)의 마음으로 행위하는 것을 뜻합니다. 그래서 중생이 고통스러우면 당신도 고통스러운 것입니다. 그들을 어떻게 가르칠 수 있을까요? 고통받는 많은 이들이 당신을 찾아올 때 그들과 한마음이 되어 마음을 터놓고 대화하는 것, 이것이 바로 위대한 보살행이고, 이것이 바로 관세음보살입니다.

항상 관세음보살께 곧바로 나아가, 관세음보살이 되어, 삶과 죽음의 일대사 인연을 마치고, 일체 중생을 고통에서 제도해 주시길 빌어 마지않습니다.

숭산 합장

지붕 한가운데에서 내려와야 할 때

선사님께,

전에 선사님을 뵙고 말씀을 나눈 적도 있고 오계(五戒)를 받은 바도 있습니다만, 이렇게 편지를 써서 저를 다시 소개하고 선사님의 제자가 되기를 정중히 여쭙니다. 저는 10개월 동안 케임브리지 선원의 법회와 용맹정진에 참석하였습니다. 저는 집에서 매일 아침 한 시간씩 좌선을 하고 있고, 때로는 저녁에도 한 시간씩 좌선을 하고 있습니다. 제가 어떻게 선사님의 가르침에 관심을 가지게 되었는지 말씀드리고 나서 질문을 드릴까 합니다.

제가 아주 어렸을 적 어느 날의 이야기입니다. 몇몇 친구들과 저는 집 근처에 있는 커다란 헛간의 지붕 위로 올라가기로 하였습니다. 그 지붕은 경사가 아주 가파르고 높아 우리는 헛간 안으로 들어가 2층 창문을 통해 올라가기로 했습니다. 제 차례가 되어 2층 창문을 빠져나와 지붕을 오르기 시작했습니다. 아무런 문제도 없었고, 오히려 쉽고 재미있기까지 했습니다. 지붕을 반쯤 올라갔을 때 우연히 아래를 내려다 보았는데, 어찌나 높이 올라와 있는지 깨닫는 순간 저는 겁에 잔뜩 질려 버렸습니다. 한 발짝도 움직일 수 없었습니다. 그저 지붕에 기대어 떨어지지 않으려고 안간힘을 쓸 뿐이었습니다. 더 올라갈 수도, 그렇다고 다시 내려올 수도 없었습니다. 꽤 오랫동안 거기에 그렇게 머물러 있었죠. 마침내 아래에 계신 아버지께서 용기를 북돋워 주셔서 조심스럽게 지붕을 다시 내려와 창문을 통해 안전하게 되돌아올 수 있었습니다.

청소년기 때의 저는 많은 사람들에게 어디 하나 나무랄 데 없는 아이였습니다. 학교에서는 공부도 매우 열심히 해 성적도 좋았고 항상 재미있는 행동으로 사람들을 즐겁게 하였습니다.
그러나 제가 무엇을 하고 있는지 생각해 본 적은 없었습니다. 그냥 남들이 저에게 바라는 것을 그대로 따라 하였을 뿐이었죠.
제가 열 다섯 살이 되었을 때, 저의 세계는 무너져 내리기 시작했습니다. 그동안 제가 무엇을 해왔는지 회의를 느끼기 시작했습니다. 학업에는 더 이상 열중하지 않게 되었고 소극적인 아이가 되어 사람들로부터 멀어지게 되었습니다.
제 자신을 포함하여, 사람들은 모두 이기적인 것 같았습니다. 다들 자기 자신만을 생각하는 것 같이 여겨졌습니다. 무엇을 위해 노력해 왔는지 의아했습니다. 성공하고 남을 이기고 승리를 얻기 위해 노력해야 한다고 배웠던 것이 어쩐지 옳게 여겨지지 않았습니다. 과연 삶의 목적이 무엇이며, 추구해야 할 삶의 올바른 목표가 무엇인지 잘 몰랐었습니다.
제가 혼란스러우면 혼란스러울수록 덜 노력하게 되었고 결과 또한 더 나빠졌습니다. 남들이 저를 인정해 주지 않고, 제가 마땅히 해야 할 것이라고 여겼던 일들을 하지 않아 생긴 결과를 남들이 험담을 하거나, 남들이 저를 이상한 사람이나 정신질환자로 여길 때, 그 기분이 어떤지 알게 되었습니다. 제가 혼란스러울수록 다른 사람들은 저에 대해서 더욱 미심쩍어 하고 의문을 제기하곤 하였습니다. 그러한 반응들이 저로 하여금 다른 사람들과 그들의 생활 방식을 더욱 두려워하게 하였습니다. 마치 서로 물고 도는 원과 같은 관계였지요.

그럼에도 저는 점차적으로 나아졌습니다. 그토록 심하게 회의하던 일도 그만두고 만사가 흐르는 대로 단순히 따라가며 지내게 된 것입니다. 대학에 가서는 의사가 되기로 하고 의과대학의 공부를 시작하였습니다. 하지만 이것은 제가 심사숙고하여 선택한 것이 아니라 다른 사람들에게 칭송 받는 직업이라고 생각했기 때문입니다. 의과대학에서 지냈던 어느 해에는, 제가 과연 높은 학점을 받을 수 있는지 알아보려고 지독하게 공부를 하였습니다. 그렇게 한 덕에 높은 학점을 받긴 하였지만, 그런 성취가 아주 공허하게만 느껴졌습니다.

대학을 나온 후에, 저는 '낙오' 되었습니다. 아무것도 믿지 않았고, 과연 무엇을 믿어야 할지 알 수도 없었습니다. 그때부터 몇 해를 망망대해에서 뗏목을 타고 표류하듯이 통제력을 상실한 채 생활하였고, 연속적으로 밀려오는 거센 파도에 이리저리 흔들리면서 자포자기한 마음으로 그저 그 자리만 지키기 위해 노력했습니다. 아무런 목적도 없이, 어떻게 해볼 수도 없이, 그냥 망망대해를 표류해 왔던 것입니다. 직업, 결혼 그리고 어디에서 살아야 할지 등 삶의 어느 상황에도 제 자신을 맡길 수가 없었습니다. 심지어는 제 아내와 가족 그리고 친구들에게도 제 자신을 맡길 수 없었습니다.

다시 그 헛간의 지붕을 반쯤 올라간 기분입니다. 움직일 수도 없고, 그저 매달려 있으려고만 애쓸 뿐입니다. 이제 제가 할 올바른 일이 무엇이고, 다른 이들을 위하여 무엇을 도울 수 있는지 너무나도 알고 싶습니다. 대중가요나 다른 종류의 곡을 써보고 싶지만, 제가 그렇게 하고자 하는 의도가 이기적인 것 같아 두렵습니다. 작곡을 하는 것이 다른 사람을 도울 수 있는 올바른 길일까요? 아니면 오직 참선만을 해야 할까요? 지금이야말로 지붕 한가운데에서 내려와야 할 때인 것 같습니다.

매서추세츠 주 케임브리지에서 스티브 올림

스티브에게,

편지 주셔서 감사합니다. 요즈음 어떻게 지내십니까?

이제 당신의 상황과 마음을 이해할 수 있게 되었습니다. 나도 어렸을 때에 당신의 어릴 적 경험과 유사한 경험을 하였습니다. 한국에서는 풀을 베어서 퇴비를 만듭니다. 낫으로 풀을 베는 일은 어린이들 몫이었죠. 여덟 살 때였는데 나는 풀 베는 일이 좋았습니다. 하루는 친구들과 함께 풀을 베러 가서, 잔뜩 벤 풀을 자루에 담고 학교로 갔습니다. 학교로 가는 길에 한 친구가 나에게 "너 다리를 베었구나!" 하길래 다리를 보았더니 피가 보였습니다. 아주 심하게 피를 흘려서 걸을 때마다 고무신에서 '뽁뽁' 소리가 났습니다. 이 사실을 아는 순간, 엄청난 아픔을 느끼며 땅에 쓰러졌고 더 이상 움직일 수가 없었습니다. 친구들 중 일부는 어머니를 부르러 가고, 나머지 애들은 나를 병원으로 데려다 주었습니다.

사실 나는 아무것도 느끼지 못한 채 이미 반 마일이나 걸어왔던 것입니다. 그것도 아주 즐거운 마음으로. 그런데 내 다리를 보았던 것이지요. 그래서 문제가 생긴 것인데, 그것은 상처 때문이 아니라 바로 내가 상처를 점검하고 그 상처로 인해 아프다는 느낌을 가졌기 때문이었습니다. 점검하기 전의 마음을 곧은 마음이라고 하는데 이런 마음을 지니면 아무런 문제가 없습니다. 하지만 일단 점검하고 나면, 느낌이 나타나고 '나―나의―나를'이라는 마음과 갖가지 문제가 발생하는 것입니다. 피가 나고 있는 다리를 보고 엄청난 아픔을 느꼈지만, 보기 전까지는 전혀 못 느꼈지요! 그래서 땅에 쓰러져 움직이지도 못했던 것입니다. 마찬가지로 당신이 지붕에 올라갈 때에는 곧은 마음을 지키고 있었습니다. 그런데 어떤 것을 점검하자, 움직이지도 못하고 "어떻게 내려가지?" 하며 두려워했던 것입니다.

이 삶이란 것을 가만히 들여다보면, 모두 똑같다는 것을 알 것입니다. 어느 누구도 삶을 보장해 주지 못한다는 것을 알 것입니다. 우리의 삶에 있어서 모든 것은 다 위험한 것입니다. 삶이란 실제로 존재하는 것이 아닙니다. 삶이란 환상(幻相)입니다. 만약 당신이 이것을 안다면, 당신은 조금도 움직일 수 없을 것입니다. 만물은 이름과 모양을 가지고 있는데, 이름과 모양이란 텅 빈 것입니다. 만일 당신이 이 도리를 알게 된다면, 그때에는 이름도 없고 모양도 없게 됩니다.

이름도 없고 모양도 없다는 이 도리를 알고 나면, 이름은 이름일 뿐이며 모양은 모양일 뿐이라는 것을 알 수 있게 됩니다. 이름도 없고 모양도 없다는 도리를 안다는 것은, 당신의 마음이 거울과도 같이 맑고 움직이지 않는다는 것을 뜻합니다. 그렇게 되면 아무런 걸림없이 여러 가지 색(色)이 오고 갈 수 있게 됩니다.

당신이 무언가에 걸려 있으면 무언가를 만들게 되고, 당신이 무언가에 집착하면 당신의 마음의 거울은 더러워져서 있는 그대로를 맑게 비추지 못하게 됩니다. 당신의 마음이 맑으면, 그 안에는 아무것도 없습니다. 모든 것이 제 있는 그대로 비춰집니다. 빨간빛이면 빨갛게, 하얀빛이면 하얗게. 누군가가 슬프면 나도 슬프고, 누군가가 즐거우면 나도 즐겁습니다. 이 마음이 완전히 자유로운 마음이고, 장애가 없는 마음입니다. 그러니 당신은 '나—나의—나를' 이라는 마음을 내려놓아야만 하고, 아무것도 만들지 말고, 아무것에도 걸리지 말고, 어떤 것에도 집착하지 마십시오. 오직 모를 뿐인 마음으로 곧바로 나아가십시오. 이 모를 뿐인 마음이 당신이 앓는 어떤 병이라도 다 고쳐줄 것입니다. 일체 중생을 고통에서 제도하고 싶다고 하였습니다. 가능한 일입니다. 오직 모를 뿐인 마음이 대자대비(大慈大悲)한 마음이고, 위대한 보살의 마음입니다. 이미, 당신은 이 길을 알고 있습니다. 하지만, 다른 이들을 돕고자 한다면 먼저 당신의 업을 다스릴 수 있어야만 합니다. 당신 혼자서 하는 수행은 좋지도 않고 나쁘지도 않습니다만, 때때로 당신의 업이 나타나면 스스로의 생각과 행동을 제어하지 못하게 됩니다. 그럴 경우 자신의 올바른 길을 지킬 수도 없고, 순간순간의 참선 수행도 불가능해집니다. 당신의 업을 다스리는 법을 배우기 위해서는 다른 이들과 함께 하는 일이 매우 긴요합니다. 선원에서는 사람들이 함께 살면서, 절도 하고 염불도 하고 좌선도 함께 수행

합니다. 이렇게 수행한다면 당신 자신의 생각과 상황 그리고 조건에 매달리게 되지 않게 되고, 당신의 '나—나의—나를' 이라는 업도 사라질 것입니다. 그러니 오직 모를 뿐인 마음으로, 선원에 와서 사십시오. OK? 그러면 당신의 업은 깨끗해질 것입니다.

  깨끗한 업이란 올바른 견해, 올바른 조건, 올바른 상황, 그리고 순간순간 지속되는 보살심을 말합니다. 당신이 음악을 좋아하는 것이 올바른 업이라면, 음악을 하도록 하십시오. 당신의 음악이 일체 중생을 제도할 것입니다.

  오직 모를 뿐인 마음으로 곧바로 나아가, 깨끗한 업을 만들고, 깨달음을 얻어, 일체 중생을 고통에서 제도해 주시길 빌어 마지않습니다.

숭산 합장

3 일에 대하여

창도 없는 소란스런 작은 방

선사님께,

사흘 전부터 새 일을 시작하였습니다. 저는 창도 없는 작은 방에서 세 명의 여자들과 함께 일을 합니다. 보통 우리들 네 명 중 두 명 이상은 일을 하지 않습니다. 그들은 하루 온종일 수다를 떱니다. 주로 섹스와 탐욕과 분노에 대해 얘기합니다. 라디오에서조차 하루 종일 사랑과 고통에 대한 시끄러운 노래가 흘러나옵니다.

나는 무엇인가? 아직은, 모릅니다. 비추어진 행위란 무엇일까? 날이면 날마다 고통을 겪어야 할까요? 아니면 그렇게 '되지' 않고, 비추어 볼 수는 없는 것일까요? 종종 저는 "있는 그대로이다."라는 기분을 감지하고, 혼자 우울해하곤 합니다. 저의 보살심은 공포와 분노 속에서 점점 소멸되어 갑니다. 돈이란 지금 현재를 살아가는 데 유용한 것이긴 하지만, 그로 인해 고통을 당하지 않을까 두렵습니다.

물론 제게는 커다란 자부심이 있습니다. 제 친구들 몇몇은 지금 큰 돈을 벌고 있습니다. 가끔 "이번 생에서 무엇을 하여야 할까?" 하고 생각해 봅니다. 지금 하고 있는 일에 자신을 낭비하고 있는 것 같이 느껴지기도 합니다. 불교 수행은 문자 그대로 제 삶을 구했습니다. 제가 경험한 생각이나 느낌들은 참된 나 자신이 아니고, 그저 왔다가 가고 갔다가 오는 것뿐이라는 것을 저는 압니다. 그런데 아직도 푸른 것은 푸르고, 공포는 공포이고, 탐욕은 탐욕 그대로입니다.
 이러할 때, 저는 어떻게 해야만 합니까?

캘리포니아 주 로스앤젤레스에서 마이클 올림

 마이클에게,
 훌륭한 편지를 보내주어 감사히 받았습니다. 어떻게 지내십니까?
 "창도 없는… 세 명의 여자들과 일합니다… 온종일 수다를 떱니다. 주로 섹스와 탐욕과 분노에 대해"라고 하였습니다. 이 상황이야말로 당신에게는 최상의 스승입니다. 이것이야말로 어떤 선사(禪師)보다도 더 낫고, 경전(經典)보다도 더 낫고, 성경(聖經)보다도 더 낫습니다. 만일 함께 일하는 여자들의 행위에 마음을 쏟다면, 당신은 악마가 됩니다. 하지만 그 여자들의 행위를 심판하려고 마음을 쓰지 않거나 모든 일을 양보한다면, 그 여자들이 하는 순간순간의 행위가 당신을 현명하게 일깨워 줄 것입니다.
 어느 조사께서 말씀하셨습니다. "지혜는 곧 무지함이며, 무지함이야말로 곧 지혜이니라." 이 말씀은 바로 지금 당신의 마음을 어떻게 지킬 것인지 가르쳐 준 말씀입니다. 당신의 마음을 점검하는 것은 어리석은 짓입니다. 하지만 당신의 마음을 점검하지 않으면, 당신이 보고, 당신이 듣고, 당신이 냄새 맡는, 이 모든 것이 그대로 여여(如如)한 것이고 바로 진리 그대로입니다.
 그러면 섹스나 탐욕 그리고 분노뿐만 아니라 개가 짖고, 닭이 우는 것까지, 이 모든 것이 바른 법(法)인 것입니다.

예를 들면, 극장에 가서 코미디를 본다면 당신뿐만 아니라 다른 모든 이들의 마음도 웃게 됩니다. 영화가 슬프면, 당신의 마음도 슬퍼집니다. 바로 그때 당신의 마음을 점검하려 하지 않는다면, 당신의 마음은 움직이지 않습니다. 그러면 우스우면 우습고, 슬프면 슬프고, 좋으면 좋고, 나쁘면 나쁜 것입니다. 모든 것이 맑게 나타나는 것입니다. 이것이 바른 지혜입니다. 당신이 바른 지혜를 찾으면, 당신의 마음은 이미 허공처럼 맑은 것입니다. 그러면, 순간순간 비추어 보는 일이 가능해집니다.

온 세상이 극장과도 같습니다. 당신이 자기의 마음이나 느낌을 점검하지 않는다면, 모든 것이 다 경전이고 성경입니다. 창도 없는 작은 방도 OK, 섹스와 탐욕 그리고 분노에 대하여 수다를 떨어도 OK입니다. 당신은 "어떻게 그들을 도울 수 있을까?"만 물을 뿐입니다. 이것이 비추어 보는 일이고, 일체 중생을 위한 대자대비(大慈大悲)한 보살행입니다.

모든 것을 내려놓아 버리고, 어떤 것도 점검하지 마시길 바랍니다. 오직 모를 뿐인 마음으로 곧바로 나아가십시오. 그러면 당신의 모를 뿐인 마음은 맑게 되고, 어떠한 상황에서도 비추어 보는 일이 가능해집니다. 그렇게 되면 당신은 삶과 죽음을 초월하는 일대사(一大事) 인연을 마치게 되고, 일체 중생을 고통에서 제도하게 됩니다.

숭산 합장

베트남에서의 기억들

선사님께,

선사님과 뉴욕 주 로체스터에 계신 캐플러 노사(老師)님께서 가르쳐 주신 방식대로 좌선하는 법을 새로 바꾸었습니다. 하지만 지금도 예전과 마찬가지로 문제점이 나타나 주의를 분산시키고 결국에는 앉아 있기를 포기하게 만듭니다.

선사님께서도 한때는 군인이셨으니*, 제가 베트남에서 군복무를 하면서 얻게 된 문제들을 극복할 수 있도록 도와주시기 바랍니다.

저는 베트남에 두 차례 파병되었습니다. 처음 파병된 것은 1968년 이었고, 그때 전투에 투입되었습니다. 맹렬한 십자 포화에 피격된 고아원에 있던 어린아이들을 비롯하여, 제 주위에 있던 많은 사람들이 죽었습니다. 두 번째 파병될 때에는 해병대 소속의 위생병으로 부상병들을 돌보았습니다. 그곳에서 겪은 사건들이 저의 마음을 무겁게 짓누르고 있으며 좌선을 하려는 노력을 방해하고 있습니다.

필요하다면, 뉴 헤이븐 선원을 찾아가 조언을 구하고자 합니다.

커네티컷 주 하트포드에서 폴 올림

---

* 숭산행원 대선사께서는 한국전쟁 중 군에 징집되어 육군 중위로 복무하였습니다.

폴에게,

편지 주셔서 감사합니다. 요즈음 어떻게 지내십니까?

베트남에서 전투병과 위생병으로 복무하면서, 어린아이들을 포함한 많은 사람들이 당신 주위에서 죽는 것을 보았고, 부상병들을 치료하였다고 하였습니다. 그리고 이런 일들이 당신의 마음을 무겁게 짓누르고 있다고 하였습니다. 당신은 이미 많은 사람들의 죽음을 목격하였습니다. 어느 날 당신의 몸뚱이도 사라질 것입니다. 그것이 내일이 될지 아니면 모레가 될지도 모릅니다. 당신의 몸뚱이뿐만 아니라, 이 세상 전체가 내일 사라져 버릴지도 모릅니다. 이 지구상의 강대국들은 모두 원폭(原爆)을 가지고 있습니다. 어쩌면 어느 날 한 사람의 실수로 버튼을 눌러 모든 미사일들이 발사된다면, 한순간에 이 세상 전체가 파괴되고 말 것입니다. 당신은 베트남 전쟁에서 많은 사람들이 죽는 것을 보았고, 그래서 매우 강력한 인상을 받았습니다. 하지만 마음을 열고 이 세상을 바라보면 이미 이 세상은 순간순간 어마어마한 위험이 도사리고 있어서, 나아가야 할 방향도 모른 채 매우 불행한 상황에 처해 있다는 것을 알 것입니다.

먼 옛날, 석가모니 부처님께서는 곧 왕위를 물려받을 왕자의 신분이었습니다. 그 당시 부처님께서는 모든 것을 다 소유하고 있었지만, 그것에 만족할 수 없었습니다. 그래서 모든 것을 다 내려놓고, 머리를 깎고 산으로 들어가 보리수(菩提樹) 아래 앉았습니다. 어느 날 새벽녘에 떠오르는 별을 보고 깨달았습니다. 당신께서는 당신의 참된 자아는 삶도 죽음도 없다는 것을 아신 것입니다. 당신은 이것을 알아야만 합니다. 당신이 참으로 이것을 얻는다면, 아무것도 문제될 게 없습니다. 당신은 무엇입니까? 만일 당신이 모른다면, 오직 모를 뿐인 마음으로 곧바로 나아가십시오. 세상의 평화는 여기에서부터 오는 것입니다. 그러니 당신은 정진하고, 정진하고, 또 정진해야만 합니다. 그러면 당신이 베트남에서 가졌던 경험들은 당신의 위대한 스승이 될 것이고 일체 중생을 고통에서 제도할 수 있게 할 것입니다.

허공처럼 맑은, 오직 모를 뿐인 마음으로 곧바로 나아가, 삶과 죽음의 일대사 인연을 마치고, 깨달음을 얻어, 일체 중생을 고통에서 제도해 주시길 빌어 마지않습니다.

숭산 합장

과학과 선(禪)

선사님께,

안녕하셨습니까? 12월 버클리 무문선원(無門禪院)에서 개최된 용맹정진 기간 동안 마침내 선사님을 뵙게 되어 얼마나 좋았는지 모릅니다.

지난 주 용맹정진에서 있었던 독참(獨參)* 중에 제가 선사님께 과학 연구와 참선 수행 사이의 갈등에 대하여 여쭈어본 바 있었습니다. 선사님께서는 생각에 집착하지 않는 것이 바로 열쇠라고 답변하셨고, 저는 그 말씀을 이해했습니다. 하지만 그 문제에 대해서 이야기를 조금 더 했으면 합니다. 왜냐하면 과학 연구와 참선 수행이 서로 조화를 이룬다면 아주 경이로울 것이라고 여겨지기 때문입니다. 또한 저의 입장에서는 때때로 과학적인 연구가 엄청나게 매혹적이어서, 그것에 집착하지 않고는 제대로 연구가 이뤄지지 않는다고 여겨지기 때문입니다.

제가 알고 있듯이, 과학자들이란 일관성 있고 반복적이며 의사전달이 가능한 경험을 토대로 우주관을 구축하려 합니다. 이러한 우주관은 어쩔 수 없이 관념적입니다. 여기에는 물리적인 인과관계라는 아이디어가 통째로 스며들어 있는 것입니다. 하지만 근원적인 원인이라는 것은 항상 가설인 것이고, 때로는 고도로 추상적이기도 한 것입니다. 화학적 합성이나 물리적 반응의 특성과 같은 '겉으로 드러나 보이는' 문제를 다룬다면 아마도 별 문제가 없을 것입니다. 하지만 인간의 생물학적 진화나 의식(意識)의 본질과 같이 인간 자신을 직접적으로 겨냥하는 문제들을 연구한다면 어떻게 되겠습니까? 과연 과학자들이 갖고 있는 고도로 관념화된 세계관과 선의 관점을 어떻게 하나로 조화시킬 수 있을까요? 물론 관념과 실제의 경험(예컨대 지도와 실제 영역의 관계처럼)을 혼동하지 않도록 주의해야 한다는 것은 저

---

* 제자가 방장(方丈)이나 조실(祖室) 등 스승의 방에 들어가 참선 수행 상의 문제나 공안(公案) 등에 대해서 교시·점검·시험 등을 받는 일을 말한다. — 옮긴이 주

도 알고 있지만, 그와 동시에 관념이라는 것은 경험의 일부이기도 한 것입니다. 이 문제를 어떻게 해결할 수 있을까요? 아마도 선사님께서 저에게 해주실 단 하나의 대답은 서둘러서 깨달음을 얻으라는 것이겠지요. 자, 어떻게 말씀하실 것입니까?

오는 1월에 선사님을 다시 뵙게 되기를 소망합니다. 건강에 유의하십시오.

캘리포니아 주 버클리에서 에릭 올림

에릭에게,

편지 주셔서 감사합니다. 요즈음 어떻게 지내십니까?

편지를 읽어보았는데, 매우 흥미로왔습니다.

내가 고등학생이었을 때, 공학을 공부했었는데 나 역시 의문이 많았습니다. 이 우주가 어떻게 115가지의 원소로 생성되었을까 하고 생각했었습니다. 이 115가지 원소는 어디로부터 왔을까? 이것이 나에게는 커다란 의문이었고, 그래서 선생님께 물어보았습니다. 선생님은 그것이 아무것도 없는 것을 의미하는 무극(無極)에서 나왔다고 하였습니다. 그 말을 들은 후에는 생각을 더 많이 하게 되었습니다. 만약 그 원소들이 진정으로 아무것도 없는 것에서 나왔다면, 도대체 어떻게 이것들이 생길 수 있을까? 선생님께서는 예를 들어 주셨습니다. "햇빛은 물방울을 만나기 전에는 아무 색깔도 없지만, 물방울과 만나면 무지개를 만든다고. 만일 100명의 사람들이 이 무지개를 본다면 100개의 무지개가 있는 것이고, 아무도 그것을 보지 못했다면 무지개는 없는 것이다. 네가 무지개를 보면, 네게 무지개가 있는 것이다." 라고 하였습니다. 나는 이 말씀을 이해했습니다. 선생님은 갖가지 색이 배열되어 있는 회전판이 달린 기계를 교실에 가져 왔습니다. 회전판을 돌리자, 아무 색도 나타나지 않았습니다. 회전판이 멈추자, 갖가지 색이 있었습니다. 나는 색즉시공(色卽是空)이요, 공즉시색(空卽是色)이라고 생각했습니다.

우주의 만물도 이와 같습니다. 모든 것이 공(空)에서 나오고 공(空)으로 돌아갑니다. 그래서 낮은 수준의 과학자는 다만 1 + 2 = 3이라고 알고, 중간 수준의 과학자는 1 + 2 = 0이라고 압니다. 다시 말해 중간 수준의 과학자는 '색즉시공 공즉시색'을 이해하는 것이지요.
하지만 높은 수준의 과학자는 이렇게 묻습니다. "1, 2, 3과 0은 누가 만드는가? 색(色)과 공(空)은 누가 만드는가?" 숫자는 관념입니다. 색과 공도 관념입니다. 관념은 우리의 생각으로 만들어집니다. 데카르트는 말했습니다. "나는 생각한다. 고로 나는 존재한다." 그러나 당신이 생각을 하지 않는다면, 그러면 무엇입니까? 생각 이전에는 너도 없고, 나도 없고, 색도 없고, 공도 없습니다. 그러므로 "색도 없고, 공도 없다."는 말조차도 틀린 것입니다. 생각 이전인 참된 공에서는, 만물은 제 그대로 일뿐입니다. 색은 색이요, 공은 공입니다.
우리는 의식을 가지고 있으며, 이 의식은 컴퓨터와 같습니다. 컴퓨터는 제 스스로 작동하지 못하고, 누군가가 컴퓨터를 작동시켜야 합니다. 우리의 의식도 역시 제 스스로는 작동하지 못합니다. '무엇인가'가 우리의 의식을 작동시키는 것입니다. 그 결과 우리의 의식은 과학을 만들어 냅니다. 그러므로 이 무엇인가가 의식을 조정하고 결과적으로 과학도 조정하는 것입니다. 이 무엇인가는 과학도 아니고 의식도 아니지만, 의식과 과학을 포괄하는 것입니다. 그러니 내가 당신에게 이르겠습니다. 당신이 바로 이 무엇인가를 얻으면, 당신은 과학과 의식을 안 것입니다. 이것의 이름이 선(禪)입니다.

당신에게 묻습니다. '무엇인가' 란 무엇입니까? 그럼 다른 질문을 해보겠습니다. 1 + 2 = 3과 1 + 2 = 0 중 어느 것이 맞습니까? 아마도 당신의 대답은 손으로 방바닥을 치는 것*일 겁니다. 그렇게 대답한다면 나는 당신에게, "하나는 알면서, 둘은 모르는구나." 라고 말할 것입니다. 이제 당신은 무엇을 할 수 있습니까? 만약 당신이 이해할 수 있다면, 당신은 수준 높은 과학자이자 수준 높은 참선 수행자이고, 과학과 참선이 다르지 않게 되는 것입니다. 만약 이해할 수 없다면, 오직 모를 뿐인 마음으로 곧바로 나아가십시오. 많은 말은 필요없습니다. 당신의 앎을 점검하지 마십시오. 의식도 만들지 마십시오. 과학도 만들지 마십시오.

아무것도 만들지 말고, 바른 의식과 바른 과학을 얻어서, 삶과 죽음을 초월하는 일대사 인연을 곧 마무리하고, 깨달음을 얻어, 일체 중생을 고통에서 제도해 주시길 빌어 마지않습니다.

숭산 합장

---

* 전통적인 선가(禪家)의 방망이질[방(棒)], 크게 소리지르기[할(喝)], 불자(拂子) 세우기[불(拂)], 주먹 휘두르기[권(拳)], 손가락 세우기[수지(竪指)] 등과 함께 손으로 방바닥을 치는 것도 같은 범주에 속하는 것이다. — 옮긴이 주

당신의 본분사(本分事)

선사님께,

안녕하셨습니까? 얼마 전에 선사님을 다시 뵙게 되어 반가웠습니다. 여기 있는 저희들은 모두 다 잘 해나가고 있습니다. 최근에 있었던 용맹정진도 매우 강력한 분위기에서 참석하였던 모든 이들이 다시 한 번 서로를 이끌어 주며 예전처럼 책임감도 투철하였습니다. 선원의 법우들의 의지가 너무 굳센 나머지 우리 모두에게 몇 가지 문제가 야기되는 것 같습니다만, 우리가 좀더 강력하게 결속한다면 그런 문제들을 잘 다뤄 나갈 수 있으리라 생각합니다.

선사님, 지난 수년 동안 제 생각의 많은 부분을 차지하며 심려하여 온 어떤 것이 있었는데 그 이야기를 선사님께 여쭙고자 합니다. 지난 7, 8년 간 줄곧 제가 과연 올바른 직업을 선택하였는가에 대하여 의문을 가져왔습니다. 이것은 경제적인 부(富)의 문제나 또는 우리 문화에서 성공이라고 하는 기준의 문제와는 상관없는 것입니다. 그런 모든 기준에 따르면 저는 매우 유명하고, 존경받고, 충분히 보상받는 등 성공한 부류에 속합니다. 하지만 저는 제가 하고 있는 일을 100퍼센트 확신하고 있지 않다는 것을 알았습니다. 이 생각은 지난 4년 간의 정규적인 수행을 통해서 더욱 분명해졌습니다. 지난 몇 년 간은 아내를 학교에 보내야 했기 때문에 다른 대안을 고려해 본다는 것이 실제로 불가능했습니다. 하지만 이제 일 년 정도면 아내도 학교를 마치게 됩니다.

몇 년 전만 해도 저는 음악과 의학에 강한 인연을 가지고 있는 것 같아 음악을 선택하였습니다. 하지만 지금은 큰 회의를 느끼고 있습니다. 저의 조건이나 상황에 집착하지 않으려고 노력을 하고 있지만, 순간순간 선(禪)의 마음을 지니기 위해서는 언제나 자기가 하는 일을 100퍼센트 확신해야만 한다고 생각합니다. 그렇지만 제가 작곡하고 있는 음악이나, 또 과연 이 일을 해야 하는지에 관한 근본적인 회의가 생기면, 지금 하고 있는 일에 대한 확신을 갖기가 어렵습니다.

스즈키 노사(老師)는 "바위를 움직일 수 있다는 것에 만족해야지 혜성의 꼬리를 잡을 수 있을지 걱정하지 말라."고 말씀하신 적이 있습니다. 저는 이 가르침을 이해할 것 같습니다. 그리고 미국인들의 업이란 우리 자신을 끊임없이 시험하고 의미를 추구하여 방향을 잡아 나가는 것이라는 사실도 알고 있습니다! 하지만 저는 제가 그런 도정에 있다고 생각하지 않습니다. 제가 소망하는 전부는 훌륭하고 청정한 법사(法師)가 되고, 순간순간의 행위를 한 마음으로 행하여 일체 중생을 제도하는 데 도움이 되고자 하는 것뿐입니다.

몇 년 뒤 학교로 다시 돌아간다면 제 아내에게 경제적 부담을 주게 될 뿐만 아니라 함께 지낼 시간도 줄어들 것입니다. 제 아내는 의지도 강하고 내조도 아주 잘 하지만 그렇게 하는 것이 진실로 정당한 일인지 의문입니다. 제가 계속 수행하여 제 자신의 업을 이해해야 한다는 것을 깨달았습니다. 그리고 계속 수행해 나간다면 이 모든 문제들을 날마다 더 명확하게 알게 될 것입니다. 제가 이 편지를 쓰는 까닭은 아무에게도 이런 문제들에 대하여 말한 적이 없었고, 그래서 이 문제들을 적어가다 보면 제 마음을 분명히 하는 데 도움이 되기 때문입니다. 그리고 선사님께서 저에게 도움이 되는 가르침을 주실 수 있다면 그러한 가르침을 받는 것이 참으로 기쁠 것이기 때문입니다.

곧 다시 뵙기를 바랍니다. 시간을 내주시고 가르침을 주셔서 감사합니다.

커네티컷 주 뉴 헤이븐에서 존 올림

존에게,

편지 주셔서 감사합니다. 당신과 아내는 요즈음 어떻게 지내십니까? 지난번 용맹정진은 강력하였고 모두들 다시 책임감이 투철해졌다고 하였습니다. 아주 좋은 일입니다.

자신의 일에 대해 물었습니다. 전에 내가 당신에게 물었던 것입니다. 가장 중요한 것이 무엇입니까? 매일 수행하는 일입니다. 만일 당신이 매일 수행을 한다면, 어떤 일을 하든 문제 될 것이 없습니다.

내가 한국에 있었을 때, 유명한 목수가 내 제자였습니다. 그는 널리 이름을 날렸지만, 자신의 일을 100퍼센트 좋아하지는 않았습니다. 하루는 그가 나를 찾아와 말했습니다. "제 직업은 좋지도 않고, 나쁘지도 않습니다. 사람들은 제 일을 좋아하지만, 저는 그 일이 좋을 때도 있고 가끔씩은 싫을 때도 있습니다. 이따금 직업을 바꾸고 싶은 마음이 듭니다." 그리고 이렇게 물었습니다. "어떻게 하면 좋겠습니까? 말씀해 주십시오."

내가 물었습니다. "당신의 본래 일〔본분사(本分事)〕이 무엇이오?"

"저는 목수입니다."

"목수라는 것은 당신 몸뚱이가 하는 일이고, 당신의 진짜 직업이 무엇이란 말이오?"

"진짜 직업이요? 그것이 무슨 말입니까?"

"자네 마음의 직업 말일세."

"마음의 일이라? 마음의 일이라면 관세음보살님을 지니는 일이지요."

"자네가 관세음보살을 아는가?"

"모르겠습니다."

"자네가 '모르겠다'고 했으니, 자네는 이제 관세음보살이 무엇인지 의문을 가지게 된 게야. 그러니 자네는 이 의문을 지니고, 관세음보살께 곧바로 나아가야만 하네. 이것이 자네의 본래 일이야."

만일 당신이 이 본분사를 지키면, 당신은 여유로운 마음을 지니게 됩니다. 당신이 여유로운 마음을 지니면, 몸이 하는 어떤 직업도 문제 될 것이 없습니다. 아울러 순간순간 행하는 당신 몸뚱이의 일이 그대로 진리이며, 일체 중생을 제도할 것입니다.

어떤 조사께서 말씀하시길, "마음이 완전하면, 만사가 완전하다."고 하였습니다. 그러므로 당신의 마음이 완전하면, 어떤 일을 하든 어떤 행위를 하든 문제 될 것이 없습니다.

당신은 너무 많이 아는 것 같습니다. 너무 많이 아는 그 마음을 버려야 합니다. 그러면 당신의 마음은 아주 단순해집니다. 그렇게 되면 직업을 바꾸어도 OK, 바꾸지 않아도 OK입니다.

  가장 중요한 일은 당신의 본분사를 놓지 않는 것입니다. 그러면 비단 음악뿐만이 아니라, 그리고 다른 직업들뿐만 아니라, 당신의 일거수 일투족이 이미 참된 법(法)이며 일체 중생을 구하는 것입니다.

  허공처럼 맑은 마음을 항상 지키고, 곧 당신의 본분사를 찾아, 깨달음을 얻어, 일체 중생을 고통에서 제도해 주시길 빌어 마지않습니다.

숭산 합장

그대의 일은 무엇입니까?

선사님께,
    나비는 오직 꽃내음을 맡는다.
    뱀은 심장의 고동만을 듣는다.
    황금색의 용은 피만을 맛본다.
    하얀 백조는 피안을 쳐다본다.

버클리 용맹정진에서 마이클 올림

마이클에게,
무릇 짐승들도 제 일을 알고 있다.
마이클, 그대의 일은 무엇입니까?

숭산 합장

기자의 펜 끝

선사님께,

위대한 도시의 어느 집에서,
한 선사가 법(法)을 설하고
밤거리에는
개들이 짖고 차들이 오간다.
내가 시골집에 돌아왔을 때,
변한 건 아무것도 없었다.
하지만 잡초들
노래하는 강 너머 고개 숙이네.

요즘은 제 생애에서 한창 바쁜 시기입니다. 저는 버몬트 주 의회에

출입하는 신문 기자입니다. 의회는 지금 회기중이고 그래서 제 업무 시간도 길고 불규칙합니다. 선사님께서 지난 11월에 일러주신 대로 철두철미하게 매일 좌선을 하려고 노력해 왔습니다. 하지만 가끔 피곤할 때에는 몇 분밖에 좌선을 하지 못하기도 합니다. 저는 자주 제 삶이 조금 덜 소모적이고, 조금 덜 강제적이었으면 하고 바랍니다. 케임브리지 선원에서 선사님과 함께 했던 모임의 기억이 생생합니다. 그때 제 생활이 좀더 질서정연하게 되어 제가 가족과 참선 수행에 더 많은 시간을 바칠 수 있기를 바랬었습니다.

어쨌든 꾸준히 수행을 하고 있습니다. 제가 추구하는 길이 가치 있는 길이며 저의 노력이 의미 있는 것이라고 믿고 있습니다. 정치적인 책임을 진 사람들 속에서, 중요한 사안들을 다루면서, 이러한 사안에 대한 객관적이고 정확한 기사를 쓰려고 애쓰며 일하는 것은 수행하는데 좋은 바탕이 됩니다. 이런 식으로 나름대로 노력하고 있습니다.

이번 봄에는 보다 강도 높은 수행을 하기 위하여 케임브리지 선원으로 돌아갈 계획입니다. 하지만 이곳 의회의 회기가 4월 초까지 계속돼 3월 중에는 선사님을 뵙지 못할 것 같습니다. 그동안에도 좌선하고, 일하고, 먹고, 자는 것을 반복할 것입니다. 그저 모른 채로 말입니다. 선사님의 오직 모를 뿐이라는 가르침이 제 일과 제 개인적인 생활 모두에 엄청나게 유익하다는 것을 알았습니다. 이따금씩 신선한 바람이 제 선입관을 날려 버리고, 저는 처음으로 돌아와, 사람들·모임들·가족·친구들·정치·토론·새로운 사안들을 대합니다. 그리고 가끔 한 번씩 '반짝' 합니다.

11월 용맹정진에서 선사님은 저에게 왜 수행을 하느냐고 물으시고, 반드시 왜 수행하는지를 알아내야 한다고 말씀하셨습니다. 그때 저는 모른다고 말씀드렸습니다. 제가 참선을 계속하는 이유는 매일매일, 아니면 매분마다 변화하기 위해서인 것 같습니다. 그 이유는 이렇습니다.

첫째, 깊은 잠에 떨어지면 아무것도 느낄 수 없다는 사실이 저에게 확신을 가지게 합니다. 좌선 중에는, 마치 깨달은 것과 같은 어떤 느낌을 갖습니다. 깨어나고 싶습니다.

둘째, 제 성격 중에는 부주의하고 잊어먹기 잘하고 별 생각없이 행동하는 면이 있는데 그것이 저를 짜증나게 합니다. 좀더 성찰력 있는 삶을 살고 싶고, 좌선을 하면 도움이 된다고 생각합니다.

셋째, 실질적으로 사람들을 돕고 싶고 이 세상을 좀더 좋은 곳으로 만들고 싶습니다. 수행은 저의 이기적인 어떤 것을 줄이는데 도움이 되고, 아마도 제가 하고 있는 일의 실체에 대하여 좀더 정확한 정보를 줄 수 있을 것 같습니다. 그래서 저는 앉아서, 참구하고, 수행하기를 계속합니다.

아직도, 이 모든 것은 바로 생각일 뿐입니다. 나는 왜 좌선을 하는가? 차들이 내 사무실 창 밖으로 난 길을 지나간다.
지금은 2월 27일, 월요일, 오후 2시 30분. 회의에 갈 시간입니다.
선사님의 가르침에 감사 드립니다. 봄에 다시 뵙기를 기대합니다.

버몬트 주 몽펠리어에서 탐 올림

탐에게,

편지 주셔서 감사합니다. 당신과 가족 모두 안녕하신지요?

매일 좌선을 하고 올바른 수행을 하고 싶다니 반가운 소식입니다. 버몬트 의회에 관해 기사를 쓴다니 훌륭한 일입니다. 참선을 하면 기사를 쓰는 일에 도움이 될 것입니다.

이 세상엔 세 가지의 날카로운 끝이 있습니다. 펜끝, 혀끝, 칼끝이 그것입니다. 이 세 가지 끝 중에서 가장 날카로운 것이 펜끝입니다. 글자로 쓰여진 말은 혀나 칼이 뚫을 수 없는 곳도 뚫을 수 있습니다. 혀는 칼이 뚫을 수 없는 곳을 뚫을 수 있습니다. 칼은 이 중에서 가장 무딘 것입니다. 단지 무기일 뿐이지요. 당신은 이미 펜끝을 사용하고 있습니다. 훌륭한 일입니다. 당신은 많은 이들을 도울 수 있습니다.

하지만 펜도 뚫을 수 없는 곳을 뚫을 수 있는 것이 하나 있습니다. 바로 위대한 진리이자 위대한 자비(慈悲)인 선(禪)입니다. 다른 것들은 나타나기도 하고 사라지기도 하고, 경우에 따라 필요하기도 하고 소용이 없기도 합니다.

선은 이러한 상대적인 것 이전입니다. 이것은 움직이지 않음이요, 순수함이요, 맑음입니다. 그러므로 이것은 이미 모든 것을 뚫어 버린 것입니다. 당신이 곧 이 선의 정수를 터득하여, 일체 중생을 고통에서 제도하고, 세상의 평화를 이루길 바랍니다.

전에 당신에게 왜 수행을 하느냐고 물었습니다. 당신은 세 가지의 이유로 답했습니다. 좋지도 않고, 나쁘지도 않습니다. 많은 말이 필요하지 않으리라고 생각합니다. 선은 복잡하게 얽힌 마음을 단순한 마음으로 전환시키는 것입니다. 만일 당신이 단순한 마음을 지키고 있다면, 당신은 무슨 일이나 다 할 수 있고, 어디에서도 아무런 장애가 없게 됩니다. 따라서 당신이 참선을 한다는 것은 곧 자신을 아는 것이며, 깨달음을 얻어 일체 중생을 제도하는 것을 의미합니다. 하지만 당신의 대답은 "나는 여기에 있고, 어떤 것은 저기에 있다."는 식입니다. 이런 마음을 지니고 있으면, 진리를 얻을 수 없습니다.

진리를 얻고자 한다면, 당신의 마음을 개벽(開闢)해야 합니다. 공산주의란 단지 바깥만의 혁명입니다. 선은 안과 바깥 모두의 혁명입니다. 당신이 안과 바깥을 개벽하면, 주체도 객체도 없게 됩니다. 안과 바깥이 하나가 되는 것입니다. 당신이 하늘을 보면, 푸를 뿐입니다. 나무를 보면, 파랄 뿐입니다. 설탕을 맛보면, 달 뿐입니다. 당신이 무엇을 하면, 하기만 하십시오. 둘을 만들지 마십시오. 하나도 만들지 마십시오. 그러면 당신은 이미 세상의 평화와 완전한 자유를 누린 것입니다. 이것이 순간순간 자신의 올바른 상황을 지키는 것입니다.

세상의 정치인들이 이 마음을 지닌다면, 이 세상에는 싸움도 고통도 없을 것이고, 보살의 길을 따라 서로서로 도우며 살 것입니다. 이것은 가능한 일입니다. 그러나 그들은 보통 '나—나의—나를'이라는 마음을 가졌습니다. 그래서 세상에는 문제가 많습니다. 당신이 그들을 가르쳐 주어야 합니다. 이것을 하기 위해서 당신의 선(禪)을 사용하십시오.

당신은 이미 왜 당신이 좌선을 하는지 이야기했습니다.

"차들이 내 사무실 창 밖으로 난 길을 지나간다. 지금은 2월 27일, 월요일, 오후 2시 30분. 회의에 갈 시간입니다."

훌륭한 대답입니다. 그러나 당신의 대답은 너무 늦었습니다. 내가 말하겠습니다. 화살은 벌써 시내를 지나갔다고. 다시, 당신에게 묻겠습니다. 왜 당신은 좌선을 합니까? 말하세요! 말하세요! 많은 말은 필요 없습니다. 단 한 마디가 중요합니다.

당신이 보낸 시는 훌륭했습니다. 여기 당신을 위해 시를 보냅니다.

밤거리에서
개들은 짖고 차들은 오간다.
위대한 도시의 어느 절에서,
설해진 법(法)은 벌써 잘못—
　　십만 팔 천리 멀어졌나니.
잡초들은
노래하는 강 너머 고개 숙인다.
내가 본처(本處)로 돌아왔을 때,
변하고, 변하여, 바로 이와 같을 뿐.

숭산 합장

4 가족관계에 대하여

네 가지 종류의 분노

선사님께,

안녕하셨습니까? 동부로 다시 가셨다니 지금 어떠하십니까? 여기 있는 저희들은 항상 선사님을 그리워합니다! 7일 용맹정진이 잘 되기를 기원합니다.

때로 예전의 일을 돌이켜 보면, 사물들이 어떻게 일어나는지 기이하기만 합니다. 지난번 선사님께서 주관하셨던 용맹정진을 끝내고 나서는 마음이 아주 맑아졌습니다. 지난 주말에는 이 세상에 있는 세탁기를 모두 다 동원한다 하더라도 제 마음이 맑아지지 않을 것 같았는데 말입니다! 하지만 이틀 전에는 갑자기 제 아들에게 화가 나서 소리를 지르는 저 자신을 발견했습니다. 하마터면 손찌검까지 할 뻔 했습니다. 다섯 주 동안 세 차례나 용맹정진을 하였고, 매일 좌선을 하면서도, 그렇게 분노로 가득 찬 마음을 되돌리지 못했다니 두렵기까지 합니다. 그렇게 사소한 일에! 저는 제 방 침대에 엎드려 자신에 대해 절망한 채 울기 시작하였습니다.

그런데 그때 이상한 일이 일어났습니다. 무언가 매우 중대한 일이 방금 일어났고, 운다는 것은 그 대답이 아니라는 것을 깨달았습니다. 아들에 대해서 더 이상 걱정하거나 죄책감을 느끼지 말고, 무언가 그 아이의 환경을 바꾸어 주고 그렇게 하여 그 아이의 업(業)을 바꾸어 주는 일을 하여야 한다는 것을 깨달은 것입니다. 사실 지금 제 아들은 매우 열악한 환경에 놓여 있습니다. 학교는 그 아이에게 아무런 의욕도 불러일으키지 못하고, 가정은 그 아이가 성장하도록 돕지도 못하고, 친구들은 사고만 저지르며 그저 자극적인 흥미 거리 이외에는 관심을 두지 않습니다. 제 아들은 전학을 하거나, 이사를 하거나, 그 밖의 무엇이든 항상 그 모든 시도에 저항해 왔습니다. 그리고 저는 항상 아들에게 졌죠. 어쨌든 사실 '올바른' 해답이 무엇인지 알지도 못했고, 아마도 그 아이가 저를 거부할까 무서웠기 때문인지도 모르겠습니다.

이제는 제가 해야할 일이 무엇인지 분명하고 확실하게 압니다. 제 아들이 좋아하든 좋아하지 않든, 그것 때문에 나를 싫어하든 말든, 적어도 잠시 동안만이라도 좋은 학교로 전학시켜야겠습니다. 이제 부모로서의 책무를 '100퍼센트' 다 하려 합니다. 설령 제 방식이 결과적으로 '틀렸다' 고 판명되더라도 말입니다. 아침에 일어나 아들이 있던 부엌으로 가서 이 모든 이야기를 다 했습니다. 그리고 다시는 저를 그토록 화나게 만들도록 놔두지 않을 것이라고 일러 주었습니다.

처음에는 커다랗고 분명한 소리로 '노' 라고 거부하더군요. 하지만 저는 이번이 마지막이라는 심정으로 주저하지 않고, 제 아들에게 한번 시도는 해봐야 한다고 강력하게 말했습니다. 그렇게 해서 잃어 버릴 것이 무엇이 있겠느냐고 말해 주었습니다. 그리고 스스로 새로운 일에 도전하지 못하면 자신의 삶에서 많은 것을 경험할 수 없다고 이야기했습니다.

제가 제 아들을 정말 놀라게 하였나 봅니다. 어젯밤 참선을 하기 전, 아들이 제게 와서 자기가 마음을 바꾸었고 새로운 학교로 전학하여 그곳이 어떤지 한번 보겠다고 말했습니다.

선사님, 너무나 기분이 좋았어요. 이 기쁜 소식을 선사님과 함께 나누고 싶었습니다. '부처님께 재를 터는' 공안은 참구할 것이 많더군요. "어떤 사람이 선원에 들어 와 담배를 피우고 있었다. 담배 연기를 뿜으면서 담뱃재를 부처님 머리 위에 털었다. 만일 당신이 그곳에 있었다면 당신은 어떻게 하겠는가?"

이 공안에 대한 '답'을 얻는 데 약간의 진전이 있는 것 같이 여겨집니다. 선사님께서는 항상 "선이란 자기 자신을 100퍼센트 믿는 것이다."고 말씀하시곤 하셨습니다만, 저의 경우에는 절대로 자신을 전적으로 믿는 일이 가능하다고 생각하지 않았습니다. 그런데 제가 아들을 향한 제 사랑을 100퍼센트 믿고 있다는 것을 발견하였고, 그렇기 때문에 이제는 제 아들이 저를 거부하거나 제 생각이 실패로 돌아간다 하더라도 괜찮다고 생각합니다. 제 아들은 아직 자신의 삶의 모든 면에서 완전한 결정을 내릴 만큼 성숙하지 못했습니다. 이것이 제가 아들을 위해 무언가를 해야 하는 이유 중의 하나입니다. 결국 제 아들은 자기 자신의 내면으로 깊이 들어가, 마음으로부터 제가 옳다는 것을 알고 제 의견에 따르기로 결정하였던 것입니다.

아무튼 제 아들은 오늘 다른 아이가 되었습니다. 그리고 무슨 일이 일어나더라도, 어제는 우리 모자(母子) 모두의 전환점이었습니다.

선사님의 가르침을 이제 저의 가슴 깊이 느끼기 시작하였습니다. 선사님, 정말 고맙습니다.

캘리포니아 주 버클리에서 다이애너 올림

다이애너에게,
편지 주셔서 감사합니다. 당신과 에즈라 그리고 가족 모두 안녕하신지요? 여기 프라비던스 선원에선 7일 용맹정진을 막 끝마쳤습니다.

용맹정진을 마친 후 당신의 마음이 맑아졌다고 하였습니다. 맑은 마음이란 깨끗한 거울과 같습니다. 그래서 분노가 나타나면, 당신에게 분노에 찬 행위가 비춰지는 것입니다. 당신은 당신의 아들을 사랑하기 때문에 화가 났었습니다. "이것이 옳은 일일까?"라고 당신의 마음을 점검하지 마십시오. 화가 나면, 그저 화를 내세요. 행복하거든, 그저 행복해 하세요. 슬프면, 그저 슬퍼하세요. 그런 다음에 자기 마음을 점검하는 것은 좋지 않습니다.

당신이 이전에 가졌던 분노와 이번 편지에서 말했던 분노는 다른 것입니다. 당신이 용맹정진을 하기 전에 보인 분노는 집착에서 오는 분노였지만, 용맹정진을 한 이후에 나타난 분노는 단지 비추어진 분노였을 뿐입니다. 더욱 열심히 수행한다면, 그런 비추어진 분노는 인지(認知)된 분노로 바뀝니다. 더 수행을 한 후에는, 이 인지된 분노조차 사라질 것입니다. 그렇게 되면, 당신은 오직 애정 어린 분노만 지니게 됩니다. 속으로는 화가 나지 않았지만, 단지 겉으로 화를 내는 것입니다. 그러니 집착에서 오는 분노, 비추어진 분노, 인지된 분노, 애정 어린 분노로 바뀌고, 바뀌고, 또 바뀌어지는 것입니다. 분노는 그저 분노입니다. 분노는 진리입니다. 걱정하지 마십시오. 자기 자신을 점검하지 마십시오. 분노는 이미 지나갔습니다. 당신에겐 바로 지금의 이 마음을 어떻게 지키느냐가 매우 중요한 일입니다.

 집착에서 오는 분노는 몇 시간, 혹 어떤 때에는 며칠씩 가라앉지도 않고, 애정 어린 마음으로 곧 바뀌지도 않습니다. 지난번 당신이 울었을 때에는 비추어진 분노를 지녔었습니다. 하지만 그렇게 오래 가지는 않았었지요. 아들을 사랑하는 마음으로 곧 돌아와, 아들을 위해 무엇을 해야 할 것인가를 알았던 것입니다. 당신은 당신 자신을 100퍼센트 믿은 것입니다. 더욱 열심히 수행하면, 당신의 비추어진 분노는 인지된 분노로 바뀔 것입니다. 분노를 느끼더라도 그것을 밖으로 표출하지는 않습니다. 자신의 마음을 스스로 다스릴 수 있게 되는 것입니다. 그리고 마침내 애정 어린 분노를 지니게 될 것입니다. 다른 이들을 돕기 위해 단지 겉으로만 화를 내는 것이지요. "넌 이것을 해야만 돼!"라고 하지만 속으로는 아무런 분노도 없는 것이지요. 이것이 참된 애정 어린 마음입니다.

 세 차례나 용맹정진에 참석하여 열심히 수행했기 때문에, 당신의 마음의 빛이 아들의 마음에까지 비추어졌던 것입니다. 세상 만물은 근원적인 원인으로부터 나옵니다. 근원적인 원인이란 업(業)을 뜻합니다. 당신의 업이 사라지면, 근원적인 원인도 사라집니다. 근원적인 원인이 사라지면, 결과도 따라서 사라집니다. 당신의 아들이 가진 나쁜 업과 당신의 업은 서로 밀접하게 연결되어 있어서, 당신의 업이 사라지면 당신 아들의 나쁜 업 또한 사라질 것입니다. 이것이 아들의 마음에 비추어진 당신의 마음의 빛입니다.

이러한 이치는 TV 방송국이 같으면 채널이 같은 것과 같은 이치입니다. 방송국에서 화면을 바꾸면 같은 채널을 맞추고 있는 모든 TV의 화면 또한 바뀝니다. 부처님께서 말씀하시기를, "한 마음이 청정하면 온 우주가 청정해진다."고 하였습니다. 그러니 당신의 마음이 청정하면, 당신의 세계가 청정해질 것입니다. 당신의 세계란 당신의 가족, 당신의 친구들, 당신의 나라 그 모두를 의미하는 것입니다. 아들을 전학시키는 것은 참으로 좋은 생각입니다. 때로 상황이 나쁘면 모든 것이 나빠지고, 상황이 바뀌면 모든 것을 바꾸는 일도 가능해집니다.

당신의 마음의 빛이 이미 당신의 아들에게 위대한 사랑으로 빛나고 있습니다. 위대한 사랑은 자신을 100퍼센트 믿는 것입니다. 그러면 아무것도 문제 될 것이 없습니다. 당신의 편지를 읽고 나 또한 기분이 매우 좋습니다. 이 모든 것은 당신이 열심히 수행한 덕분입니다.

당신은 숙제를 마쳐야만 합니다. 어떤 이가 선원에 와, 담배를 피우면서, 부처님 머리 위에 담배 연기를 내뿜고 담뱃재를 텁니다. 당신은 어떻게 이 담배 피는 사람의 마음을 고치겠습니까? 어떻게 그이를 교정할까요? 곧, 곧, 나에게 답하세요!

오직 모를 뿐인 마음으로 곧바로 나아가, 허공처럼 맑은 마음을 지키고, 숙제를 마치고, 깨달음과 위대한 사랑의 마음을 얻어, 일체 중생을 고통에서 제도해 주시길 빌어 마지않습니다.

숭산 합장

삶과 죽음의 일대사(一大事)

선사님께,

　선사님께서 보내주신 편지와 소식지 그리고 사진을 보며 저는 울어버렸습니다. 그리고 한없이 감사드렸습니다. 이제 저는 알았습니다. 진솔한 마음, 진솔한 가슴, 진솔한 말, 진솔한 육체가 무엇인지.

　어제 아버지가 돌아가셨습니다. 제 방에 제단을 꾸미고 앉았습니다. 그리고 아버지께, 당신 생전의 모든 일들은 당신 자신의 마음, 본래의 광명 속에 있는 것임을 깨달으시라고 말씀드렸습니다. 하지만 너무나 늦었습니다. 결국 "아버지, 당신을 사랑해요."라고 말 할 수밖에 없었습니다. 선사님의 사진을 제단 위에 함께 모실 수 있게 되어 다행입니다. 자상하게 베풀어 주시는 선사님께 깊은 감사를 드립니다.

콜로라도 주 보울더에서 셸던 드림

셸던에게,

편지 주셔서 감사합니다. 좀 어떠십니까?

아버님께서 돌아가셨다니 애도를 표합니다.

오래 전 중국에서 위대한 스승이신 남전(南泉) 선사가 입적하자 그분의 제자들과 그분을 아는 모든 이들이 매우 슬퍼하였습니다. 당시의 풍습은 고인의 집에 가서 "아이고! 아이고! 아이고!" 하며 곡(哭)을 하는 것이었습니다. 하지만 남전 선사의 수제자이자 거사였던 부대사(傅大士)는 스승의 부음을 듣고 남전 선사가 주석하였던 절로 가서 문을 열어 젖힌 뒤 "하! 하! 하!" 하며 박장대소를 하였습니다.

남전 선사의 죽음을 추도하기 위해 모여든 많은 이들은 모두 깜짝 놀랐습니다. 그 절의 주지가 나무랐습니다.

"그대는 스승님께서 가장 아끼시던 제자이거늘, 스승님이 돌아가셔서 모두들 슬퍼하고 있는데 왜 그렇게 웃으시오?"

"스승님께서 돌아가셨다고 말씀하시는데, 그럼 어디로 가셨다는 말입니까?"

주지는 대답하지 못하고 침묵할 뿐이었습니다.

그제야 부대사는 울기 시작했습니다.

"자기 스승께서 가신 곳도 모르시다니, 너무 슬픕니다. 아이고! 아이고! 아이고!"

당신은 이것을 알아야만 합니다. 이것이 무슨 뜻입니까? 답을 할 수 없다면, 나는 당신을 위해 애도의 뜻을 표합니다.

선(禪)이란 삶과 죽음의 일대사(一大事)입니다. 삶은 무엇입니까? 또 죽음은 무엇입니까? 이 도리를 알면, 모든 것이 분명하고, 모든 것이 완전해지며, 모든 것에서 자유로워질 것입니다.

물 한 컵이 있다고 칩시다. 이 물의 온도는 약 20도인데, 온도를 0도까지 낮춘다면 물은 얼 것입니다. 다시 온도를 100도까지 높이면 수증기가 될 것입니다. 온도가 변함에 따라 물을 이루고 있는 H_2O 분자는 여러 가지 모양으로 변합니다. 하지만 H_2O 그 자체는 생겨나지도 없어지지도 않습니다. 얼음이나 물 또는 수증기라는 것은 단지 모양일 뿐입니다. 이름과 모양은 변하지만, H_2O 그 자체는 변하지 않습니다. 온도를 알면, 그 모양을 알 수 있는 것입니다. 참된 자아도 이와 같습니다.

당신의 참된 자아란 무엇입니까? 당신의 육체에는 삶과 죽음이 있습니다. 그렇지만 당신의 참된 자아는 삶도 없고 죽음도 없습니다. 당신은 '내 몸뚱이가 나'라고 생각합니다. 이것은 옳지 않습니다. 미친 생각입니다. 당신은 깨어나야만 합니다!

수증기와 얼음 그리고 물은 모두 H_2O로 이루어진 것입니다. 하지만 당신이 물에 집착한다면, 물이 얼음으로 변할 때 물이 사라져 버렸다고 말할 것입니다. 그러니 물이 죽은 것이죠! 온도를 올리면, 물이 다시 살아납니다! 다시 온도를 올리면, 물이 사라지고 수증기가 됩니다. 그러니 물이 다시 죽었습니다!

이 현상은 선원(禪圓 : 이 책의 325쪽 참조)의 0도에서 90도까지의 영역에 해당됩니다. 당신이 무언가에 집착하면, 그것이 사라졌을 때 당신은 고통을 겪습니다. 당신이 좋아하는 것에만 집착하면, 역시 고통을 겪습니다. 물에 집착하지 마세요. 알겠습니까? 물에 집착한다는 것은 이름과 모양에 집착한다는 것입니다. 이름과 모양은 항상 변하고, 변하고, 변하고, 끊임이 없습니다. 다른 말로 하면, 색즉시공(色卽是空)이요 공즉시색(空卽是色)입니다. 이렇게 아는 것이 선원(禪圓)에서 90도의 경지입니다.

그런데 이름과 모양을 만드는 것은 생각입니다. 물은 "나는 물이다."고 말하지 않습니다. 수증기도 "나는 수증기다."고 말하지 않습니다. 당신이 모든 생각을 끊어 버릴 때 당신과 물은 같습니까, 다릅니까? 같다, 다르다 하는 것은 당신의 생각이 만드는 것입니다. 그러면 어떻게 대답하겠습니까? 색(色)도 없고, 공(空)도 없으니, 말도 없는 것입니다. 이렇게 아는 것이 선원에서 180도의 경지입니다. 개구즉착(開口卽錯 : 입을 열면 곧 틀려 버린다)입니다.

모든 생각을 끊어 버리면, 당신은 모든 것을 있는 그대로 여여(如如)하게 보게 됩니다. 아무 생각도 없다면 물은 물이요, 얼음은 얼음이요, 수증기는 수증기입니다. 아무런 생각의 장애가 없는 것입니다. 그러면 어떤 모양의 H_2O이든 당신과의 올바른 관계가 있는 그대로 보일 것입니다. 이것을 우리는 '여여(如如)하다'고 합니다. 이것이 선원의 360도 경지입니다. 여여한 마음은 맑은 마음입니다. 맑은 마음에는 '나―나의―나를'이 없습니다. '나―나의―나를'이 없으면, 당신과 H_2O와의 올바른 관계를 인식할 수 있고, 자신을 위한 탐욕에서 벗어나 그것을 자유롭게 사용할 수 있습니다. 그렇게 되면 물이 사라져 얼음이 되든 수증기가 되든, 당신은 고통을 당하지 않을 것입니다.

부친의 본래면목(本來面目)에는 죽음도 없고 삶도 없습니다. 그분의 육신(肉身)은 나타났다 사라지지만, 그분의 법신(法身)은 나타나지도 사라지지도 않습니다. 모든 것은 당신의 본래적인 마음속에 있다는 것을 알아야 합니다. 바로 이렇게 아는 것이 참된 자기를 찾는 것입니다. 대자대비(大慈大悲)의 마음과 위대한 보살의 길은 바로 이러한 깨달음에서 나옵니다. 하지만 단순히 내 말만을 믿지는 마십시오. 실제로 이것을 증득(證得)하여야만 합니다.

오직 모를 뿐인 마음으로 곧바로 나아가, 정진하고, 정진하고 또 정진하여, 부친의 본래면목을 찾고, 깨달음을 얻어, 일체 중생을 고통에서 제도해 주시길 빌어 마지않습니다.

숭산 합장

딸을 어떻게 가르칠까요?

스승이신 선사님께,

갈등에 시달려 왔습니다. 너무나 선사님께 편지를 쓰고 싶었고 이야기도 나누고 싶었지만, 뭔가 수정처럼 맑고 투명한 말을 할 수 있어야 한다고 생각했기에 이제야 편지를 씁니다.

오랜 세월이 흐르면 저도 할머니가 될 거란 사실을 알고 있습니다. 그래서 제가 참선 수행을 하면서도 놓아 버릴 수 없었던 에고를 꿀꺽 삼켜 버리고, 많은 생각 끝에 이렇게 편지를 씁니다.

선사님께서 저에게 주신 숙제인 '향엄상수(香嚴上樹)'라는 공안에 대한 제 답은 이렇습니다. 만약 제가 이로 나뭇가지를 물고 있는데 누군가가 그런 황당한 질문을 한다면, 그 사람을 발로 걷어차 버리고 더 이상 그런 골치 아픈 질문으로 저를 괴롭히지 못하도록 할 것입니다.

제 수행은 잘 진행되고 있습니다. 지옥과 같은 사투를 겪어 나간다는 말이지요. 가끔 걷잡을 수 없는 혼란에 빠질 때에는 한낮에도 선원으로 달려가 좌선을 합니다. 어느 날인가 열세 살 난 제 딸을 선원으로 데려와 참선을 하도록 시키자는 이야기를 바비와 함께 나눴습니다. 그런데 이 일이 좀처럼 쉽지는 않을 것 같습니다. 왜냐하면 제 딸은 정신적인 연령이나 정서적인 발달로 봐서 꼭 열여덟 살짜리 같거든요. 그 아이에게 참선을 시키고자 하는 것은, 그 아이가 참선을 시작해야 한다는 생각이 강하게 들기 때문입니다. 물론 그런 강압으로 그 애가 참선으로부터 영영 멀어질까봐 우려가 되기는 합니다. 그래서 그동안에는 그저 나이가 들면 자신의 종교를 찾을 것이라 여기고 어떤 종교에도 입문시키지 않았었습니다. 하지만 지금은, 제 말을 번복해서라도 제 딸이 참선을 시작하도록 하고 싶습니다.

로드아일랜드 주 프라비던스에서 레슬리 올림

레슬리에게,

편지 주셔서 감사합니다. 당신과 가족 모두 안녕하신지요?

당신의 숙제에 대하여 말씀드리겠습니다. 이로 나뭇가지를 물고 매달려 있는 공안 말입니다. 당신의 답은 그저 당신의 생각일 뿐입니다. 당신의 두 발은 묶여 있습니다. 그러니 어떻게 그 사람을 건어챌 수 있겠습니까? 이 공안에서는 안팎이 하나가 된 행동이 필요합니다. 이 행동은 이미 삶과 죽음을 초월합니다. 당신이 살아 남으려고 집착한다면, 그 공안을 풀 수 없습니다.

딸에 관해서 이야기했습니다. 그리고 딸에게 "네가 결정해야만 돼."라고 말할 거라고 했습니다. 너무 어려운 문제입니다. 때로는 백 년을 산 노인도 어느 것이 옳은지 선택하지 못합니다. 하물며 열세 살짜리 아이가 무엇이 옳은지 선택할 수 있을까요? 딸에게 선에 대하여 이야기해주고 싶다면 차라리 이렇게 말하는 게 좋을 것입니다.

"엄마는 참선을 좋아해. 다른 종교도 좋아하지만, 엄마에게 의미를 주는 것은 참선뿐이거든. 그래서 엄마는 참선 수행을 해. 한번 선원에 가서 명상을 해보지 않겠니? 한번 해보자. 그래서 네가 해보고, 싫다면 그냥 그만 하는 게야."

열두 살에서 열일곱 살 사이에 있는 아이들은 모두 그 어떤 것도 받아들일 수 있는 감수성이 있습니다. 알고 싶은 것도 많고 감성도 예리하고 지적 능력도 강하지만, 그에 비하여 의지가 굳세지 못합니다. 그래서 결정을 내리지 못하는 겁니다. 그러니 딸에게 정확하게 이야기해 주어야 합니다. 왜 참선이 당신에게 중요한지를 말해 주십시오.

그리고 인간답게 되는 것이 무엇이고, 세상은 과연 어떠하며, 업(業)은 무엇이고, 좋은 것과 나쁜 것이 무엇인지 딸에게 이야기해 주십시오. 이런 모든 이야기를 딸에게 해주어야만 합니다. 그 나이는 배움에 대하여 열려 있기 때문에 매우 중요한 시기입니다. 이번에 올바른 방향에 대하여 가르쳐 준다면, 이기적인 길을 택하지 않도록 그 아이에게 도움을 주는 일이 될 것입니다. 당신과 딸 사이의 진한 업(業)을 활용하여 딸을 가르치도록 하십시오. 그것이 어머니의 일입니다. 단지 "네가 결정하라."는 것만으로는 충분하지 않습니다.

생각으로 가득 찬 마음을 가지고 있으면, 매일매일의 당신의 삶은 꿈에 불과한 것이 될 것입니다. 그러면 딸에게 순간순간의 올바른 행동을 가르칠 수 없습니다. 당신이 일단 깨어나면 강한 업력(業力)을 활용하여 딸에게 참된 길을 가르칠 수 있습니다. 매우 강한 업을 가졌던 스승과 제자의 깨달음에 관한 이야기를 하겠습니다.

5백 년 전 한국에 아주 부유하고 유명한 학승(學僧)이 계셨습니다. 그 당시에는 부유한 가문의 스님들은 재산을 물려받아, 제자들이 강원(講院)에서 공부할 수 있도록 학비를 대주었습니다. 그래서 부유한 스님에게는 제자가 많았지만, 가난한 스님에게는 제자가 거의 없었습니다. 이 이야기에 나오는 학승에게는 백 명의 제자가 있었습니다. 그 중 백 번째 제자가 돌음(咄音)이었습니다. 돌음은 스승께 학비를 받아 경학(經學)을 공부하였는데, 3년 동안 열심히 공부하였습니다. 어느 날 그는 이런 생각을 하였습니다. "이 모든 경전(經典)들은 불필요한 것이다. 경전이란 단지 마음을 구하기 위한 것일 뿐이다. 만일 마음이 비어 있다면, 경전이 무슨 소용이 있겠는가?"
 돌음은 선방에 들어가 수행해야겠다고 결심하고 스승님께 말씀을 드렸습니다.
 "스님, 오로지 경전만을 읽는 것은 좋은 방법이 아닙니다. 이제 선방으로 들어가야겠습니다. 스님께서는 연로하셔서 언제 돌아가실지 모릅니다. 그때에는 어디로 가시겠습니까?"
 "모르겠다. 하지만 네 말이 맞다. 우리 함께 가자꾸나. 그런데 내 땅과 곳간 그리고 재산을 누가 돌봐준단 말이냐?"
 "스님께서는 유능한 제자들이 있으니 그들에게 모든 것을 맡기고 떠나시지요?"
 "그래, 그렇게 하면 되겠구나. 그럼 결정되었다. 내일 바로 떠나자꾸나."

 다른 제자들은 아무도 이러한 일을 좋아하지 않았습니다. 그들은 "나는 부유해지고 싶다. 나는 유명한 강백(講伯)이 되고 싶다."라는 생각밖에 없었습니다. 하지만 백 번째 제자만은 매우 총명하였습니다. 그의 스승은 이렇게 생각했습니다.
 "아, 내가 백 번째 제자까지만 받아야겠다고 결심했더니, 부처님께서 도우셔서 이토록 영특한 아이를 보내주셨구나. 그 아이의 뜻을 따르니 좋지 않은가?"
 절의 대중이 모두 참석하는 모임이 열렸습니다. 이 자리에서 스승은 돌음과 함께 선방으로 갈 것임을 대중에게 알렸습니다. 스승은 대중에게 자신의 논과 커다란 곳간을 잘 보살피라고 이르고, 제자들에게 각각의 소임을 정해 주었습니다. 다음날 이른 아침에 두 사람은 짐을 꾸려 작별 인사를 한 뒤 선방으로 길을 떠났습니다. 산길을 따라 몇 리를 걸어 올라가던 그들이 잠시 쉬며 차를 마시기 위해 멈춰 섰을 때였습니다. 계곡 안에 자리잡은 절을 내려다보던 돌음은 절에 불이 난 것을 알아차리고, "스님, 절에 불이 났어요!"라고 외쳤습니다.

"아니, 이런! 내 곳간에 불이! 너는 혼자서 가거라. 나는 절로 돌아가야겠다."

"하지만 스님, 스님은 머지 않아 돌아가실 것입니다. 그땐 어디로 가시겠습니까?"

"난 절로 돌아가야 해!"

스승은 절로 돌아가고 말았습니다. 돌음은 그토록 재산에 집착하는 스승의 마음을 바꿀 수 없다는 것을 알았습니다. 그는 선방을 향해 걸음을 서둘렀습니다.

3년이 흘렀습니다. 돌음의 스승인 그 유명한 학승이 입적하였고, 부음이 널리 전해졌습니다. 전통적인 예식에 따라 그의 49재(齋)가 마련되었고 많은 조문객들이 초대되었습니다. 제자들도 모여들어 먹고 마시며 스승의 유산을 분배받기 위해 의견이 분분했습니다. 돌음도 49재에 참석하기 위해 왔습니다. 그곳에서 상좌(上座)인 맏사형(師兄)을 만나게 되었습니다.

"스승님께서 입적하셨을 적에는 꼼짝도 않더니, 유산이나 나누어 갖겠다고 이제야 왔느냐?"

"아닙니다. 저는 땅이나 돈은 필요없습니다. 주실 수 있으면 그저 쌀죽 두 그릇만 주세요. 부탁입니다."

"그것뿐이냐?"

"예."

"좋지."

당시에는 그곳의 귀신들에게 따로 음식을 주어 의식이 치뤄지는 곳이 침범하지 않도록 하는 풍습이 있었습니다. 그래서 돌음은 의식을 치르는 곳을 벗어나 넓은 뜰로 가 맷돌로 쓰는 큰 바위 위에 쌀죽을 놓아두었습니다. 그리고는 절의 가장 안쪽에 있는 법당에 들어가 기둥을 세 번 쳤습니다. 그러자 큰 뱀이 나타나, 밖의 뜰로 기어가서 맷돌로 쓰는 바위 위에 놓아 둔 쌀죽을 모두 마셨습니다.

돌음이 그 뱀에게 물었습니다.

"스승님, 왜 이런 몸을 받았습니까?"

"미안하다. 네 말을 들었어야 했는데, 이젠 뱀의 몸을 받아 버렸구나."

그 스승은 왜 뱀으로 태어났을까요? 그토록 성대한 49재를 치렀는데도 고작 뱀으로 태어나다니! 그가 살아 있을 적의 마음이 뱀과 같았기 때문이지요. 항상 사물에 대한 갈애(渴愛)를 가졌기에, 다음 생에서 뱀의 몸을 받았던 것입니다. 뱀은 눈물을 흘렸습니다.

돌음은 다시 말했습니다.

"스승님께서는 욕심이 많습니다. 그 죽을 다 드셨는데도 만족하지 않으십니까? 이 뱀의 몸은 좋지 않습니다. 그냥 탐욕의 덩어리일 뿐입니다. 그러니 어서 바위에 머리를 찧으셔서 그 몸을 벗어나십시오"

"이 몸이 어때서 그러냐! 그렇게는 못한다!"

"그렇게 하셔야만 합니다!"

뱀이 된 스승에게서는 아무런 대답도 없었다.

"정 그리 못하시겠습니까?" 이윽고 돌음은 그 뱀을 세 번 쳐서 죽였습니다.

그러자 뱀의 시체에서 푸른 연기가 뭉게뭉게 피어나 허공에서 떠돌았습니다. 돌음은 그 연기를 따라갔습니다. 근처에 새 한 마리가 날아가고 있었습니다. 연기는 새를 쫓아가 그 몸에 깃들려고 하였습니다.

"안돼요!" 돌음이 소리쳤습니다. 다시 연기는 황소의 몸 속에 깃들려고 하였습니다.

"안돼요!"라고 돌음은 다시 소리쳤습니다. 그러자 그 연기는 더 멀리 날아가 깊은 산속, 중년 부부가 살고 있는 오두막집 안으로 들어갔습니다.

그로부터 4년이 지난 뒤, 돌음은 그 숲속 오두막집을 찾았습니다. 돌음은 그 부부에게 세 살배기 아들이 잘 있느냐고 물었습니다. 그 부부는 놀랐습니다. 한 번도 만난 적이 없는 스님이 자기들에게 세 살배기 아들이 있다는 것을 어떻게 알았을까? 당연한 일이겠지만 그 아들은 몹쓸 병을 앓고 있었습니다. 돌음은 그 아이를 보자고 청했습니다. 돌음이 그 아이를 안아주자 순식간에 그 아이의 병이 씻은 듯이 사라지고 아이는 몹시 행복해 하였습니다.

돌음이 그 부부에게 청했습니다.

"이 아이를 저에게 맡겨 주십시오. 만일 그렇게 하지 않으면, 이 아이는 다시 건강이 나빠져서 결국 죽고 말 것입니다."

부부는 망설였으나, 결국 그 청을 받아들였습니다. 그들은 돌음과 아이 사이에는 아주 강한 업이 있다는 것을 느꼈던 것입니다.

그 아이가 다섯 살이 되던 어느 날 돌음이 말했습니다.

"이제 네 자신을 알아야 할 때가 되었다."

"예, 스승님. 어떻게 해야 하죠?"

돌음은 아이를 바늘구멍이 난 창호지 문으로 데리고 가서 말했습니다.

"너는 이제부터 여기에 앉아, 커다란 황소가 그 구멍으로 나올 때까지 그 구멍을 보고 있거라. 아무것도 생각하지 말고, 이것만 하여야 한다. 그저 황소가 나올 때까지 보고 있거라. 황소가 이 구멍으로 나올 때, 너는 참된 너 자신을 알게 될 것이다."

이렇게 해서, 깊은 산속 조그마한 절에서 동자(童子)는 먹고, 자고, 창호지의 구멍만 쳐다보았습니다.

"언제 황소가 나올까?" 총명한 그 동자의 마음에는 온통 이 의문뿐이었습니다. 하루가 지나고 이틀이 지나고 거의 백 일이 다 되었을 때, 창호지의 바늘구멍이 점점 커지고 커지더니 엄청나게 큰 황소가 나타나 "음메에에." 하고 우는 것이었습니다!

"스님! 스님! 황소! 황소가 나왔어요!" 하고 동자가 소리쳤습니다.

돌음은 황급히 뛰어나와 동자의 뺨을 후려쳤습니다.

"지금, 소가 어디에 있단 말이냐?"

"앗!" 동자는 그 순간 자신을 완전히 알아 버리고, 깨달음을 얻었습니다. 동자가 자기의 스승을 쳐다보며 이렇게 말했습니다.

"너는 이전에 내 제자가 아니더냐!"

"그렇습니다. 스승님." 하며 돌음은 스승에게 절을 하였습니다.

그러니, 이제 깨어나세요! 그 동자도 일찍 깨어나지 않았습니까? 전생에는 탐욕이 너무 많아 깨어나지 못했던 것입니다. 하지만 돌음은 그 스승을 좋아했고 보살펴 주었지요. 자기 스승의 마음을 이해했던 것입니다. 돌음은 자기 스승을 도와서 아름답게 환생하도록 하였던 것입니다. 돌음은 안내를 가졌고, 동자가 마음을 열 수 있도록 돕는 방법을 알았던 것입니다.

백 번째의 제자와 그 스승은 아주 좋은 업을 가졌고, 그래서 다음 생에서도 다시 스승과 제자가 되었습니다. 어머니와 딸은 세세생생 매우 강한 업을 함께 하는 것입니다. 재미있는 일이지요. 같은 업을 가진다는 것은 매우 중요합니다. 하지만 강한 방향을 갖는 것은 더욱 중요합니다. 돌음이 선방에서 공부하기 전까지는 자기 스승과의 업을 활용할 줄 몰랐습니다. 그러나 자기 자신을 안 이후에는 자신은 물론 스승의 마음까지도 알게 되었던 것입니다. 그러니 먼저 당신의 참된 길을 찾고, 자신의 업을 알아, 당신의 딸과 가족 그리고 친구들과 다른 모든 이들과의 강한 업을 활용하여, 그들을 도우세요. 그러면 당신은 일체 중생을 제도할 수 있게 됩니다.

오직 모를 뿐인 마음으로 곧바로 나아가, 깨어나서, 딸에게 올바른 가르침을 주고, 일체 중생을 고통에서 제도해 주시길 빌어 마지않습니다.

숭산 합장

더 이상 남편을 따를 수 없어요

선사님께,

어젯밤 남편이 찾아와 많은 이야기를 나눴습니다. 아주 슬펐고 또 끔찍한 생각이 들었습니다. 왜냐하면 남편은 제게 만일 자기를 사랑한다면, 일주일에 단 한 번을 제외하고는 참선을 하지 말고 자기의 뜻에 따라 '평범한' 아내가 되어야 한다면서, 어떻게 하겠느냐고 물었기 때문입니다. 물론, 저는 매우 착하고 따뜻한 가슴을 지닌 그이를 사랑합니다. 앞으로도 항상 그이를 존중할 것이고, 그이가 나를 필요로 하는 한 어떻게 해서든지 그이를 돕고 싶습니다. 저는 어떻게 해야 합니까? 과연 저는 어떻게 해야 할까요?

언제부터인지 저는 부처님의 법을 100퍼센트 완전하게 닦아야겠다고 결심했으며, 지금은 어떤 일이 있어도 그 뜻을 굽힐 수 없습니다. 남편이 무엇을 원하는지, 그리고 그가 동반자를 원한다는 것도 알지만, 더 이상 그의 뜻을 따라 주말마다 그가 낚시질을 하는 동안 그저 바닷가에서 소일할 수는 없습니다. 우연히 《부처님께 재를 털면》의 17쪽을 펼쳐 보았습니다. 선사님의 말씀이 적혀 있었습니다. 대신심(大信心), 대분심(大憤心), 대의심(大疑心)을 가지라고 하셨던 말씀 말입니다. 그래서 오늘 아침에 남편과 저의 탐욕, 저의 집착을 모두 다 내려놓아 버리기로 스스로 다짐하였습니다. 이것이 옳은 일일까요, 아니면 잘못한 일일까요? 그리고 또 이렇게도 다짐하였습니다. "제 스스로 되도록 놓아두자! 곧바로만 나가자!" 하고 말입니다. 지금은 제가 진실로 아무것도 모른다는 사실을 그대로 받아들여야만 합니다. 때때로 제 자신이 저에게 "이 모든 것들은 무엇을 위한 것인가?"라고 묻는 소리를 듣습니다. 물론 저는 그 답을 모릅니다.

제가 할 수 있는 모든 것은 오직 순간순간 관세음보살, 관세음보살, 관세음보살… 하며 끊임없이 관세음보살을 부르는 것뿐입니다.

선원에서 거주하며 수행하기 위해 9월까지는 선원으로 이사를 갈 예정입니다. 저희 모두는 선사님을 생각하며, 그리워하고 있습니다.

캘리포니아 주 로스앤젤레스에서 수마나 올림

수마나에게,

편지 주셔서 감사합니다. 요즈음 어떻게 지내십니까?

편지를 잘 읽어보았습니다. 결심이 분명하고 확고하였습니다. 그러니 "아주 잘 했어! 아주 잘 했어요!"라고 말씀드립니다. 하지만 보살(菩薩)이란 오는 사람을 막지 않고, 가는 사람을 붙잡지 않는다는 뜻입니다. 이것이 장애없이 사는 것이며, 이렇게 살면 이미 일체 중생을 제도한 것입니다.

네 가지의 보살행이 있습니다. 그 첫 번째가 보시섭(布施攝)입니다. 다른 이들이 필요로 하거나 원하는 재물을 주는 재보시(材布施)와 부처님의 법(法)을 전해 고통에서 벗어나게 해 주는 법보시(法布施)를 실천하는 것을 말합니다. 이러한 보시는 아무런 조건없이 이루어지는 무외시(無畏施)가 되어야 합니다.

두 번째는 애어섭(愛語攝)입니다. 다른 이들에게 용기와 자신감과 인내심을 북돋는 진실되고 좋은 말, 사랑스런 말을 하는 것입니다.

세 번째는 이행섭(利行攝)입니다. 다른 이들에게 조금이라도 성심껏 이익이 되는 일을 해주는 것입니다.

마지막으로 네 번째는 동사섭(同事攝)입니다. 만일 다른 이들이 당신의 말을 귀담아 듣지 않는다면, 그들이 하는 일을 함께 하여야 합니다. 그 일이 좋은 일이든, 나쁜 일이든 관계없습니다. 당신의 움직이지 않는 내적 중심으로부터 그들의 마음으로 빛이 비추어질 것입니다. 그러면 언젠가는 그들도 당신의 말에 귀를 기울이고 도움을 청할 것입니다.

당신이 강력한 법력(法力)을 지니면 이 네 가지의 행동을 실천할 수 있을 것입니다. 하지만 당신의 법력이 미약하면, 이 네 가지의 보살행을 실천하기는 불가능합니다. 먼저 당신의 중심을 강하게 하고, 깨달음을 얻고, 강한 법력을 갖추는 일이 무엇보다 중요합니다. 그러면 당신은 이 네 가지의 보살행을 실천할 수 있게 되고, 당신의 남편을 비롯한 일체 중생을 제도할 수 있습니다.

거주하며 수행하기 위해 9월부터 선원에서 살겠다고 말하였습니다.

이것은 당신의 법력이 남편을 제도하기에는 충분히 강하지 않다는 것을 당신 스스로 알고 있다는 말입니다. 당신이 가야 할 올바른 길은 스스로 더욱 강해지는 것이라는 사실을 당신은 알고 있습니다. 훌륭합니다! 언젠가 당신의 법력은 강해질 것이고, 당신의 남편을 제도할 수 있을 것입니다.

엊그제 점심시간에 우리 도서관에서 자석을 가지고 놀이를 하였습니다. 양극과 양극은 서로 만날 수가 없습니다. 양극과 음극은 서로 매우 강하게 끌어당깁니다. 이 우주의 모든 일이 이와 같습니다. 당신과 남편은 어떤 일은 서로 좋아하지만 다른 일은 서로 좋아하지 않습니다. 당신은 진리를 추구하는 길을 가려 하지만, 남편은 낚시하러 가기를 원합니다. 당신 부부는 마치 자석과 같습니다. 하지만 남편이 진실로 100퍼센트 당신을 사랑한다면, 왜 당신이 참선 수행을 하려고 하는지 그리고 살생하는 것이 왜 옳지 못한지 알게 될 것입니다. 그러면 남편은 낚시하기를 그만두고 당신을 따를 것입니다.

당신은 이 모든 이치를 알았기 때문에 선원에 와서 살겠다고 결정하였을 것입니다. 이것을 관세음보살의 길이라고 합니다. 이미, 당신은 관세음보살의 길을 가고 있습니다. 이것이 위대한 보살도입니다. 당신은 이미 당신의 남편을 제도하였습니다. 이 위대한 보살의 약(藥)은 벌써 남편에게 투약되었습니다. 당신은 아직 이 약이 약효를 발휘할지 않을지 잘 모르겠지만, 언젠가는 반드시 약효를 발휘하게 됩니다. 그러니 당신의 마음이나 느낌을 점검하지 말고, 곧바로 관세음보살께 나아가, 깨달음을 얻어, 일체 중생을 고통에서 제도해 주시길 빌어 마지않습니다.

숭산 합장

선을 하는 마음을 던져 버려라

선사님께,

안녕하세요? 너무나 훌륭한 편지를 보내주셔서 감사 드립니다. 피터는 지금 프랑스에 있어요. 지금 그이가 너무 보고 싶지만, 곧 돌아올 겁니다.

저와 부모님과의 갈등 관계를 말씀드리려 하니 편지를 쓰기가 쉽지 않습니다. 저와 어머니 사이에는 많은 악업이 있는 것 같고, 도대체 무슨 일이 어떻게 돌아가고 있는지 명확히 알 수가 없습니다.

선사님께서 아시는 바와 같이 저희는 유대인 가족입니다. 이 사실은 제가 어렸을 때만 해도 별로 중요한 것이 아니었습니다. 제가 아는 주위의 사람들은 대개 유대인이었고, 그래서 유대인인 것이 별로 특별하지도 않았죠. 어머니는 꼭 필요할 때에만 유대교 교회에 다니셨고, 아버지도 성가대의 독창자였지만 마음 한구석에 자신만의 종교를 갖고 계셨습니다. 그런 까닭에 저는 성장하여 집을 떠난 후에는 유대 교회에 다니지 않았고, 분명히 유대교의 교리에 대한 믿음도 없었습니다. 유대교란 저의 머리카락이 갈색이듯이 그저 배경으로만 존재하는 것이었습니다.

저와 제 오빠는 모두 비(非)유대교인 배우자를 선택하였습니다. 이것은 저의 부모님과 외가에서는 받아들이기 쉽지 않은 일입니다. 다행스럽게도 부모님께서는 남편이 될 피터를 아주 마음에 들어하셔서 결혼을 허락하셨지만, 친지들에게는 저희 결혼을 알리지 않으실 겁니다. 청첩을 하면 그분들은 기꺼이 참석하겠지만, 비록 친지들이 참석하지 않더라도 저는 참으로 행복할 것입니다. 저와 어머니 그리고 저와 부모님 사이의 악업으로 모든 상황이 이토록 혼란스럽습니다.

제가 참선 수행을 하고 있다는 사실은 부모님께는 매우 고통스러운 일입니다. 저는 부모님께 제가 불교에 입문하여 오계(五戒)를 받는다는 말조차 꺼낼 수 없었습니다. 부모님은 제가 참선 같은 것을 하는 것은 가족에게 등을 돌리는 행위라고 여기십니다.

유대인들은 수천 년 동안 박해받아 왔고, 그래서 어떤 유대인이 다른 종교를 받아들이면 배신자(背信者)의 행위로 여겼습니다. 저는 부모님께 당신의 신(神)에 역행하는 다른 신을 받아들인 것이 아니라고 말씀드렸지만, 그것을 진실로 믿는 것 같지 않습니다. 그래서 고통받고 수치스러워 하십니다. 당신들이 할 일을 제대로 하지 못한 탓으로 여기고 계십니다. 만약 당신들이 할 일을 제대로 했다면, 제가 훌륭한 유대 여성이 되어 좋은 유대 남편과 결혼하여 훌륭한 유대의 자손을 많이 낳아 기를 것이라고 믿고 계십니다. 그렇기 때문에 피터처럼 훌륭한 사람을 맞는 것을 기뻐하기보다, 제가 훌륭한 일을 하고 있다는 것을 기뻐하기보다, 제가 어느 때보다 훨씬 잘 지내며 행복하다는 단순한 사실을 기뻐하기보다, 당신들이 무엇을 잘못하여 딸이 참선을 공부하게 되었는가 하고 자문하고 계신 것입니다.

이 모든 부모님의 감정을 야기시킨 계기는, 물론 저의 결혼입니다. 그분들은 제가 불교 의식에 따라 결혼식을 올리겠다고 하자 몹시 노여워하십니다. 부모님께서는 제 결혼식에 참석하지 않으실 것입니다. 그토록 화가 나셨으니 오시지 않는 게 당연하다고 생각합니다. 그러나 한편, 부모님은 또 하나의 다른 예식을 원하고 계셔서, 불교 의식에 따른 결혼식을 하기 전에 이 결혼식을 먼저 해야 한다고 고집하십니다. 이것은 부모님께 매우 중요한 일입니다. 불교 의식에 따른 결혼식을 먼저 하는 것이 제게 얼마나 중요한 일인지 깨닫기 전까지는 부모님의 생각을 이해하기 곤란하였습니다. 하지만 이런 이해의 바탕 위에서, 저와 피터는 치안 판사 앞에서, 부모님만 참석한 가운데, 이번 3월 말에 결혼식을 거행하기로 하였습니다. 그렇게 해야 어머니께서 딸의 결혼식에 참석했노라고 말씀하실 수 있지 않겠습니까? 어머니는 이것이 어머니에 대한 저의 의무의 하나라고 여기십니다.

저는 가족과 친척들에게 제 믿음을 설명하려고 애써왔습니다. 아버지께서는 이해하셨지만, 그 밖의 누구도 제 말을 듣는 것조차 피했습니다. 그들은 자기들의 전통에서 벗어난 일을 너무도 두려워 하였습니다. 전통에서 벗어난 일은 무엇이든 배교(背敎)의 씨앗이고, 그것을 듣는 일조차도 위험한 일인 것이지요.

그럼에도 불구하고, 피터와 저는 선사님께서 저희 결혼식에 오셔서 법문(法問)을 주시고 진짜 불교 의식에 따른 결혼식을 집전하여 주신다니 영광스럽기 그지없게 생각하고 있습니다. 이곳 승가(僧伽)의 다른 이들도 선사님의 방문을 대단히 영광스러워 하고 있습니다. 제 자신의 마음이 가족의 문제로 인해 엉망진창이 되어 있어 죄송스러울 뿐입니다. 마음이 맑아지도록 노력하겠습니다.

오늘밤 좌선을 하고 있을 때 제가 현관으로 걸어가는 것을 보았습니다. 저는 단지 길에 서 있을 뿐입니다.

펜실베니아 주 필라델피아에서 레베카 올림

레베카에게,

편지 주셔서 감사합니다. 당신과 피터, 모두 안녕하신지요?

편지를 잘 읽어보았습니다. 당신의 마음을 이해합니다. 그리고 부모님의 마음도 이해합니다. 둘 다 옳습니다. 당신은 당신의 견해가 있고, 부모님은 부모님의 견해가 있습니다. 그런데 그 두 견해가 충돌하니 문제입니다. 당신이 자신의 견해를 사라지도록 하면, 아무런 문제도 없을 것입니다. 이것이 선(禪)입니다. 그렇게 하면 당신의 마음은 아주 넓어지고 부모님의 견해도 수용할 수 있게 됩니다. 당신의 견해가 사라지면, 당신의 마음은 허공처럼 맑아지고 어떤 생각이나 어떤 견해도 소화할 수 있습니다.

편지에 당신의 가족과 결혼에 대하여 썼습니다.

당신과 피터는 이미 열성적인 참선 수행자입니다. 그러나, 선(禪)을 하는 마음이란 선을 하는 마음이 아닙니다. 이 말은, 당신이 선을 하는 마음에 집착한다면, 당신은 문제를 가지게 된다는 말이고, 너무 편협하게 된다는 뜻입니다. 선을 하는 마음을 집어던져 버리는 것이 올바른 선을 하는 마음입니다. 오직 "무엇이 다른 이들을 돕는 최선의 길인가?"라는 의문만 가지십시오. 당신의 결혼이 오직 당신만을 위한 것이라면, 당신의 견해를 그대로 고집해도 됩니다. 마찬가지로 어머님도 당신의 생각을 고집하겠지요. 하지만 만일 '내 결혼은 모든 이들을 위한 것'이라는 마음을 지니면, 이 마음은 이미 시간과 공간, 삶과 죽음, 선과 악, 좋아함과 싫어함을 초월한 것입니다.

부모님께서는 3월 말에 치안판사가 주재하는 결혼식을 원한다고 하였습니다. 이 예식이 불교 의식보다 먼저 거행되든 뒤에 거행되든 아무런 문제가 되지 않습니다. 가장 중요한 것은 무엇일까요? 당신은 순간순간 바로 지금의 마음을 어떻게 지킵니까? 이 문제가 가장 중요한 것입니다. 당신이 바로 지금의 마음을 잘 지킨다면, 당신의 올바른 상황을 지킬 수 있을 것이며, 순간순간 다른 이들을 도울 수 있습니다. 이것을 대자대비(大慈大悲)의 마음, 위대한 보살도라고 합니다.

당신과 피터 모두 고등교육을 받았고 존경받는 직업을 가지고 있습니다. 또한 수준 높은 참선 수행자이기도 합니다. 그러니 당신들의 생각, 하고 있는 일 그리고 당신들의 수행은 이미 다른 이들을 돕고 있는 셈입니다. 하지만 당신은 선에 집착하고 있으며, 그래서 당신의 어머니가 갖고 있는 것과 같은 부류의 편협한 견해에 사로잡혀 있습니다. 그 마음을 내려놓으십시오. 당신이 다른 이들을 돕는 마음을 지니면 두 번의 예식이든, 세 번의 예식이든, 백 번의 예식이든, 천 번의 예식이든 다 할 수 있는 것입니다. 왜 못하겠습니까? 먼저, 부모님의 생각에 따르세요. 그러나 당신의 올바른 방향을 잃어서는 안됩니다. 그렇게 하면 부모님의 생각이 진리가 됩니다. 대도무문(大道無門 : 큰길에는 따로 문이 없다)입니다. 당신의 방향만 잃지 않고, 오직 다른 이들을 돕기 원한다는 넓은 마음을 지키면, 설두무골(舌頭無骨 : 혀에는 뼈가 없다)입니다. 이 이야기는 이미 당신에게 한 적이 있습니다.

이 모든 일이 돌발적인 일도 아니요, 우연한 일도 아니요, 자연스러운 이치에 따라 일어난 일입니다. 그러니 아무 걱정하지 마세요! 그저 부모님을 도와 드리세요. 아이가 심하게 울고 그릇된 행동을 하면 사탕을 줍니다. 그러면 아이는 울음을 그치고 아주 행복해 합니다. 마찬가지로 부모님께 부처님의 법이 담긴 사탕을 드리십시오. 그러면 부모님도 더 이상 불만을 가지시지 않을 것입니다. 이런 방식으로 서서히, 서서히 부모님을 설득하십시오. 말로 하지 말고, 행동으로 보여드려야 합니다. 만일 당신이 입을 연다면, 당신은 길을 잃을 것입니다. 매우 신중하여야 합니다.

그러면 딸 된 도리는 무엇일까요? 부모님과 함께 있을 때면 항상 100퍼센트로 부모님을 위하는 마음을 지녀야 합니다. 부모님을 위하는 마음은 자식된 도리입니다. 피터와 함께 있을 때에는 100퍼센트 아내된 마음을 지녀야 합니다. 순간순간 당신의 올바른 상황을 지키십시오. 겉으로 드러난 행동은 문제 될 게 없습니다. 왜 그렇게 행동합니까? 만약 이 '왜'가 분명하다면, 어떤 행동을 하더라도 이미 보살행입니다. 그러니 선(禪)을 편협하게 만들지 마십시오. 선에는 문도 없고, 길도 없습니다. 그러니 어떤 길과도 선의 길은 하나가 됩니다.

선을 올바르게 알면 당신의 참된 자기를 알 수 있습니다. 당신이 참된 자기를 안다면, 자신이 기독교인이라면 올바른 기독교인이 될 수 있으며, 자신이 유대교인이라면 올바른 유대교인이 될 수 있습니다. 만약 공산주의자가 좌선을 하면 올바른 공산주의자가 될 수 있습니다. 다만 사람들이 자신의 견해에 집착하면 올바른 기독교인, 올바른 유대교인, 올바른 공산주의자가 되는 길을 찾을 수 없다는 문제일 뿐입니다.

당신의 어머니는 유대교를 편협하게 만듭니다. 하지만 하느님은 모든 것을 만들었습니다. 그러니 어떤 길이든 다 하느님의 길입니다. 만물은 다 하느님의 성품을 지녔습니다. 그러므로 하느님의 길은 아주 넓고 장애가 없습니다. 당신이 매일매일 일상의 마음을 올바르게 어머니께 보여준다면, 어머니도 마음을 열고 당신의 행동과 마음을 이해하게 될 것입니다. 그렇게 되면 당신과 어머니, 당신과 가족 모두 사이에는 아무런 문제도 없을 것입니다.

오직 모를 뿐인 마음으로 곧바로 나아가, 선을 하는 마음을 던져 버리고, 깨달음을 얻어, 일체 중생을 고통에서 제도해 주시길 빌어 마지 않습니다.

숭산 합장

5 출가 수행에 대하여

스님이란 어떤 사람인가?

선사님께,

미국으로 돌아오신 것을 환영합니다! 아울러 유럽의 승가도 힘차게 성장하기를 기원합니다.

불탄일(佛誕日) 법회에서 선사님을 뵙고 싶었습니다만, 참석하지 못하여 죄송합니다. 저의 100일 기도가 그 후 일주일이 지나서야 끝났고, 그때는 이미 선사님께서 유럽으로 떠나신 후였습니다. 선사님께서 하루에 천 배(拜)를 하라고 가르침을 주신 것에 감사 드립니다. 매우 강력한 수행이었습니다. 매일매일, 단계마다, 제 마음은 몸을 따라 닦여졌습니다. 선사님을 스승으로 모실 수 있어 너무나 감사할 뿐입니다.

여자 친구와 헤어졌습니다. 그녀는 캘리포니아로 돌아갈 것이지만 저는 여기에 계속 머물 생각입니다. 100일 기도를 하면서 왜 우리가 그토록 많이 다투었는지 알게 되었습니다. 저는 그녀가 참선 수행을 함께 하는 법우가 되기를 바랐지만, 그녀는 오히려 제가 캘리포니아로 함께 돌아가 그녀의 생활 방식대로 살기를 원했습니다. 그래서 우리는 다투었고, 서로의 뜻을 받아들이지 못했던 것입니다. 이제는 그 일이 끝났고, 저는 더 행복합니다.

이번 7월에 제가 전에 하던 일이 끝납니다. 그래서 다음에는 어떤 일을 할까 오랜 시간 생각을 했습니다. 자기 발전을 위해 더 많은 시간과 돈을 학업을 위해 써야 하지 않을까 생각해 보았습니다. 그렇지만 정말로 선원에서 써야 할 시간과 에너지를 그토록 많이 다른 곳에 뺏기고 싶진 않습니다. 제 사업을 시작할 수도 있었지만 그 일 역시 많은 시간이 필요한 일이었습니다. 여러 가지 생각이 있었지만 모두 문제가 조금씩은 있었습니다. 지금도 단순하면서도 제 수행에 도움이 될 수 있는 일을 찾고 있습니다. 그런데 100일 기도를 시작한 지 66일째 되던 날, 제가 출가(出家)하여 스님이 되어 다른 이들을 돕고 사는 일에 일생을 헌신하리라는 결심이 아주 명확해졌습니다.

지난 2년 동안 이따금 출가하려는 생각을 해왔습니다. 한번은 제 여자 친구에게 그런 이야기를 하기까지도 했는데 언제나 생각일 뿐이었습니다. 이번에는 별 생각을 한 것도 아닌데 출가하는 것이 일생을 보내는 최선의 길이라는 생각이 갑자기 떠오른 것입니다. 시간이 얼마나 빨리 지나가는지, 그리고 제 삶을 청정하게 가꾸는 것이 얼마나 중요한 것인지 깨달았습니다.

사직서를 내기 전에 선사님께 편지를 써서 조언을 구하고 싶었습니다. 예전에 선사님께서는 스님이 되고자 하는 사람은 훈련기간으로 일 년을 절에서 지내야 한다고 말씀하셨습니다. 다음 정진법회에서 스님을 뵐 때 더 많은 이야기를 할 수 있기를 기대합니다.

서부 해안 지역의 모든 법우들에게 저의 사랑을 전해 주십시오.

탐 올림

탐에게,

편지 주셔서 감사합니다. 요즈음 어떻게 지내십니까?

100일 기도를 마쳤고, 하루에 천 배씩 하는 것이 아주 강력한 수행이었다고 하였습니다. 훌륭한 일입니다.

그리고 여자 친구와 헤어졌으며, 지금은 더 행복하고, 다음에 무엇을 할 것인지 많은 시간을 생각하며 보낸다고 하였습니다. 선원에서 써야 할 시간과 에너지를 다른 곳에 많이 뺏기고 싶진 않으며, 그래서 마침내 출가하여 스님이 되어 다른 이들을 돕는 일에 일생을 헌신하기로 결심하였다고 하였습니다. 이것 역시 아주 훌륭한 일입니다.

당신이 정한 방향은 매우 분명하고 강력하며, 당신은 애써 시도해 보려는 마음을 지녔습니다. 그러니 당신의 삶은 이제 아주 분명해졌습니다. 스님이 되고자 하니, 이는 매우 드물고 아주 훌륭한 일입니다. 때때로 어떤 사람들은 스님이 되고자 합니다. 하지만 스님이란 어떤 사람입니까? 스님이란 모든 이기적인 탐욕을 잘라 버리고 오로지 다른 이들을 돕고 사는 사람입니다. 이런 일을 하기 위해서는 분명한 방향을 가지고 자신의 참된 자아를 완전하게 믿어야만 합니다. 이것은 매우 중요한 문제입니다. 이번의 삶에서 당신은 무엇을 원합니까? 그 원하는 바가 분명하다면, 스님이 되고자 하는 마음도 분명할 것입니다. 만일 일체 중생을 제도하고자 한다면, 스님이 되는 것은 가능합니다. 만일 이 질문에 대한 답이 분명하지 않다면, 스님이 되는 것은 자신에게 도움이 되지 않을 뿐만 아니라 이 세상에도 도움이 되지 않습니다. 일체 중생을 제도하고 싶지만, 한편으로는 다른 탐욕을 가지고 있을 경우도 있습니다. 훌륭한 직업, 사회적으로 좋은 위치, 재력을 가지고 싶어할지도 모르고, 결혼을 하고 아이를 갖고 싶을 수도 있습니다. 만일 자기 자신을 위한 탐욕이 아주 조금이라도 있다면, 스님이 되지 않는 것이 옳은 일이고, 오히려 출가하지 않고 부처님의 법을 전하는 법사(法師)가 되는 것이 더 좋습니다. 그래도 이 사회에서 다른 이들과 함께 하며 수행할 수 있는 것입니다.

자기 자신을 위한 탐욕을 완전히 버리고, 오로지 다른 이들을 위할 수 있을 때에만, 스님이 되는 일이 가능합니다. 스님이 되면 이성과 섹스도 할 수 없고, 술도 마실 수 없으며, 모든 시간을 자신이 원하는 대로 살 수도 없습니다. 250가지의 계율(戒律)을 지켜야 하고, 출가 승가의 질서를 지켜야 합니다. 이것은 부처님 당시부터 내려온 것입니다. 당신이 출가하면 이 모든 계율을 지켜야 합니다. 할 수 있겠습니까? 만약 당신의 마음속에 아주 작은 것이라도 "결혼을 하면 굉장할 텐데."라는 생각이 있다면, 출가하는 것은 옳지 않습니다. 이런 생각은 당신에게 커다란 장애가 됩니다. 전에 비구니가 되고 싶다던 한 여인에게 이렇게 이야기한 적이 있습니다.

"당신이 100퍼센트로 비구니(比丘尼)가 되고 싶다면, 비구니가 되세요. 하지만 오직 99퍼센트만 비구니가 되고 싶고 단 1퍼센트라도 비구니가 되고 싶지 않다면 비구니가 되지 마세요."

처음에 100퍼센트 출가하고자 하는 마음으로 비구나 비구니가 된 이들도 때로 상황이 바뀌면 마음이 바뀌기도 합니다.

"아, 승려 생활은 그다지 재미가 없구나. 나는 이 생활이 싫어."라면서 말입니다. 그러니 단지 99퍼센트의 마음으로 시작한다면, 수계를 받은 바로 그 다음날 포기할지도 모릅니다! 이런 일이 일어난다면 당신은 평생토록 후회하게 될 것입니다. 애초에 스님이 되지 않는 편이 더 좋을 것입니다. 그러니 당신이 스님이 되기를 100퍼센트 원하고 있다고 확신한다면, 나에게 말하십시오. 그러면 내가 친히 당신의 머리를 삭발해 주겠습니다.

삭발(削髮)의 의미는 무엇입니까? 부처님께서는 머리카락을 '무명초(無明草)'라고 하셨습니다. 그러니 그 무명(無明)을 잘라버릴 필요가 있는 것입니다. 당신의 머리카락이 길면, 당신의 무명도 깁니다. 머리카락이 있으면 항상 머리 모양에 신경을 씁니다. 아침에 일어나면 먼저 거울을 봅니다. "어, 지저분하군! 곧 머리를 감아야지!" 머리를 감고, 다시 거울을 봅니다. "아! 멋있군!" 이렇게 우리는 머리를 매만지는데 그토록 많은 신경과 시간 그리고 노력을 쏟습니다. 그러니 머리카락은 항상 우리의 마음을 잡아 흔드는 것입니다. 비구나 비구니가 되는 것은 이 모든 집착을 끊고 완전한 자유인이 되는 것을 의미합니다. 머리카락에 집착한다는 것은, 모든 집착을 끊고 완전한 자유인이 되는 일에 도움이 되지 않습니다. 그래서 우리는 머리카락을 잘라 버립니다. 당신이 스님이 되면, 당신의 삶은 오직 다른 이들을 위한 것이고, 그러니 머리카락 따위는 필요하지 않습니다. 그런데 삭발하는 것은 오로지 머리카락에나 머리카락 아닌 것에나, 스님이거나 스님이 아니거나 하는 문제에 집착하지 않도록 하기 위해서 그렇게 하는 것입니다. 알겠습니까? 오직 모를 뿐인 마음으로 곧바로 나아가십시오. 이렇게 나아가면, 순간순간 우리 내면의 머리카락을 모두 깎을 수 있으며, 우리 외부의 상황을 맑게 할 수 있습니다. 그러니 당신이 강력한 오직 모를 뿐인 마음을 지니면, 아마도 스님이 되는 일도 가능해질 것입니다.

하지만 신중해야 합니다! 이따금 감상적인 이유로 비구나 비구니가 되려는 사람들이 있습니다. 아마도 남자 친구나 여자 친구와 헤어졌거나, 아니면 사회에 대한 혐오감 때문이겠지요. 바로 이런 이유들이 스님이 되고자 하는 이유 중에서 가장 나쁜 이유입니다! 단지 감상적인 이유나 좋지 않은 상황 때문에 스님이 되기를 원한다면, 이런 감정이나 상황은 언젠가는 변하기 마련입니다. 또한 어떤 사람들은 승려 생활이 어떠한지에 대한 나름의 생각들을 가지고 있습니다. 이런 부류의 사람들이 승려 생활에 염증을 느끼게 되면, 문제가 생기는 것입니다.

그러므로 당신이 스님이 되고자 한다면, 당신의 의지가 강해야만 합니다. 당신은 자신의 참된 자기를 100퍼센트 믿어야만 합니다. 다음으로 당신의 지성이 맑아야 하고 스님이 되고자 하는 당신의 방향이 분명해져야 합니다. 당신의 의지와 당신의 지성 그리고 감성이 균형을 이루고 당신의 감정에 지배받지 않는다면, 어떤 종류의 감정이 나타나거나 사라지더라도 당신의 마음은 움직이지 않습니다. 그렇게 되면 당신의 삶에는 아무런 문제가 없으며 일체 중생을 고통에서 제도

할 수 있습니다.

이제 당신에게 묻겠습니다. 당신은 스님의 마음을 얼마나 가지고 있습니까? 당신은 얼마나 감상적인 마음을 가지고 있습니까? 의지는? 지성은? 당신은 이미 이해하고 있습니다.

당신이 자신의 참된 자기를 100퍼센트 믿고 있다면, 문제는 없습니다. 스님이 되십시오. 하지만 당신이 자신의 참된 자기를 99퍼센트만 믿고 있다면, 이 나머지 1퍼센트가 당신을 죽이고 당신의 비구계(比丘戒)를 빼앗아 갈 것입니다. 그러므로 99퍼센트만 믿는다면, 스님이 되려하지 마십시오. OK?

허공처럼 맑은, 오직 모를 뿐인 마음으로 곧바로 나아가, 당신의 올바른 길과 진리 그리고 올바른 삶을 찾아, 깨달음을 얻고, 일체 중생을 고통에서 제도해 주시길 빌어 마지않습니다.

숭산 합장

다른 스님, 다른 행동

선사님께,

안녕하셨습니까? 저는 한국에서 오신 비구니 스님 두 분과 함께 서울로 돌아가는 중입니다. 저희는 지금 호놀룰루에 있으며 내일 동경으로 출발할 계획입니다. 이곳 일본 대사관에서 두 스님의 2개월짜리 입국 비자를 내주지 않아, 서울로 가는 도중에 보름만 동경에 머물 것 같습니다. 대사관 직원이 아주 무례했는데, 아무도 마음에 두지는 않은 것 같았습니다. 나중에 우리 모두는 그냥 웃어 넘겼습니다.

이들 두 스님과 함께 여행하는 것은 저에게는 일종의 고된 수행입니다. 여행을 떠나기 직전에, 링크가 저에게 어쩌다 만나게 되는 이런 별난 스님들은 좋은 스승이 된다고 말했는데, 그 말이 맞았습니다. 걱정이 되는 것은 제가 생각하는 것 이상으로, 그분들이 고통을 받고 있는 것 같습니다. 작은 스님은 항상 조금은 슬퍼 보이고, 사형(師兄)되는 스님은 몸이 아프셔서 통증과 고통을 겪고 있습니다. 또한 그분들의 이번 외국여행 계획은 늘 조금씩 차질이 생기는 모양입니다. 그리고 많은 경우, 상황의 변화에 대처하는 그분들의 행동이 스님 된 도리에는 맞지 않는 것 같이 보입니다. 제가 말씀드리고자 하는 것은 이 두 분처럼 '고된 수행'을 진정으로 하지 않는 불교인을 이해한다는 것이 저에게는 어렵다는 말입니다. 그분들은 진짜 수행하는 타입은 아닌 것 같습니다. 제가 보기에는, 이것은 그분들의 업(業)인 것 같습니다. 그래서 저는 그저 그분들이 하자는 대로 따르려고 애쓰고 있습니다. 하지만 우리들이 가는 곳이나 하는 일들이, 스님들이 흥미를 가질 만한 것인지 좀처럼 믿어지지 않습니다.

그분들을 따라다니면서도 그분들의 주의를 끌지 않고 저만이라도 '바른' 행동을 하려고 애씁니다. 무엇보다도 그 모든 것에 대하여 '오직 모를 뿐'인 마음을 지키려고 노력합니다. 설령 많은 생각과 어떤 판단이 생기더라도, '오직 모를 뿐'인 마음이 그 모든 것을 끊어 버립니다. 그러니 그분들과 하는 여행이 바로 고된 수행임이 입증되는 것입니다. 제 마음도 평소보다는 잡념이 쌓이지 않습니다. 관광을 할 때에는, 관광만 합니다. 하와이는 아름답습니다!

이곳 호놀룰루에 있는 절은 아주 작고 불사(佛事)도 끝나지 않았습니다. 그렇지만 신도가 3~4백 명이나 되고, 토지를 사들여 한국식 사찰을 지으려는 계획을 가지고 있습니다. 이곳은 활력이 넘치고 있으며, 저는 그분들이 계획하는 일들이 이뤄질 것이라고 확신합니다.

이제는 가야겠습니다. 모든 이들에게 안부 전해 주시고, 선사님께서도 건강에 유의하십시오. 선사님께서 모범을 보이신 몸에 대한 무집착〔(無執着) 항상 선사님께서 몸이 불편하신 것을 저는 알고 있습니다.〕은 훌륭한 가르침이시고, 저는 그것에 감사 드리고 있습니다.

무애 스님 올림

무애 스님에게,

편지 주셔서 감사합니다. 스님과, 함께 여행하는 두 비구니 스님께서도 안녕하신지요?

지금 스님은 제대로 수행하고 계신 것 같습니다. 여행을 떠나기 전에는 오직 좌선만을 하는 쉬운 길의 수행을 하였던 것입니다. 지금 하고 있는 새로운 방식의 수행은 그렇게 쉽지 않을 것입니다. 이것이 만행(萬行)인데, 여행을 하며 실천하는 수행을 말하며, 이것이 바로 행선(行禪)입니다.

편지에 하와이는 아름답고, 관광을 할 때에는 관광만 한다고 하였습니다. 오늘 아침에 로스앤젤레스에서 독참을 하였는데, 한 제자에게 "선이란 무엇인가?" 하고 물었습니다.

그이의 첫 대답은 원점에 대한 대답이었는데,

손으로 방바닥을 쳤습니다.

그리고는 "하늘은 푸르고, 나무는 파랗다." 라고 하였습니다.

그이는 여여(如如)한 대답을 많이 하였습니다. 그 모든 답에 대해서, 나는

"아니다." 라고 하였습니다.

결국 그이는 더 이상 아무런 대답도 하지 못했습니다. 그래서 내가 이렇게 이야기해 주었습니다.

"자, 여기에 아이가 있다고 합시다. 그 아이와 당신은 아주 가까운 사이입니다. 그 아이가 바로 지금 여기에서 당신에게 '지금 무엇을 하세요?' 하고 묻습니다. 당신은 '앉아 있지.' 라고 대답을 하고, 아이

는 '그냥 앉아 있어요?'라고 다시 묻습니다. 당신은 이렇게 대답을 할 것입니다. '아니, 말도 하고 있지.' 아이가 또 묻습니다. '무슨 말을 하세요?' 그러면 당신은 독참을 하고 있다고 대답할 것입니다. '나는 방석 위에 앉아서 선사님께 공안에 대하여 독참을 하고 있다.'라고 말입니다." 이것이 올바른, 완전한 대답이고 완전한 길입니다. 이것이 선(禪)입니다. 오직 지금 독참을 하고 있는 마음입니다. 당신이 밥을 먹을 때에는, 오직 밥 먹는 마음. 운전을 할 때에는, 오직 운전하는 마음. 관광을 할 때에는, 오직 관광하는 마음. 이것뿐입니다. 오직 모를 뿐인 마음이 관광이고, 참된 관광은 오직 모를 뿐인 마음입니다. 그러니 아무것도 만들지 말고, 오로지 곧바로 나아가십시오.

편지에 두 분의 비구니 스님에 관해서 이야기하였고, 그분들의 행동이 항상 옳아 보이지는 않는다고 하였습니다. 근본적으로 좋음과 나쁨이란 없습니다. 하지만 당신이 마음에 좋음과 나쁨을 만들면, 당신에겐 좋음과 나쁨이 있게 됩니다. 그래서 당신은 이미 좋음과 나쁨이 당신의 위대한 스승이라는 것을 알게 된 것입니다. 아시아 전역에는 여러 종파의 불교와 여러 부류의 비구와 비구니가 있습니다. 매우 오래되고 넓은 포용력을 지닌 불교 전통을 지켜온 한국에서는 특히 그렇습니다. 거의 모든 스님들이 자기가 가는 길이 옳다고 생각하고, 자기가 가는 길에 대하여 매우 강하게 집착합니다. 많은 스님들이 어릴 적부터 절에서 생활하셨기 때문에 때에 따라서는 사고의 폭이 매우 편협할 수도 있습니다. 어떤 스님은 스님이라는 것에 집착하기도 하고, 어떤 스님은 자신의 견해에 집착할 수도 있고, 어떤 이는 자기의 법랍(法臘)*에 매우 집착할 수도 있습니다(스님들 중에는 어릴 적에 일찍 출가하신 분도 있고, 늦게 출가하신 분도 있습니다. 가끔 '일찍 출가한' 스님의 경우 다소의 자부심을 가지고 이것에 집착할 수도 있습니다.).

선(禪) 이외에도 불교에는 많은 수행 체계가 있습니다. 이 점을 알아야 합니다. 간경(看經), 염불(念佛), 의식(儀式) 불교 등 많은 불교가 존재합니다. 많은 스님들이 다른 종류의 수행을 합니다. 일체 중생을 고통에서 제도한다는 내적인 소임은 모두 같지만, 승가에서 하는 외적인 소임은 모두 다른 것입니다. 소임이 다르기 때문에 하는 일의 형태와 기능이 다 다릅니다. 어떤 스님들은 교직에 계셨기 때문에, 그분들의 수행은 '교수 스타일'의 수행이 됩니다. 다른 스님들 중에는 회사원이었던 스님들, 노동하던 스님들, 사업하던 스님들, 예술가였던 스님들, 의사였던 스님들 등등 여러 스타일의 스님들이 계십니다. 일단 머리를 깎고 스님이 되어 이미 일체 중생을 제도하기 위하여 열심히 일하고 있다고 생각하기 때문에, 그저 자기의 맡은 바 소임만 하는 것입니다. 회사원이셨던 스님은 회사원처럼, 교수이셨던 스님은 그저 교수 스타일로, 염불을 하시는 스님은 오직 염불을, 참선을 하시는 스님은 오직 참선만을 하는 것입니다. 이것으로 충분한 것입니다.

한국에 계시는 위대한 선승이신 벽초 스님은 제 도반이신데, 절이

---

* 출가자가 구족계를 받아 비구·비구니가 되면서부터 헤아리는 나이를 말한다. 원래 출가자는 세속과 달리 안거(安居)의 제도에 의하여 음력 7월 15일을 연말로 하고, 여름 안거를 마친 회수에 의하여 나이를 센다. — 옮긴이 주

있는 곳까지 산길을 따라 돌계단을 놓는 일만 하십니다. 이 일은 아주 무거운 돌을 쌓는 매우 힘든 일입니다. 그분은 이 일을 아침부터 저녁까지 대개 혼자서 하십니다. 그렇게 몇 년 간 공을 들인 결과, 지금은 많은 사람들이 그 계단을 통하여 쉽고 안전하게 절을 오갈 수 있게 되었습니다. 몇 해 전까지만 해도, 그 길은 힘들고 때로는 위험하기까지 했습니다. 그런데 지금은 아주 쉬워진 것입니다. 이렇게 외적인 소임은 법당에서 염불하는 스님에서부터 참선하는 스님에 이르기까지 각기 다르게 보이지만, 내적인 소임은 모두 같습니다. 오직 다른 이들을 돕는 것입니다. 마찬가지로 행정을 담당하는 스님은 오직 행정으로 보살행을 하고, 예술가 스님은 오직 예술로 보살행을 하고, 회계를 보는 스님은 오직 회계로 보살행을 하는 것입니다.

처음 스님이 되면 최소한 5년 동안은 절에서 살면서 항상 다른 이들과 함께 행동하며 살아야 합니다. 사적인 견해나 상황을 완전하게 내려놓아 버리고 오직 다른 이들과 함께 행동하여야 합니다. 이것은 승려들을 키워내는 우리의 강력한 전통입니다. 그리고 이후에 법랍이 더해짐에 따라 각자의 근기에 맞는 수행을 합니다. 그래서 법랍이 어느 정도 차고 나면 함께 행동하는 데 그렇게 많은 시간을 쓰지 않습니다. 다른 수행 스타일이 나타나고, 때로는 이견을 보이고 논쟁을 벌이기도 합니다. 때로는 자기 방식에 집착하기도 합니다. 이 모든 것을 통틀어 한국 불교라고 합니다. 아시아 지역에 있는 여타 국가에서도 마찬가지입니다. 한국에 가면 이것에 대하여 더 많이 이해할 것입니다.

"여기 사무실에서 일하시는 분도 스님이세요? 이분은 매일 아침 108배도 안 하시잖아요? 그저 종무소(宗務所)에서 일만 하시잖아요?"라는 생각도 들 것입니다. 오로지 선불교와 참선 수행만 알고 있다면, 아마도 다른 스타일을 이해하기 어려울 것입니다. 하지만 그분들은 그분들 나름대로 자신이 올바른 스님이고, 올바르게 수행하고 있다고 생각하고 있습니다.

불교에는 8만 4천 가지의 경전이 있습니다. 많은 사람들이 각기 다른 업을 가지고 있고 각기 다른 길을 가고 있기 때문입니다. 만약 어떤 것이든 하나만 진실로 이해한다면, 나머지 모두를 다 이해할 수 있습니다. 여기 적절한 예가 있습니다. 법당으로 들어가는 길은 많이 있습니다. 커다란 정문을 통하여 들어갈 수도 있고, 부엌문을 지나서 들어갈 수도 있으며, 난간으로 난 문을 통해서 들어갈 수도 있고, 심지어는 창문을 통해서 들어갈 수도 있습니다. 사람마다 들어가는 문이 모두 다를 수 있습니다. 그렇지만 그들의 목적은 모두 똑같습니다. 부처님의 가르침을 얻기 위하여 법당으로 들어가려는 것입니다. 창문을 통하여 들어가는 것은 어떤 사람에게는 이상하게 보일지 몰라도, 아예 들어가지 않는 것보다는 낫습니다. 그러니 문 그 자체는 옳게 쓰이기만 한다면 좋고 나쁨이 없는 것입니다. 무엇이 올바른 불교입니까? 어떻게 당신은 바로 지금의 마음을 지키십니까? 회사원 스님, 교수 스님, 염불 스님, 참선 스님, 그 어떤 스님이든 모두 똑같습니다. 저마다 자기의 문을 따로 가지고 있는 것입니다. 하지만 이 문들 중에서 지름길로 가는 문이 있습니다. 부처님께서는 "너희가 보리심(菩提心)

을 지니면 어디에서나 행복을 얻을 것이다."라고 말씀하셨습니다.

그러니 아무것도 점검하지 마십시오. 가장 중요한 것은, 무애 스님과 두 비구니 스님 사이에 벽을 만들지 않는 것입니다. 두 분 스님의 행동이, 비록 무애 스님의 마음에 좋다 또는 나쁘다라고 여겨지더라도, 이미 무애 스님에게 참된 길을 보여주고 있습니다. 혼자서만 일을 하려고 애쓰면 항상 문제가 생깁니다. 기억하십시오. 무애 스님은 아직 연륜이 짧은 비구니입니다. 아이일 뿐이죠. 그러니 당신의 수행은 오직 당신의 견해, 당신의 조건, 당신의 상황을 완전히 사라지게 만드는 것뿐입니다. 그러면 그 두 분을 도울 수 있고 일체 중생을 도울 수 있습니다.

당신은 '좋은' 행동도 하지 말고, '나쁜' 행동도 하지 말고, 강력한 수행도 하지 말며, '올바른' 길도 만들지 말고, 아무것도 만들지 말고, 오로지 곧바로 나아가십시오. 오직 허공처럼 맑은 마음만 지니십시오. 그러면 당신은 곧 깨달음을 얻고, 삶과 죽음의 일대사 인연을 곧 마치고, 일체 중생을 고통에서 제도할 수 있게 될 것입니다.

숭산 합장

단순한 삶, 막중한 책임

선사님께,

　제 이름은 마렉이고, 스물세 살입니다. 전에도 선사님께 편지를 보낸 적이 있었지만 그 편지는 제 무지(無知)의 소산이었습니다. 아마 그 편지가 선사님께 도착하지 못한 것 같습니다만, 괜찮습니다. 저에게 이 편지는 매우 중요합니다. 왜냐하면 저는 선사님의 전통에 따라 스님이 되기로 결심을 하였기 때문입니다. 선사님께 제 결심에 대하여 말씀드리려고 하였지만, 선사님께서 저희 선원에 오시지 못하게 되어 그렇게 못하였습니다. 그래서 무불 스님에게 그 말씀을 드렸더니 선사님께 편지라도 써야 할 것이라고 조언해 주셨습니다.

　제가 왜 스님이 되기로 결심했는지 설명을 드릴 수가 없습니다. 오래 전부터 출가를 생각해 왔지만 한동안 그것은 그저 꿈일 뿐이었습니다. 하지만 지금은 결심을 했습니다. 저는 단순한 삶을 살고 싶습니다. 스님이 되는 것은 많은 일들을 단순화시키는 것이라고 생각합니다. 이 결단은 저에게 너무나 중대합니다. 선사님의 답을 구합니다.

　　　　　　　　　　　　　　　　　　　　　　　마렉 올림

마렉에게,

편지 주셔서 감사합니다. 요즈음 어떻게 지내십니까?

당신의 나라에 갈 수가 없어 그곳 승가를 볼 수가 없습니다. 참으로 유감입니다. 하지만 불리한 상황이 유리한 상황이며, 유리한 상황이 불리한 상황으로 될 수도 있습니다. 당신이 보낸 편지를 받고, 매우 행복했습니다.

스님이 되고 싶다고 했습니다. 하지만 스님의 길은 아주, 아주 어렵습니다. 그러나 다른 측면에서 보면 아주 쉽고, 단순한 삶입니다. 당신이 분명히 해야 할 가장 중요한 것은, "왜 당신은 스님이 되고자 하는가?" 입니다. 이 '왜'가 분명하다면 당신의 삶, 당신의 방향, 당신의 일이 분명해집니다. 그런데 이 '왜'가 철두철미하게 분명하지 않으면, 설령 스님이 될 수 있을지는 몰라도 강한 스님은 되지 못할 것입니다. 그러면 언젠가는 스님이기를 그만두고 다시 속인으로 돌아갈 것입니다.

왜 스님이 되기로 결심했는지 설명을 할 수가 없다고 하였습니다. 그리고 단순한 삶을 살고 싶다고 하였습니다. 단지 단순한 삶을 누리고 싶다면, 스님이 되지 않고도 그것은 가능한 일입니다. 실제로 그렇게 하는 것이 당신에게 더 쉬울지도 모릅니다. 당신이 스님이 되면 아주 막중하고, 매우 어렵고, 결코 쉽지 않은 승려 생활의 책임을 감당하여야만 합니다. 당신이 원할 때에 당신이 원하는 일을 할 수도 없습니다. 출가 승가의 계율을 지켜야 하고, 항상 사형들의 말을 따르고 공경하여야만 합니다. 음식도 거칠고, 옷도 남루하며, 환경도 그렇게 좋지 않고, 돈도 가질 수 없습니다. 이 밖에도 절에서 해야 할 많고, 많은 일들이 있습니다. 그런데 당신은 이것을 아주 단순하다고 생각합니다. 하지만 이것은 매우 복잡하고 결코 단순하지 않다고 말해주고 싶습니다.

여기 당신을 위한 글이 있습니다. 이 글은 신라 시대의 위대한 스승이신 원효 대사께서 지으신 〈발심수행장(發心修行章)〉입니다. 원효 대사께서는 한국 불교사에 있어서 가장 위대한 스님 중의 한 분입니다. 내가 스님이 되기 위하여 공부할 적에는 매일 읽었고, 스님이 된 후에도 항상 읽고 있습니다. 이 가르침은 아주 많은 사람들에게 도움을 주었으며, 당신에게도 많은 도움이 될 것입니다.

모든 부처님께서 적멸궁(寂滅宮)을 장엄하게 꾸미신 것은 오랜 세월 동안 욕심을 버리고 수행하신 까닭이고, 수많은 중생들이 불타는 집〔火宅〕에서 윤회하는 고통을 받는 것은 한량없는 세월 동안 탐욕을 버리지 못한 까닭이다.

막는 사람이 없는데도 천당(天堂)에 가는 이가 적은 것은 탐욕·분노·어리석음이라는 삼독(三毒)의 번뇌를 재산으로 삼기 때문이고, 유혹하는 사람이 없는데도 악도에 들어가는 이가 많은 것은 네 가지 뱀(몸을 구성하는 흙·물·불·바람의 4요소)과 다섯 가지 욕심(재산·여색·음식·명예·수면)을 망령된 마음의 보배로 삼은 까닭이다.

그 누구인들 산속에 들어가 도 닦을 생각이 없으랴마는, 저마다 그렇게 하지 못함은 애욕에 얽혀 있기 때문이다. 비록 산에 들어가 마음을 닦지 못할지라도 자신의 능력에 따라 착한 일하기를 버리지 말라. 자신의 욕심과 쾌락을 버리면 성현처럼 공경 받을 것이고, 하기 어려운 일을 참고 이기면 부처님과 같이 존경받을 것이다. 재물을 아끼고 탐하는 이는 마귀의 무리이고, 자비로운 마음으로 베푸는 이는 부처님의 제자이다.

높은 산 험한 바위는 지혜로운 이가 거처할 곳이고, 푸른 소나무 들어선 깊은 골짜기는 수행자가 살아갈 곳이다. 주리면 나무 열매로 창자를 달래고, 목마르면 흐르는 물을 마셔 타는 마음을 풀어라. 맛있는 음식을 먹여 길러봐도 이 몸은 언젠가는 죽을 것이고, 비단옷으로 감싸 지키고 보호해 봐도 목숨은 마침내 끊어지고 만다.

메아리 울리는 바위굴로 염불당을 삼고, 슬피 울어예는 기러기를 마음의 벗으로 삼으라. 예배하는 무릎이 얼음같이 시려도 불을 생각하지 말고, 주린 창자가 끊어질 듯하여도 먹을 것을 생각하지 말라.

백 년이면 잠깐인데 어찌 아니 배우며, 일생이 얼마길래 수행하지 않고 놀기만 하겠는가? 마음속의 애착을 여읜 것을 사문(沙門)이라 하고, 세상일을 그리워하지 않는 것을 출가라 한다. 수행하는 이가 비단옷을 입는 것은 개가 코끼리 가죽을 쓴 격이고,

도 닦는 사람이 애욕에 얽히는 것은 고슴도치가 쥐구멍에 들어간 것과 같은 격이다.

비록 재주와 지혜가 있더라도 쾌락의 유혹에 가까운 도시의 집에 사는 사람들에게는 부처님께서 가엾게 여기는 마음을 내시고, 설사 도를 닦는 실천이 없더라도 산속에서 사는 사람은 모든 성현께서 이 사람에게 환희심을 내느니라.

비록 재주와 학문이 있더라도 계행(戒行)이 없는 이는 보배가 가득한 곳으로 인도해 주어도 따라가 볼 생각도 하지 않는 사람과 같고, 부지런하지만 지혜가 없는 이는 동쪽으로 가고자 하면서 서쪽을 향해 나아가는 사람과 같다.

슬기로운 사람이 하는 일은 쌀을 쪄서 밥을 짓는 것이고, 지혜 없는 사람이 하는 일은 모래를 쪄서 밥을 짓는 것이다. 밥을 먹어 주린 배를 달랠 줄은 누구나 다 알지만, 부처님 법을 배워 어리석은 마음을 고칠 줄은 알지 못한다. 계행과 지혜를 다 함께 갖추면 수레에 두 바퀴가 있는 것과 같고, 자기도 이롭고 남도 이롭게 하는 것은 새에게 양쪽 날개가 있는 것과 같은 것이다.

시주(施主)를 받고 축원하면서도 그 뜻을 알지 못하면 또한 보시한 시주에게 당연히 수치스럽지 않겠는가? 또한 공양을 받고 범패(梵唄)를 하더라도 그 깊은 이치를 알지 못하면 성현님께 당연히 죄스럽고 부끄럽지 않겠는가?

사람들이 깨끗함과 더러움을 가리지 못하는 벌레를 싫어하듯이, 성인께서도 출가한 사문이 깨끗함과 더러움을 분별하지 못하는 것을 싫어하신다. 세상일의 시끄러움을 버리고 높은 하늘나라에 올라가는 데는 청정한 계율이 좋은 사다리가 되는 것이다. 그러므로 계율을 어기고서 남의 복밭〔福田〕이 된다는 것은 날개 부러진 새가 거북을 업고 하늘을 나는 것과 같은 것이다. 자신의 죄도 벗지 못하고 어떻게 남의 죄를 풀어줄 수 있겠는가? 계행을 지키지 않고 어찌 다른 이들이 공양해 주는 것을 받을 수 있겠는가? 수행하지 않는 헛된 몸은 먹여 길러도 이익이 없고, 덧없는 뜬 목숨은 아껴도 보전하지 못하는 것이다.

용상(龍象)과 같은 큰스님이 되기 위해서는 능히 끝없는 고통을 참아야 하고, 사자좌(獅子座)에 앉는 부처님이 되고 싶거든 오래도록 세상의 욕망과 쾌락을 등져야 한다. 수행자의 마음이 깨끗하면 여러 하늘이 하나 같이 찬탄하지만, 도를 닦는 이가 여색을 생각하면 착한 신장도 그를 버리고 떠난다. 흙·물·불·바람의 사대(四大)로 구성된 이 몸은 갑자기 무너져 버리는 것이다.

오늘도 저물어 저녁이 되고 아침 새벽이 곧 다가오리니, 세상의 욕망과 쾌락은 고통이 뒤따르는 것인데 어찌 탐할 것이며, 한 번 참으면 오래도록 즐거움이 되는데 어찌 도를 닦지 않는가? 도를 닦는 이가 탐욕을 내는 것은 수행자에게 수치스러운 행위요, 출가한 사문이 재물을 탐해 부자가 되려는 것 또한 군자에게 웃음거리가 되는 것이다.

사람들은 하지 말라고 막는 일이 끝없이 많은데도 탐욕과 집착은 끊지 못하고, 다음다음하고 미루는 것은 끝이 없지만 애착하는 마음을 끊지 못한다. 이런 일 저런 일이 한없이 많은데 세상일을 버리지 못하고, 이런 꾀 저런 꾀 한없이 많은데 끊어 버릴 마음을 일으키지 못한다. 하루하루는 끝이 없는데 오늘 한번만 한다는 생각에 악한 죄는 많아지고, 내일내일하고 미루는 내일은 끝이 없지만 착한 일을 하는 날은 날마다 줄어만 든다. 금년이란 한 해는 다함이 없고 번뇌는 끝도 없이 지속된다. 내년내년하고 미루는 내년은 끝이 없지만 깨달음의 세계로 나아가려 하지는 않는다.

시간은 흘러흘러 어느덧 하루가 지나가고, 하루하루는 잠깐 흘러 어느새 보름 그믐 한 달이 되고, 한 달 한 달 지나가서 홀연히 한 해가 번쩍 오고, 한 해 두 해 바뀌어서 잠깐 사이 죽음의 문턱에 이르게 되는 것이다.

깨어진 수레는 굴러갈 수가 없고 사람도 늙으면 수행할 수 없으니, 눕고만 싶고 게으름만 부려지고 억지로 앉아보아도 어지러운 생각만 일어난다. 몇 생애를 닦지 않고 낮과 밤을 헛되이 세월만 보냈는데, 또다시 헛된 몸을 얼마나 살리려고 이 한 생을 수행하지 않겠는가?

이 몸은 반드시 끝마칠 날 있으리니, 죽어서 다시 받을 몸은 어떻게 할 것인가? 어찌 바쁘고 급하고, 또 바쁘고 급하지 않겠는가? 발심하여 수행하라!

그러니 출가를 '단순하게' 여기지 말아야 합니다. OK? 당신이 진정으로 100퍼센트 스님이 되려고 한다면, 내게 다시 편지를 보내십시오.

스님이 될 것인지 아니면 말 것인지를 선택하기에 앞서 먼저 당신의 수행이 강해져야 합니다. 그래서 내가 묻습니다. 당신은 무엇입니까? 만법이 하나로 돌아가는데, 그 하나는 어디로 돌아갑니까(만법귀일 일귀하처(萬法歸一 一歸何處))? 나에게 말하세요! 말하세요! 만일 당신이 이것을 알지 못하면, 오직 모를 뿐인 마음으로 곧바로 나아가십시오. 만일 당신이 이것을 안다면, 좋은 대답을 나에게 보내십시오

허공처럼 맑은, 오직 모를 뿐인 마음으로 곧바로 나아가, 당신의 마음을 맑음으로 돌아가게 하여, 깨달음을 얻고, 일체 중생을 고통에서 제도해 주시길 빌어 마지않습니다.

숭산 합장

선사님께,
　선사님께서 보내 주신 편지를 받고 매우 기뻤습니다. 항상 건강하시기를 기원합니다.

　선사님께서는 스님의 길은 아주 어렵지만, 한편 다른 측면에서 보면 아주 쉽고, 단순한 삶이라고 하셨습니다. 저는 그 말씀을 이해합니다. 저는 100퍼센트 스님이 되기로 결심하였습니다. 오직 모를 뿐인

마음으로 애쓰겠습니다.

선사님께서 보내주신 '만법귀일 일귀하처'의 공안에 대한 저의 답은 이렇습니다.
"할! 봄이 오니, 백화(百花) 피어난다."
무불 스님과의 독참에서 '부처님께 재를 터는' 공안을 받았습니다. 제 답은 "모른다."입니다.

선사님께서 이곳에 계시지는 않지만, 선사님의 크신 사랑은 저희와 함께 있습니다. 선사님을 곧 뵙게 되길 우리 모두는 소망하고 있습니다.

마렉 올림

마렉에게,
편지 주셔서 감사합니다. 요즈음 어떻게 지내십니까?
100퍼센트로 스님이 되기를 원한다고 하였습니다. 훌륭합니다. 하지만 처음에는 100퍼센트 원할지 몰라도, 스님이 되면 이 100퍼센트가 차츰차츰 줄어들 것 같습니다. 그렇게 줄어들면 머리를 기르고, 결혼을 하고, 아이도 가지고 싶은 생각이 나타나게 됩니다. 그러면 어떻게 하겠습니까? 또한 100퍼센트 스님이 되고 싶다는 것을 어떻게 입증할 수 있습니까? 다시 한 번 자기의 마음을 점검해 볼 필요가 있습니다.

다음으로, '만법귀일 일귀하처'에 대한 당신의 답은 아주 훌륭했습니다. 그런데 어떤 이가 위대한 선사이신 조주(趙州) 스님에게 똑같은 질문을 한 적이 있습니다. 조주 선사의 답은 이렇습니다.

"내가 청주에 있을 때 한 벌의 베옷을 지었는데, 무게가 일곱 근이더니라."

이제 당신에게 묻겠습니다. 당신의 대답과 조주 선사의 대답 중에서 어느 것이 옳습니까?

그 다음, '부처님께 재를 터는' 공안에 대하여, '모른다.'고 대답하였습니다. 모른다는 것은 역시 훌륭한 것입니다. 그러니 오로지 곧바로 나아가십시오. 그러면 이 모르는 마음이 당신에게 훌륭한 답을 가져다 줄 것입니다.

허공처럼 맑은, 오직 모를 뿐인 마음으로 곧바로 나아가, 곧 당신의 숙제를 마치고, 깨달음을 얻어, 일체 중생을 고통에서 제도해 주시길 빌어 마지않습니다.

숭산 합장

선사님께,

답장을 주셔서 감사합니다. 선사님의 편지를 받고 저는 몹시 행복했습니다. 선사님께서는 저에게 100퍼센트 스님이 되기를 원하는지 다시 한 번 점검해 보라고 말씀하셨습니다. 그리고 어떻게 입증하겠느냐고 물으셨습니다.

저는 스님이 될 준비가 다 되어 있습니다. 더 이상 제가 무엇을 더 할 수 있겠습니까? 그뿐입니다.

다음으로, '만법귀일 일귀하처' 공안에 대하여 제 답과 조주 선사의 답 중에서 어느 것이 옳으냐고 물으셨습니다.

할!

조주 : "내가 청주에 있을 때, 옷을 한 벌 지었는데 그 무게가 일곱 근이었다."
마렉 : "봄이 오니, 백화(百花) 피어난다."

마렉 올림

마렉에게,
　편지 주셔서 감사합니다. 요즈음 어떻게 지내십니까?
　100퍼센트 스님이 되기를 원한다고 하였습니다. 당신이 100퍼센트 스님이 되기를 원한다고 내가 어떻게 믿을 수 있겠습니까? 이것이 문제의 핵심입니다. 모든 이들이 모두 당신과 같이 말하면서 스님이 됩니다. 하지만 스님이 되어 일 이 년이 지나면 다시 머리를 기릅니다. 스님이 될 것인가, 스님이 되지 않을 것인가, 이것이 문제가 아닙니다.

　진정으로 스님이 되고 싶다면, 먼저 오계(五戒)를 받고 절에서 1년 동안(절 밖에서 산다면 2년 동안) 행자로 살아야 합니다. 이렇게 하면, 사미계(沙彌戒)를 받을 수 있습니다. 참으로 스님이 되고자 한다면 이 과정을 밟도록 하십시오.

다음으로, '만법귀일 일귀하처' 공안에 대한 당신의 답은 훌륭했지만, 하지만 나는 당신을 믿지 않습니다. 당신은 이제 어떻게 하시겠습니까? 나에게 말하세요! 말하세요! 만약 모른다면, 오직 모를 뿐인 마음으로 항상 어디에서나 곧바로 나아가십시오. OK?

허공 같이 맑은, 오직 모를 뿐인 마음으로 곧바로 나아가, 삶과 죽음의 일대사 인연을 곧 마치고, 깨달음을 얻어, 일체 중생을 고통에서 제도해 주시길 빌어 마지않습니다.

숭산 합장

(이 답장을 받은 마렉은 결국 출가하지 않았다.)

불교 본연의 전통

숭산 행원 대선사님께,

　삼보(三寶)에 귀의(歸依)합니다!

　저는 강의차 이곳을 방문하고 있습니다. 최근에(지대한 관심을 가지고!) 선사님의 책《부처님께 재를 털면》을 다시 읽어 보았습니다. 이 책이야말로 제가 선(禪)에 관한 주제로 대학에서 강의해 온 지난 25여 년 간 접했던 이 시대의 책 중에서 가장 위대한 책입니다. 저는 이 책을 여덟 번 읽고 나서, 이 책은 여러 번 읽어도 칠 년 전 제가 처음 한두 번 읽었을 때와 마찬가지로 깜짝 놀랄 만큼 신선하고 자연스러운 느낌을 준다는 것을 알았습니다. 저는 이 책을 노스웨스턴 대학에서 제 강의를 청강하는 학생들뿐만 아니라('신비주의와 선'이라는 주제로 열리는 인기 있는 가을학기 세미나의 필독서입니다), 선에 관한 '최고의 책 세 권'을 추천해 달라고 자주 조르는 동료 교수와 친구들에게 추천했습니다(그 세 권에는 스즈끼 저《선불교 입문》과 토머스 머튼 저《선과 욕망의 새》가 포함되어 있습니다!). 몇 년 전 시애틀에서 선사님의 법회에 참석한 적이 있었는데, 선사님의 법문을 듣는 동안 책 속에서의 가르침만큼이나, 아니 그 이상으로 한마디 한마디가 생생하게 제 마음을 흔들었다는 것을 인정하지 않을 수 없습니다. 거칠고 황량한 현대의 일상이 펼쳐지는 서부의 한가운데에서 선사님처럼 훌륭한 스승을 대면할 수 있다는 것이 얼마나 행운인지 저는 수년 전에 깨달았습니다.

선사님의 가르침에 담긴 힘과 비상한 명료함에 대하여 아무런 의심도 가질 수는 없었습니다. 그래서 제 자신의 몇 가지 문제에 대해 편지 쓰는 일을 수 년 동안 고심해 왔습니다. 제가 드릴 이 질문들은 제 강좌에서 언젠가 다시 제기될 것 같은 문제들이기도 합니다. 또한, 간담을 서늘하게 할 정도로 예리한 선사님의 선이 제기하는 딜레마에 관해서 개인적으로 씨름하여 왔던 것이기도 합니다. 선사님께서 의도하신 것은 아니라고 알고 있습니다만, 선사님께서는 저로 하여금 전율을 느낄 정도의 깨달음을 주셨습니다. 즉, 인간은 단순히(이론적으로) 죽게 되어 있는 존재라는 사실을 너무나도 강렬하게 일깨워 주었습니다. 그런 이유로 선사님께 편지를 쓸 용기를 내기까지 아주 오랜 시간이 걸린 것입니다.

"말이 너무 많구나!"라고 하실 테니, 선사님의 몽둥이 세례를 피하기 위해 지금 여쭙겠습니다.

1. '오직 모를 뿐인 마음'은 최초로 선사님께서 가르침의 방편으로 가르치기 시작한 것입니까? '오직 모를 뿐인 마음'은 선사님께서 창안하신 것인지, 아니면 선사님의 스승(고봉 대선사, 77대 조사)께서 가르치신 것을 선사님께서 그분의 법사(法嗣: 법의 후계자)로서 계승하신 것인지요?

2. 혹자는 저에게 명상의 물리적·신체적 행위에서 우리가 목격하는 바와 같이 자아에의 몰입은, 그에 반대하는 의견에 대하여 어떻게 반박을 하든, 명상(그리고 그 적용으로서 선)이 궁극적으로 대부분 그것을 행하는 자신을 위한 것임을 보여주고 있다고 말합니다.

3. 선사님은 선을 가르치기 위하여 온 세계를 두루 여행하시니 매우 바쁜 순회교사이십니다. 이런 선사님의 행적은 선의 견지에서 보면 모순이 아닙니까? 우리를 에워싼 세계는 항상 움직이며 돌아가는데, 선은 근본적으로 우리가 사는 바쁘게 움직이는 세상 속에서 어떤 휴지(休止)와 정적(靜寂)의 상태를 얻는 것을 의미합니다.

4. 저는 선사님께서 독신을 서약한 비구 종단 출신으로 알고 있습니다. 선사님께서 속한 종단의 전통과 일본 승려들의 전통과의 차이점, 특히 계율에 대한 서로의 차이점은 무엇입니까?

5. 선사님께서는 선을 통해서 '완전한 자유'와 '독립적인 존재가 되기'를 가르치십니다. 그렇다면 선사님께서는 왜 사람을 조직에 구속시키고 제한을 가하는 것으로 여겨지는(최소한 외부에서 볼 때) 선원청규(禪院淸規)를 스스로 제정하셨습니까?

선사님과 이런 주제들에 대하여 대화를 열 수 있게 되어 대단히 기쁩니다. 저는 이런 주제들이 이곳 서양에서 정립되고 있는 새로운 전통의 중심에 서게 될 것이라고 생각합니다. 선사님께서 어떤 답을 하시든 또는 하시지 않든 저는 최대한의 감사를 표하겠습니다. 답장은 이 편지지 상단에 인쇄되어 있는 종교철학과 사무실로 보내주시면 저에게 전달될 것입니다.

이 기회를 빌어, 저희와 같은 야만인들 속에서 진리의 법륜(法輪)을 굴리시는 선사님의 노고에 감사드립니다. 선사님의 여러 생(生)에 걸칠 노고에 미리 겸손하게 감사드리는 바입니다.

스티븐 P. 윈쓰롭 올림

윈쓰롭 교수님에게,

편지 주셔서 감사합니다. 요즈음 어떻게 지내십니까? 법문을 하기 위하여 떠났던 오랜 여행을 마치고 지금은 한국에 돌아와 있습니다. 귀하가 전에 로스앤젤레스로 보낸 편지는 이제야 저에게 전달되었습니다. 그래서 답장이 늦었습니다. 죄송합니다.

《부처님께 재를 털면》을 여덟 번이나 읽었고, 그 책이 아주 맘에 든다고 하였습니다. 그리고 서양에서 출간된 선에 관한 책들 가운데 최고에 든다고 하였습니다. 아주 기분 좋군요! 하지만 그 책은 어쩌면 이 세상에서 가장 나쁜 악마의 책에 불과할지도 모릅니다. 그 책을 쓰레기통에 버리십시오! 만약 당신이 책을 너무 많이 읽고, 그래서 너무 많이 생각하면, 그 책이 당신을 죽일 것입니다. 성경이라도 당신을 죽일 것이고, 어떤 종류의 책이든 당신을 죽일 것입니다. 왜 여덟 번이나 읽습니까? 아무리 그 책을 좋아하더라도 그렇게까지 할 필요는 없습니다. 내 책이 당신에게 문제를 일으킨 것 같아, 미안합니다. 한 번만 읽으십시오. 그리고 오직 모를 뿐인 마음으로 곧 바로 나아가십시오. 이렇게 하는 것이 한 권의 책을 여러 번 읽는 것보다 더 낫습니다.

다음으로, 당신은 나에게 몇 가지를 물었습니다.

1. 당신을 주장자로 때립니다. 나는 '모를 뿐인 마음'을 만들지 않았습니다. 내 스승께서 '모를 뿐인 마음'을 만든 것도 아닙니다. 심지어 부처님께서 '모를 뿐인 마음'을 만든 것도 아닙니다. 바로 지금, 당신이 '모를 뿐인 마음'을 만든 것입니다. 당신을 도와줄 수가 없군요. '모른다'는 '알지 못한다'가 아닙니다. OK? '모를 뿐인 마음'을 '알려고' 하지 마세요. '모를 뿐'을 만들지 마세요. 아무것도 만들지 마십시오. 그러면 당신은 모든 것을 알게 됩니다.

2. 당신은 선이란 오직 자기 자신을 위한 것이라고 생각합니다. 맞는 말입니다. 당신의 참된 자아가 이 세상의 모든 것입니다. 이 세상 모든 것이 당신의 참된 자아입니다. 어떤 것이 당신의 참된 자아가 아닌 것입니까? 당신의 참된 자아를 찾으면, 당신은 위대한 길을 찾게 됩니다. 위대한 길이란 위대한 사랑, 일체 중생에 대한 보살의 사랑입니다. 위대한 사랑이란 실제로 주관(主觀)도 객관(客觀)도 없는 것을 의미합니다. 많은 이들이 하나가 되면, 일체 중생이 하나가 됩니다. 이것이 위대한 사랑입니다. 이것이 참된 선이고, 당신의 참된 자아이고, 참된 사랑입니다.

3. 내가 세상을 돌고 돌아다니면서 가르친다고 하였습니다. 제자들이 항상 자기들이 있는 곳을 찾아주기를 청하여, 내가 갈 뿐입니다. 실제로 돌고 돌아다니는 선사는 그렇게 좋은 선사는 아닙니다. 만약 아주 강한 법력(法力)을 가진 선사라면 한 곳에 머무르면서 다른 이들이 그를 찾아오게 할 것입니다. 그러니 나는 급수가 아주 낮은 선사입니다.

오래 전에는, 모든 훌륭한 제자들이 그들의 위대한 스승을 어쩌다 한 번밖에 만나지 못했습니다. 그렇게 한 번 만나면 자기들의 처소로 돌아가서 어떤 이는 6년, 다른 이는 8년, 또 다른 이는 10년을 곧장 수행만 하였습니다. 그러다 깨달음을 얻으면 다시 스승을 방문하여 점검을 받아, 인가(認可)를 받게 되면 자기가 선사가 되는 것입니다. 하지만 지금 사람들은 너무나 스승을 그리워하고, 법문을 듣기 원하고, 여러 공안에 대하여 독참을 하고 싶어합니다. 만일 당신의 대신심(大信心)·대분심(大憤心) 그리고 대의심(大疑心)이 강하다면, 한 번 만나는 것으로 충분합니다. 이 말은, 만일 당신의 오직 모를 뿐인 마음이 강하다면 이 모를 뿐인 마음이 어떤 선사보다도 훌륭하고, 부처님이나 하느님보다도 더 훌륭하다는 뜻입니다. 당신은 벌써 나를 한 번 만났으니, 그것으로 충분합니다. 또 다른 만남을 원한다면, 급수가 낮은 겁니다. OK? 그리고 내 책을 읽고, 또 읽고, 또 읽는다면, 더 급수가 낮은 겁니다. 언제나, 어디에서나, 오직 모를 뿐입니다.

4. 나는 한국 스님입니다. 나는 한국불교의 오래된 비구 전통 출신

입니다. 우리 사찰의 스타일은 독신주의이고, 이 비구율(比丘律)의 전통은 멀리 부처님까지 거슬러 올라갑니다. 부처님께서는 자신의 승가(僧伽)를 만드시고 비구들로 하여금 계율(戒律)에 따르도록 하셨습니다. 그래서 우리들은 결혼을 하거나 가족을 갖지 못합니다. 그렇지만 거의 모든 일본의 스님들은 비구가 아니고, 전통적인 스님도 아닙니다. 그들은 부처님께서 주신 계율을 받지 않았고, 그래서 여타의 다른 나라 불교의 비구 전통과는 단절되어 있습니다. 이것은 일본 승려의 전통이지, 비구의 전통은 아닙니다. 한국도 거의 그렇게 될 뻔하였습니다. 약 80년 전에 일본은 한국을 강점하였습니다. 그 이전까지는 한국불교는 완전하였고, 스님들은 모두 계율을 굳게 지켰습니다. 한국 스님들은 결혼을 할 수 없었습니다. 그런데 일본인들이 와서 한국불교를 망쳤습니다. 일본의 식민정부는 일본 승려들이 하는 것처럼 결혼을 하지 않으면 승려의 자격을 인정해 주지 않았습니다. 또한 사찰의 주지가 되거나 학자금을 지원 받을 수도 없었습니다. 아주 어려운 시절이었습니다. 그래서 한국의 스님들은 결혼을 하도록 압박을 받았습니다. 결혼을 하는 것도 OK, 육식을 하는 것도 OK, 술을 마시는 것도 OK. 결국 많은 스님들이 가정을 갖게 되었고, 사찰은 음식점이 되었습니다. 왜냐하면 결혼한 스님들은 가족을 부양할 돈이 필요했으니까요. 그래서 사찰이 춤추고, 노래하고, 마시고, 고기를 먹는 판으로 변질된 것입니다. 대개 사찰은 산속 풍광이 아름다운 곳에 자리하고 있습니다. 그래서 많고많은 사람들이 몰려왔습니다. 스님들은 사찰 근처에 가족들이 살 집을 마련하거나, 아예 사찰 안에서 함께 살기도 하였습니다. 그런 스님들은 아침에는 수행을 하고 낮에는 음식점이 된 사찰에 나갔습니다. 어떤 때에는 전혀 수행을 하지 않았습니다. 가족들과 보내거나 돈을 벌기에 너무 바빴기 때문이죠.

제2차 세계대전 후, 패망한 일본인들은 모두 자기 나라로 돌아갔습니다. 한국불교의 혁신이 필요했습니다. 계율을 따라 독신을 지켜온 비구 스님들은 결혼한 대처승에게 투쟁하였습니다.

"당신들은 일본식의 대처승이오. 부처님의 계율을 어긴 것이오! 옳지 않으니 당장 물러나시오!"

그 당시에는 대략 7,000명의 대처승과 400명의 비구승이 있었습니다. 그리고 비구승에게는 실질적인 힘이 없었습니다. 거의 모든 비구승들이 일본식 대처승들에게 일관되게 맞서 온 유일한 사찰에 모였습니다. 그 절이 바로 수덕사(修德寺)입니다. 수덕사는 내가 젊어서 수행하던 곳이자, 나의 스승이신 고봉(高峯) 선사께서 수행하셨던 곳이고, 그분의 스승이신 만공(滿空) 선사께서 수행하셨던 곳이며, 또 그분의 스승이신 경허(鏡虛) 선사께서 수행하신 곳입니다. 비록 대처승들의 수가 압도적으로 많았고 모든 사찰과 재산을 가지고 있었지만, 한국인들은 불교 고유의 전통을 알고 있었고 비구승들에게 호감을 가지고 있었으며 또 비구승들을 지지하였습니다. 비구승과 대처승의 분규는 15년 간 계속되었습니다. 그 결과 일대 혁신이 이루어졌습니다. 대처승들은 모두 조계종(曹溪宗)을 떠나 자신들의 새로운 종단을 만들었습니다. 그리하여 우리 조계종은 계율 수행을 중요시하는 15,000여 명의 비구와 비구니 스님이 있는 한국 최대의 종단으로 성장하였습니다.

서양에서는 많은 젊은이들이 스님이 되기를 원합니다. 하지만 이성 관계나 결혼을 원하는 이들은 우리 조계종(서양에서는 관음선종)의 전통에 따라 스님이 될 수 없습니다. 왜냐하면 비구의 전통은 부처님 때부터 내려온 올바른 전통이기 때문입니다. 그들은 오계(五戒)를 받고 나중에 법사(法師)가 될 수 있습니다. 요즈음에는 많은 세속인들이 법사가 됩니다. 이것은 아주 잘된 일입니다. 미국에 있는 일본 선사들의 제자들은 이성의 친구를 사귀거나 결혼을 할 수 있습니다. 아무런 문제가 아닙니다. 이것이 그들의 전통입니다.

본래 계율이나, 출가(出家)냐 재가(在家)냐 하는 것은 특별하거나 필요한 것이 아닙니다. 당신이 마음을 내면, 계율은 당신의 삶에서 매우 중요합니다. 그러나 어떤 마음도 내지 않는 마음을 지키면, 그리고 일체 중생을 제도한다는 방향을 분명히만 한다면, 계율도 필요하지 않고, 부처님도 필요하지 않고, 아무것도 필요하지 않습니다.

5. 선원청규에 대하여 말하였습니다. 그리고 그것을 내가 만들었다고 하였고, '완전한 자유'를 얻는 것에 대하여도 언급하였습니다. 주장자로 당신을 때립니다! 나는 아무것도 만들지 않았습니다. 당신이 그것을 만들었습니다! 하지만 당신은 알아듣지 못할 것이니, 내가 설명하겠습니다.

우리의 몸은 많은 탐욕을 가지고 있습니다. 우리 몸은 여섯 명의 악질 강도들이 있어서 항상 당신의 참된 자아를 훔쳐갑니다. 때때로 우리는 그것을 눈, 귀, 코, 혀, 몸, 마음이라고 부릅니다. 이 여섯 명의 강도들은 결코 만족해 할 줄 모릅니다. 좋은 상황에 있더라도 보다 더 좋은 상황을 바랍니다. 만약 나쁜 상황에 처하면, 이 여섯 명의 강도들은 그 상황을 전혀 달갑게 여기지 않고 당신에게 이렇게 속삭입니다.

"나는 이것이 싫어! 이렇게는 할 수 없어!"

만일 당신의 중심이 강하지 않다면, 당신은 이 여섯 강도들의 말을 따르지 않을 수 없습니다. 그러면 당신은 언제나 만족할 줄 모르는 마음을 가지게 되고, 때로는 매우 혼란스럽게 되고, 당신의 참된 자아를 '잃어 버리게' 됩니다.

만일 당신의 중심이 강하다면, 이 여섯 명의 강도들로 인해 탐욕과 분노와 어리석음을 가질 수는 있지만, 결코 당신의 중심은 흔들리지 않습니다. 그러면 당신의 일상 생활은 매우 맑고 올바를 것이니 아무 문제도 없게 됩니다.

내가 선원청규를 만들었다고 하였습니다. 나는 아무것도 만들지 않았습니다. 나에게는 어떤 종류의 특별한 가르침도 전혀 없습니다. 짖어대는 개, 불어오는 바람, 그리고 푸른 나무가 나보다 더 훌륭한 스승이고, 부처님 보다 더 훌륭한 스승이며, 어느 것보다도 더 훌륭한 스승입니다. 자연은 이미 그 나름의 질서를 가지고 있지만, 어느 누가 만들어 논 것이 아닙니다. 자연은 세상 만물이 그 법칙을 따르며 서로 조화를 이룹니다. 그러나 인간만은 그렇지 않습니다. 모든 이들은 완전히 잠들어 있으며, 자연 본래의 법칙을 따르지 않기 때문에 자신과 다른 이들에게 고통을 주는 것입니다. 인간들은 하늘은 푸르고 나무는 파랗다는 것을 깨닫지 못합니다. 왜냐하면 그들은 자신들의 탐욕과 분노와 어리석음을 따를 뿐이기 때문입니다. 자기들의 생각하는 마음을 보물(寶物)로 여긴 채, 이 세상이 바로 이렇게 즉여(卽如)하게 진리를 설하고 있다는 것을 알지 못합니다. 모든 이들이 너무나 강한 자기 견해, 너무나 많은 알음알이를 가지고 있으며, 너무나 자주 자기 감정을 점검합니다. 모두가 자신들의 여섯 강도들에게 강탈당하는 것을 즐기는 것입니다.

이래서 계(戒)와 율(律)이 만들어진 것입니다. 만일 순간순간 당신의 올바른 상황을 지켜 나간다면, 부처님의 계율과 우리들의 선원청규는 필요하지 않습니다. 많은 계율과 규율 그리고 가르침은 오로지 당신만을 위한 것입니다. 아마도 당신의 여섯 강도들은 이것을 좋아하지 않을 것입니다. 하지만 당신의 참된 자아는 이것을 매우 좋아합니다. 왜냐하면 계율과 선원청규 그리고 가르침은 당신의 여섯 강도들을 위대한 친구로 바꾸어 주기 때문입니다. 당신은 어느 쪽을 좋아합니까?

철학을 가르치고 있다고 하였습니다. 그러면 내가 묻겠습니다. 당신의 삶에서 가장 중요한 것은 무엇입니까? 돈? 명예? 음식? 가족? 이 모든 것이 중요하지만, 무엇이 가장 중요합니까? 만일 당신이 내일 죽는다면, 당신은 무엇을 하겠습니까? 돈이 필요합니까? 명성이 필요합니까? 음식이 필요합니까? 가족이 필요합니까? 그래서 내가 당신에게 묻는 것입니다. 데카르트는 말했습니다. "나는 생각한다. 고로 나는 존재한다." '내'가 생각하므로, '나'이다. 만약 내가 생각하지 않으면, 그러면 무엇인가요? 다른 말로 하자면, 당신은 무엇입니까? 나에게 말하세요! 말하세요! 만일 안다면, 당신은 매우 고등한 동물이지만, 만일 모른다면 당신은 개나 고양이보다 더 나을 것이 없습니다. 왜냐하면 개나 고양이는 모두 자기의 할 일을 알고, 순간순간 자기의 할 일만을 하기 때문입니다.

하지만 인간은 알음알이와 지적 욕망이 너무나 많고, 그러면서도 자기가 무엇인지 알지도 못합니다. 당신이 답을 알게 되면, 나에게 편지를 보내십시오.

허공처럼 맑은, 오직 모를 뿐인 마음으로 곧바로 나아가, 완전히 '나'를 버려 당신의 참된 '나'를 얻고, 깨달음을 얻어, 일체 중생을 고통에서 제도해 주시길 빌어 마지않습니다.

숭산 합장

6 참선 수행법

강한 좌선이란 무엇인가?

선사님께,

선사님을 너무나 뵙고 싶습니다. 그래서 이렇게 멀리 떨어진 곳에 살지 않았으면 하고 바란답니다. 매일 라울러와 함께 좌선과 108배를 합니다. 그런데 절을 하고 좌선을 하고 있을 때 가끔 이런 생각을 하곤 합니다. "저녁 식사로 무엇을 만들까? 출근할 때는 어떤 옷을 입어야 하나? 생각을 하는 것은 좋지 않은데." 모두 생각입니다!

선사님께서는 "모두 내려놓아라. 오로지 곧바로 나아가라."라고 말씀하십니다. 하지만 수행에도 어떤 균형이 있지 않을까요? 아마도 저는 좌선을 더 많이 해야 할 것 같습니다. 선사님께서는 강한 좌선에 대하여 말씀하시는데, 강한 좌선이란 무엇입니까?

나는 무엇일까? 저는 하루종일 이 문제를 수없이 묻고 있습니다. 하지만 생각이 너무 많네요!

선사님께서 평안하시길 기원하며, 큰사랑을 보냅니다.

캐나다 토론토에서 셰리 올림

셰리에게,

요즈음 어떻게 지내십니까? 편지 주셔서 감사합니다.

매일 라울러와 함께 수행해 왔다고 하였습니다. 훌륭합니다! 생각이 많든, 생각이 없든, 생각이 조금만 있든, 아무 상관없습니다. 당신은 "생각은 좋지 않다."고 하였는데, 이런 생각이 좋지 않습니다. 이런 생각을 하는 것은 당신이 당신의 생각에 집착하고 있음을 말합니다. 오직 정진하고, 정진하고, 정진하십시오. 그러면 당신의 생각도 쉬게 됩니다. 그렇게 하면 마침내 절을 할 때에는 절만 하고, 좌선을 할 때에는 좌선만 하고, 염불을 할 때에는 염불만 하게 됩니다. 가능한 일입니다. 수행을 계속해 나가면, 그렇게 됩니다.

수행에 있어서 균형의 문제와 강한 좌선에 대하여 물었습니다. 만약 당신이 어떤 것에 집착하면, 당신의 마음과 몸은 균형을 잃게 됩니다. 만약 당신이 아무것도 만들지 않는다면, 당신의 마음과 몸은 하나가 되고, 완벽하게 균형을 이루게 되며, 모든 것이 완전하고 분명해질 것입니다.

강한 좌선이란 당신의 마음과 느낌을 점검하지 않는다는 뜻입니다. 좌선을 하는 중에는 누구나 생각도 많고 어떤 느낌도 느낍니다. 잘못된 것이 아닙니다. 걱정하지 마십시오. 하지만 많은 이들이 자기 자신을 점검합니다. "나는 좋지 않은 사람이다. 다른 사람들은 나를 어떻게 생각할까? 나는 항상 생각이 많아. 이 모든 생각을 어떻게 끊어 버리지? 오로지 곧바로 나아가면 어떨까? 어떻게 모두 내려놓아 버리지?" 이것이 생각에 집착하는 것입니다. 생각 그 자체는 나쁘지도 좋지도 않습니다. 그냥 생각에 집착하지만 마십시오. 아무것도 걱정하지 마십시오. 생각은 생각일 뿐입니다. 느낌은 느낌일 뿐입니다. 건드리지 마세요. 오직 모를 뿐인 마음으로 곧바로 나아가십시오. 이것이 강한 좌선입니다.

 당신이 강한 좌선의 마음을 지키면, 당신의 마음은 순간순간 맑아집니다. 맑은 마음이란 당신의 올바른 상황을 지킨다는 뜻입니다. 운전을 할 때에는, 운전만 하십시오. 운전하는 동안 빨간 불이 켜지면, 멈춥니다. 녹색 불로 바뀌면, 갑니다. 이것이 올바른 상황입니다. 올바른 상황이란 즉여(卽如)를 뜻합니다.

 나는 당신의 마음을 압니다. 당신의 마음은 끊임없이 당신의 마음을 점검합니다. 하지만 당신이 매일 애쓰며 수행하면, 당신의 점검하는 마음은 쉴 것이고, 당신은 즉여(卽如)한 마음을 지킬 수 있게 될 것입니다. 그러면 하늘을 보면, 오직 푸를 뿐입니다. 나무를 보면, 오직 파랄 뿐입니다. 마음은 고요할 뿐입니다. 그렇게 되면 일체 중생을 제도하는 일이 가능합니다.

 오직 모를 뿐인 마음으로 곧바로 나아가, 허공처럼 맑은 마음을 지키고, 깨달음을 얻어, 일체 중생을 고통에서 제도해 주시길 빌어 마지 않습니다.

숭산 합장

좌선을 할 때에는 좌선만

선사님께,

저는 몇 달 전 시카고에서 있었던 참선 정진법회에 참가하였던 수련생 중 한 명입니다. 시카고에서 집으로 돌아와 일주일이 지나고 나니 그곳에서 하던 수행을 그대로 지키기가 어렵습니다. 저는 단체로 함께 수행을 하면서 도움을 받거나, 제 수행을 독려하고 제 수행을 강화시키는 데 도움을 주실 스승님과 빈번하게 접촉하면서 수행해야 할 수련생이라는 것을 알고 있습니다. 저는 수준이 낮은 참선 수련생이지요! 선사님께서 몇 가지 제 질문에 가르침을 주시면 제 수행을 강화할 수 있을 것 같습니다.

먼저, 저는 참선 수행을 갓 시작한 초심자라는 점을 말씀드려야겠습니다. 선사님께서는 좌선을 할 때 숨을 들이쉬면서 셋을 세고 '맑은 마음'이라 하고, 내쉬면서 일곱을 세고 '모를 뿐'이라고 생각하라 하셨습니다.

질문입니다. 단전에 저의 정신과 에너지의 초점을 맞추기 어려울 때에는 어떻게 해야 합니까? 좌선을 할 때, 그냥 앉아 있기보다는 "이럴 때에는 어떻게 해야 하나?"라고 생각을 하고 있습니다. 그러니 좌선이 제대로 되지 않습니다. 지난번 시카고 용맹정진에서 가졌던 독참에서 선사님께서는 저에게 '향엄상수' 공안을 주셨습니다. 제 답은 이렇습니다.

"그 사람을 나무에서 내려오게 하라!"

좌선을 하는 동안 호흡을 하면서 셋과 일곱을 세는 것입니까, 아니면 공안에 집중하는 것입니까?

선사님, 마음에 크게 걸리는 것이 있습니다. 저는 큰 자유로움을 느끼지만, 이렇게 넘쳐나는 자유로운 느낌이 저를 구속할까 두렵습니다. 저는 자유로움에 집착하고 있을 뿐만 아니라 이런 자유로운 느낌은 매우 급진적이고 영적 성장의 진정한 토대가 되지 않는다고 생각하고 있습니다.

참으로 '옳은' 또는 '그른' 행위도 없다는 것이 사실일까요? 만약 세상일이 이런 식이라면, 제가 밖에 나가서 살인을 저지르거나 도둑이 되어도 아무런 상관이 없다는 것입니까? 제가 자유롭다면, 아무것에도 집착하지 않는 것이고, 그러면 제가 어떤 일을 하더라도 상관이 없겠지요. 어떤 미혹(迷惑)에 빠지거나 선병(禪病)을 앓는 것이 아닐까 두렵습니다. 선사님께서 이런 자유라는 관점에서 저를 바로잡아 주실 수 있겠습니까?

예를 하나 들어보겠습니다. 누구든 밖에 나가 많은 사람을 해칠 수 있습니다. 무엇으로 이런 사람을 막을 수 있겠습니까? 남을 해친다는 것은 생각하는 마음이 창조한 것이니, 그 마음이 없다면 실제로는 남을 해치는 일도 없을 것입니다. 그러니 남에게 어떤 행위를 하든 아무

상관도 없는 것이죠! 마찬가지로 제가 참선 수행을 하든 말든 아무 상관도 없겠지요. 만약 제가 좌선하여 수행한다면, 저는 좌선에 집착하는 것입니다.

선사님께서 시카고에 들러 선사님의 지혜를 저희에게 나누어 주셔서 진심으로 감사드립니다. 다시 뵙기를 간절히 바랍니다! 가르침을 계속 베풀어 주시기를 기원합니다.

위스컨신 주 밀워키에서 두샹카 올림

두샹카에게,

편지 주셔서 감사합니다. 요즈음 어떻게 지내십니까?

혼자 스스로 수행하는 것이 어렵고, 자신은 수준이 낮은 참선 수련생이라고 하였습니다. 당신에게 묻습니다. 당신은 무엇입니까? 당신은 어디에서 왔습니까? 당신의 이름은 무엇입니까? 당신의 나이는 몇입니까? 당신은 이미 만 가지 질문이 한 가지 질문으로 돌아간다는 것을 알고 있습니다. "나는 무엇인가?" 모른다! 모른다는 것은 무엇입니까? 나에게 말하세요! 아주 간단합니다. 아무것도 만들지 마세요. 모른 채, 오로지 곧바로 나아가세요. OK?

다음으로, 좌선을 할 때에는 오직 좌선만을 하십시오. 단전도 만들지 말고, 에너지도 만들지 말고, 공안도 만들지 말고, 아무것도 만들지 마십시오. 들이쉴 때에는 '맑은 마음, 맑은 마음, 맑은 마음'이라고 세 번에 나누어 세십시오. 그리고 일곱 번으로 나누어 '모를 뿐' 이라고 내쉬십시오.

당신의 공안에 대한 답에 대하여 말씀드리겠습니다. 입을 열면, 당신은 이미 죽었습니다! 공안을 머리 속에 두지 마십시오. 당신은 오직 모를 뿐인 마음으로 곧바로 나아가야 합니다. 이것이 아주 중요합니다. 이것은 어머니가 아들을 전장에 보내놓고, 일하고 밥 먹고 친구들과 이야기하고 텔레비전을 보면서도 마음속으로는 항상 "우리 아들은 언제 집에 올까?" 하고 생각하는 것과 같습니다. 오직 모를 뿐인 마음을 지닌다는 것은 이것과 꼭 같은 것입니다. 그러니 당신은 좌선할 때 뿐만 아니라 매일의 일상 속에서 오직 모를 뿐인 마음으로 곧바로 나아가야만 합니다. 그렇게 하여 공안에 답할 때가 되면, 답은 절로 나타날 것입니다.

자유에 대하여 말하였습니다. 이것은 생각으로서의 자유입니다. 당신은 자유를 얻어야 합니다. 당신의 자유에 대한 생각은 방향이 없습니다. 왜 당신은 자유를 얻고자 합니까? 무엇이 자유의 목적입니까? 당신의 마음이 아무런 장애도 없이 자유롭게 어디에나 갈 수 있도록 해보십시오. 그러면 당신은 올바른 자유란 무엇인지 이해할 수 있습니다. 완전한 자유를 얻으면, 삶도 없고 죽음도 없습니다. 자유를 얻은 마음은 허공처럼 맑습니다. 어떻게 이 자유를 얻겠습니까? 그리고 당신은 어떻게 이 자유를 쓰겠습니까?

어떤 사람이 다른 사람을 죽이거나 해치는 이야기를 하였습니다. 이렇게 일러주겠습니다. '나―나의―나를'을 만들지 마십시오. 당신의 삶의 목적은 무엇입니까? 당신은 이렇게 말합니다. '나', '나', '나', '나', '나'. 이것은 도대체 무슨 '나'입니까? 당신은 이 '나'를 죽여야 합니다. 그러면 '나'가 없게 되고, '나'가 없으면, 당신의 마음은 허공처럼 맑아질 것입니다. 그러면 당신은 자유입니다! 당신이 자유로워지면, 당신은 모든 것을 얻을 것입니다. 허공처럼 맑은 마음을 순간순간 지켜나간다는 것은 당신의 마음이 깨끗한 거울과 같다는 것을 의미합니다. 빨간색이 오면 빨갛고, 하얀색이 오면 하얄 뿐입니다.

그렇게 되면, 당신은 일상 생활 속에서 삶과 죽음을 초월한 자유를 어떻게 사용하겠습니까? 허공처럼 맑은 마음은 보살(菩薩)의 마음입니다. 어떤 이가 슬프면, 나도 슬픕니다. 어떤 이가 행복하면, 나도 행복합니다. 그러면 안도 없고, 밖도 없고, 안과 밖이 하나가 됩니다. 다른 이들에게 좋은 일 나쁜 일이 생길 때, 당신은 그들을 돕기 위해 모든 것을 사용하여야 합니다. 이것이 위대한 사랑이며, 위대한 보살도입니다.

오직 모를 뿐인 마음으로 곧바로 나아가, 깨달음과 참된 자유를 얻어, 일체 중생을 고통에서 제도해 주시길 빌어 마지않습니다.

숭산 합장

망념심 · 일념심 · 청정심

선사님께,

안녕하세요?

지난번 선사님께서 이곳을 방문하셨을 때 버클리 무문선원에서 개최한 법회에 참석하였습니다. 선사님께서 다음번 서부에 오실 때 개최할 예정인 3일 용맹정진에 참가하여 좌선을 하려고 생각하였지만, 그 주말에는 약속이 있어서 대신 3일 기도법회에 참석하기로 하였습니다.

좌선을 하며 오직 모를 뿐인 마음을 지켜 나간다면, 지금 있는 그대로의 사물을 맑게 경험할 수 있다는 것을 알고 있습니다. 하지만 염불을 오랫동안 하면 어떻게 될지 모르겠습니다. 제가 요점을 놓친 것 같습니다. 기도법회에 참석하기에 앞서 염불에 대하여 조금만 가르쳐 주신다면 제가 앞으로 수행하는데 어떻게 해야 할지 알 것 같습니다.

시간을 내주셔서 감사합니다. 9월에 다시 뵙기를 고대합니다.

캘리포니아 주 포리스트 놀즈에서 보니 올림

보니에게,

편지 주셔서 감사합니다. 요즈음 어떻게 지내십니까?

지난번에 무문선원에 왔었고, 다음달에 있을 기도법회에 참석하기로 하였다고 하였습니다. 훌륭한 일입니다. 염불은 아주 좋은 수행입니다.

기도법회에서 우리는 '관세음보살, 관세음보살'을 사흘 동안 하루에 열 시간씩 염불합니다. 처음에는 어떻게 염불을 하여 맑은 마음을 지킬지 잘 알지 못할 것입니다. 입으로는 '관세음보살'이라고 염불을 하지만, 마음은 집이나 샌프란시스코 또는 뉴욕에 가 있을지도 모릅니다. 하지만 바로 그 순간 "잘못 됐네, 돌아와!"라고 말하면, 바로 지금 염불하고 있는 자신에게 되돌아오게 됩니다.

불교에는 여덟 가지의 인식에 대한 가르침이 있습니다. 처음 여섯 가지는 인간의 감각에 관련된 것으로, 눈〔眼 : 시각〕, 귀〔耳 : 청각〕, 코〔鼻 : 후각〕, 혀〔舌 : 미각〕, 몸〔身 : 촉각〕 그리고 마음〔意 : 의식, 제6식〕입니다.

'관세음보살'이라는 단어를 염불하는 것은 제6식의 작용입니다. 마음이 샌프란시스코나 뉴욕 또는 지난주로 가는 것은 제8식의 작용입니다. "돌아와!"라고 외치는 것은 제7식이 작용을 일으킨 것입니다.

제6식은 인간의 몸을 통제합니다. 제7식은 사량식(思量識)입니다. "이것은 좋아, 저것은 좋지 않아." 또는 "이것을 해, 저것은 하지 마."라고 분별을 하는 것입니다. 제8식은 기억이나 의식의 창고 역할을 하는 함장식(含藏識)입니다.

만일 당신이 하나된 마음을 지키고자 하면, 제7식이 제8식에게 "돌아와."라고 말하는 것입니다. 그런데 이 세 가지 식(識)이 따로따로 작용한다면, 올바른 염불이 되지 않습니다. 이렇게 헤매는 마음의 상태가 망념심(妄念心)입니다.

염불 수행을 계속해 나감에 따라, 당신은 마음이 하나가 된 염불을 경험하게 될 것입니다. 이때에는 당신은 염불을 듣지 않고, 염불 속에 들어가 염불과 하나가 됩니다. 오직 '관세음보살 관세음보살 관세음보살'만 있게 됩니다. 이것이 관음삼매(觀音三昧), 하나된 마음인 일념심(一念心)입니다.

《반야심경(般若心經)》에는 "관세음보살께서는 오온(五蘊 : 색·수·상·행·식)이 모두 공(空)함을 아시고"라는 말씀이 있습니다. 이 말씀은 물질〔색(色)〕·느낌〔수(受)〕·지각〔상(想)〕·형성〔행(行)〕·의식〔식(識)〕이 모두 비었다는 뜻입니다. 식(識)이 공(空)하므로, 제6식·제7식·제8식이 모두 완전히 공(空)한 것입니다. 만일 당신이 이 마음을 지키면, 당신의 눈·귀·코·혀·몸·마음이 모두 텅 빌 것입니다.

《반야심경(般若心經)》에서는 또한, "눈도 없고, 귀도 없고, 코도 없고, 혀도 없고, 몸도 없고, 마음도 없고, 눈의 대상도 없고, 의식의 대상도 없다."고 하셨습니다. 그러므로 당신의 마음은 무심(無心)입니다. 무심은 느낌도 없고, 부처님도 없고, 하느님도 없고, 아무것도 전혀 없다는 뜻입니다. 그러니 당신의 마음은 허공처럼 맑습니다. 그러면 당신은 당신의 목소리를 들을 수 있습니다. 당신은 모든 소리를 아주 분명하게 들을 수 있습니다. 당신의 마음이 허공처럼 맑으니까.

당신은 그 모든 소리를 소리나는 그대로 인식할 수 있습니다. 이것이 맑은 마음, 청정심(淸淨心)입니다.

하나된 마음은 움직이지 않고, 텅 빈 마음입니다. 맑은 마음은 이 마음을 순간순간 세심하게 쓰는 것입니다. 하나된 마음은 계산기가 '0'으로 돌아가도록 '클리어(clear)' 버튼을 누른 상태와 같은 것이고, 맑은 마음은 계산기를 사용하여 1 + 2 = 3과 같은 계산을 하는 것과 같습니다.

관세음보살은 매우 중요합니다. 관(觀)은 인식을, 세(世)는 세상을, 음(音)은 소리를, 보살(菩薩)은 보디싸뜨와(Bodhisattva)를 의미합니다. 당신은 세상의 소리를 인식하여야만 합니다. 당신은 당신의 소리를 인식하여야만 합니다. 이것이 청정심입니다.

이제 당신에게 묻겠습니다. 세상의 소리와 당신의 소리. 이 둘은 같습니까, 다릅니까? 바로 이때, 소리는 소리가 없습니다. 색즉시공(色卽是空)이요, 공즉시색(空卽是色)입니다. 소리가 없을 때 나도 없고, 부처님도 없고, 하느님도 없고, 그러니 색(色)도 없고, 공(空)도 없고, 아무것도 전혀 없습니다. 만일 아무것도 전혀 없다면, 당신의 마음은 맑습니다. 당신의 참된 자기는 항상 아주 맑아서, 깨끗한 거울과 같습니다.

그렇게 되면 색즉시색(色卽是色)이요, 공즉시공(空卽是空)입니다. 색은 색이고, 소리는 소리입니다. 하늘을 보면, 오직 푸를 뿐입니다. 나무를 보면, 오직 파랄 뿐입니다. 기도하는 중에 당신이 듣는 것은 오직 목탁 소리, 북 소리, 염불 소리뿐입니다.

그러므로 기도하는 중에 당신이 오직 관세음보살께로 곧바로 나아가기만 바랄 뿐입니다. 세상의 소리를 들으십시오. 이것이 당신의 참된 자기입니다. 만 년 동안 논스톱으로 정진하고, 정진하고, 정진하십시오. 그러면 당신은 모든 것을 맑게 들을 수 있고, 모든 것을 맑게 인식할 수 있습니다. 그리하여 이 관세음보살의 마음을 써 위대한 보살이 되어, 일체 중생을 고통에서 제도하기를 빌어 마지 않습니다.

숭산 합장

수준 낮은 수행

선사님께,

안녕하세요? 바쁘게 지내시는 와중에서도 건강하시기를 기원합니다. 이곳 케임브리지 선원에 있는 모든 이들이 선사님과 서부 해안에 계시는 법우들께 안부를 전합니다.

선사님께 드릴 말씀이 있습니다. 이번 여름에, 저는 불교를 100퍼센트 믿게 되었고, 그래서 아주 행복합니다. 그 전에는 제 마음속에서 수행을 해야 할지, 말아야 할지 갈등이 아주 심했습니다. 하지만 올 여름에는, 모든 악업이 사라졌나 봅니다. 갈등이 모두 사라졌으니, 이제는 수행할 수 있습니다. 게다가 영원히 불가능할 줄 알았던 담배 끊는 일도 할 수 있을 것 같습니다. 어떻게 이런 변화가 일어났을까요?

선사님께서는 2년 전 제 마음속에 많은 나쁜 업(業)이 나타나서 선원을 떠나 수행을 중단했던 일을 기억하시죠? 그러자 선사님께서는 제게 '아제 아제 바라아제 바라승아제 모지 사바하' 라는 진언(眞言)을 주셨습니다. 그리곤 3개월만에 다시 선원으로 돌아와 수행을 시작했습니다. 그때 선사님께서는 "OK. 네 마음이 더 강해졌으니, 이제는 숨을 들이쉬면서 '맑은 마음', 내쉬면서 '모를 뿐' 이라고 하거라." 라고 말씀하셨습니다. 저는 이것을 좋아하지는 않았지만, 한동안 이 수행을 했습니다. 그런데 여름이 시작될 무렵, "나는 참선이 싫어. 나는 수행하고 싶지 않아." 라는 나쁜 업이 다시 나타났습니다. 그래서 진언을 다시 시작했습니다. 그러자 다시 나쁜 업이 사라졌습니다.

저는 아직 진언을 잘 모릅니다. 제가 아는 것이라고는 제가 방향을 잃기 시작하면, 이 진언이 저를 다시 똑바로 해준다는 것뿐입니다. 제 마음이 강해졌다 할지라도 계속해서 진언 수행을 하여도 괜찮을까요? 어떤 이들은 진언을 하는 것은 아주 낮은 수준의 수행이라고 합니다. 참말일까요? 부디 진언에 대하여 가르침을 주세요.

선사님께서 제게 불교를 가르쳐 주셔서 감사합니다.

매서추세츠 주 얼스톤에서 다이앤 올림

다이앤에게,

편지 주셔서 감사합니다. 요즈음 어떻게 지내십니까? 서부 해안의 가족 모두가 당신과 케임브리지 선원의 가족들에게 안부를 전해달라고 합니다.

불교를 100퍼센트 믿게 되었다고 하였습니다. 그 이야기를 들으니 무척 기쁩니다! 수행이 매우 강해졌다니 또한 축하합니다. 그리고 담배를 끊었다니 훌륭합니다.

편지에서 진언과 오직 모를 뿐인 마음에 대하여 이야기하였습니다. 어떤 이들은 진언 수행은 낮은 수준의 수행이라고 말합니다. 그 말은 틀린 말입니다. 그렇게 생각하는 것이야말로 낮은 수준인 것입니다. 《선의 나침반》에는, "생각을 하지 않으면, 간경(看經)·진언(眞言)·염불(念佛) 수행과 참선(參禪) 수행은 모두 같습니다. 그러나 당신이 생각에 집착하고 말에 집착하면, 이 모든 수행은 다 다른 것입니다."라고 하였습니다. 식사를 할 때 어떤 이는 젓가락을 쓰고, 어떤 이는 포크를 쓰고, 또 어떤 이는 숟가락을 쓰고, 손가락으로 식사하는 이도 있습니다. 무엇을 사용하느냐가 중요한 것이 아닙니다. 배만 부르면 되는 것입니다. 진언을 하느냐, 간화(看話 : 공안을 참구하는 수행)를 하느냐가 중요한 것이 아닙니다. 중요한 것은 순간순간 바로 지금의 마음을 어떻게 지키느냐 하는 것입니다. 당신이 이 점을 이해한다면 항상 여유있는 마음을 지닐 수 있을 것입니다.

당신은 이미 '아제 아제 바라아제 바라승아제 모지 사바하'라는 진언을 지니고 있습니다. 이것은 지금의 생(生)뿐만 아니라 다가올 무수한 생에서 일체 중생을 제도하겠다는 위대한 서원(誓願)입니다. 당신은 이 진언과 매우 좋은 업이 있습니다. 그러니 이 좋은 업을 일체 중생을 돕는 일에 쓰십시오. 당신의 마음을 점검하지 마십시오. 당신의 느낌도 점검하지 마십시오. 다른 이들의 마음도 점검하지 마십시오. 오직 모를 뿐인 당신의 진언을 지니고 곧바로 나아가십시오. 그러면 아무 문제도 없습니다.

많은 이들이 산의 정상에 오르고자 합니다. 한 사람은 산의 남쪽에서 오르기 시작하고, 다른 이는 북쪽에서 시작하고, 또 다른 이는 서쪽에서, 또 어떤 이는 동쪽에서 시작합니다. 그들은 모두 곧바로 나아가 정상에 도달합니다. 그런데 남쪽에서 올라온 이는 북쪽에서 오른 이의 방향이 틀렸다고 생각합니다. 서로가 다른 이의 방향이 틀렸다고 생각하는 것입니다. 다른 이의 방향을 점검하지 마십시오. 좋은 일이 아닙니다. 모두 다 정상이라는 한 점에 도달합니다. 이것이 가장 중요합니다.

진언 수행에 있어서 당신이 알아야 할 중요한 점이 있습니다. 진언을 하여 하나된 마음, 사마디(samadhi, 三昧)에 이르는 것은 아주 쉽습니다. 하지만 진언에 집착하면, 당신의 참된 길을 찾을 수 없습니다. 진언 그 자체에는 방향이 없습니다. 하지만, 항상 자신에게 "지금 진언을 하고 있는 놈은 누구인가?"라고 물으면, 방향을 갖게 됩니다. 방향을 갖는다는 말은, 의심〔의단(疑團 : 의심 덩어리)〕을 지녀, 당신의 인식을 맑게 함으로써 당신이 처한 상황을 올바르게 지각할 수 있게 한다는 뜻입니다.

  진언만 하는 것은 하나된 마음이고, 대의심(大疑心)을 가지고 진언을 하는 것, 이것이 맑은 마음입니다.

  곧바로 나아가는 오직 모를 뿐인 마음은 허공처럼 맑습니다. 여기에는 주관도 객관도 없고, 안도 바깥도 없습니다. 당신이 무엇을 할 때에는 오직 그것만 해야 합니다. 당신이 생각을 내지 않으면, 그것이 바른 진언이고, 바른 오직 모를 뿐인 마음입니다. 고양이가 무어라 이야기합니까? 개는 무어라고 합니까? 당신은 이미 알고 있습니다.

  진언과 함께, 오직 모를 뿐인 마음으로 곧바로 나아가, 곧 위대한 보살이 되어, 삶과 죽음의 일대사 인연을 마치고, 깨달음을 얻어, 일체 중생을 고통에서 제도해 주시길 빌어 마지않습니다.

숭산 합장

수행에 따르는 장애

선사님께,

어떤 어려움이 있더라도 저는 보살의 길을 걷고자 하기 때문에, 제 마음속에 이 세상 어떤 것보다 관세음보살을 항상 지니려고 애쓰고 있습니다.

지난 주에는 선사님께 여러 번 편지를 쓰기 시작했었지만 언제나 쓰레기통에 들어가는 것으로 끝이 나 버렸습니다. 쓰레기통에 들어간 편지들은 주로 제 수행에 있어서의 문제와 장애에 관한 내용이었습니다. 아직도, 그런 문제와 장애들이 시시각각 변하고 있습니다. 저의 불안감, 권태, 분노, 분별심, 그리고 이런 것들에 대하여 집착하지 않는 것들이 저의 수행 과정에서 중요한 부분임은 틀림없습니다. 사람들이 좌선을 하거나, 관세음보살 염불을 하거나, 그 무엇을 하든 그런 경험을 한다는 것을 선사님께서는 아실 것입니다!

어제 서점에서 선사님이 쓰신 《부처님께 재를 털면》을 찾았습니다. 빠르게 책장을 훌훌 넘기며 대충 읽어 보았지만, 무척 훌륭해 보였습니다! 질문이 있습니다. 선사님의 삶에 대해 쓴 부분을 읽었거든요. 깨달음에 이르려고 우리 몸에 그토록 혹독한 고통을 주는 일이 과연 필요할까요? 삶 그 자체에서 오는 고통이야 감내할 수밖에 없지만, 왜 스스로에게 그런 고통을 줘야 하나요?

관세음보살과 함께 사랑을 보냅니다.

캘리포니아 주 버클리에서 다이애너 올림

다이애너에게,

요즈음 어떻게 지내십니까? 편지 주셔서 감사합니다.

매일 관세음보살을 마음속에 지니기가 매우 어렵다고 하였습니다. 만일 염불을 천천히 하면, 생각이 생깁니다. 염불을 빠르게 하면, 생각은 생기지 않습니다. 이런 방식으로 당신은 새로운 업을 만들 수 있는 것입니다. 그러면 당신이 좌선을 하든, 이야기를 하든, 텔레비전을 보든, 혹은 골프를 치든, 당신의 마음속에서는 오직 관세음보살관세음보살관세음보살만 있게 됩니다. 이렇게 관세음보살을 수행하는 것이 좌선이고, 이야기하는 것이고, 텔레비전을 보는 것이고, 골프를 치는 것입니다. 오직 모를 뿐입니다. 이것이 올바른 수행입니다.

불안감, 권태, 분노, 분별심에 마주친다고 하였습니다. 이것은 당신의 삶을 바꿀 수 있다는 것을 말해줍니다. 결국 이 삶은 꿈이라는 것을 당신은 알게 될 것입니다. 무엇이 올바른 삶입니까? 올바른 삶이란 시간과 공간을 초월한 것입니다. 그러면 거기에는 삶도 없고, 죽음도 없습니다. 당신은 삶과 죽음을 초월한 자유, 완전한 자유를 얻을 것입니다.

당신은 나에게 왜 몸이 고통을 겪어야만 하느냐고 물었습니다. 내가 처음 수행을 시작했을 때, 나는 아직 어렸고 몸은 건강하였습니다. 그래서 욕망이 많았습니다. 어떤 때에는 분노에 차서, 다른 사람들과 이 세상 전체에 분노를 터트리기도 하였습니다. 또 어떤 때에는 어리석음이 나타나기도 하였습니다. 나는 탐욕·분노·어리석음 이 세 가지를 바라보면서 그것들이 어디에서 오는지 물었습니다. 그것은 우리의 몸에서 비롯되는 것입니다. 만약 당신의 몸을 완전히 다스릴 수 있다면, 당신의 탐욕, 분노 그리고 어리석음을 완전하게 다스릴 수 있습니다.

모든 부처님께서는 고된 수행을 하셨습니다. 탐욕과 분노와 어리석음 이 세 가지가 나타나면, 우리의 마음은 어두워집니다. 고된 수행을 통해서 이 세 가지는 소멸됩니다. 그렇게 수행하고 난 뒤, 나의 마음은 밝아지고 허공처럼 맑아졌습니다. 당신도 이런 수행을 해보아야 합니다. 그러면 왜 이런 고된 수행이 중요한지 알 수 있을 것입니다.

당신에게 새로운 공안을 주겠습니다.

암환주인(巖喚主人)

서암사언(瑞巖師彥) 화상은 날마다 자기 자신을
"주인공아!"라고 부르고, 다시 자기 자신이
"예."라고 대답하였다. 그리고 "분명히 깨어 있어라."
"예."
"언제 어느 때이든지 타인에게 속지 말라."
"예, 예."라고 말했다.

서암 화상은 스스로 자기 자신을 부르고 자기 자신이 대답하였으니, 두 마음이 있는 것입니다. 이 두 마음 중에서, 어느 마음이 바른 서암 화상의 마음입니까?

오직 모를 뿐인 마음으로 곧바로 나아가, 곧 당신의 숙제에 대한 좋은 답을 찾고, 깨달음을 얻어, 일체 중생을 고통에서 제도해 주시길 빌어 마지않습니다.

숭산 합장

(추신 : 기도 법회에서 찍은 사진 몇 장과 테이프를 동봉합니다.)

선사님께,
선사님께서도 아시는 잭 콘필드 선생님이 주관한 12일 간의 위빠싸나 명상수련회에서 '고된 수행'을 마치고 지난 금요일 집으로 돌아왔습니다. 선사님의 편지와 기도 테이프 그리고 몇 장의 사진이 저를 맞아 주었습니다! 무척이나 감사합니다! 위빠싸나 명상도 저에게는 '좋았'지만 선사님의 염불하시는 음성을 듣게 되다니 얼마나 큰 선물인지 모르겠어요! 항상 예불 의식과 선사님의 아침 종성(鐘聲)하시는 소리가 몹시 그리웠습니다.

이번 수련회는 저의 가족이 몇 년 만에 일상을 떠나 처음으로 갖게 된 기회였습니다. 특이한 경험이었습니다. 우리는 아주 단순하게 지냈습니다. 도회에서 멀리 떨어진, 전기도 들어오지 않고 모든 일이 느리게 일어나는 곳에서 묵언(默言)을 하며 지냈습니다. 작은 체구의 어미 닭 한 마리와 열 한 마리의 새끼 병아리, 보름달이 아름다웠습니다. 우리들의 아픈 근육을 풀어주는 뜨거운 온천도 있었고, 잭 선생님의 가르침도 좋았습니다. 그곳에서 제가 겪은 일 중에서 가장 힘들었던 것은, 제가 가진 많은 집착을 직접 대면하는 것이었습니다.

그곳에 있는 동안, 제가 선사님께 우리 몸에 그토록 혹독한 고통을 주는 일이 과연 필요하느냐는 질문에 대한 답을 찾았습니다. 그것은 그냥 그런 것이지요. 이것뿐입니다! 차축과 바퀴에 브레이크가 필요하듯이 우리의 마음도 고요해질 필요가 있는 것이죠. 여태까지 저에게 일어났던 일들을 생각하면 의기소침해지고, 아직도 제 자신의 산처럼 거대한 에고와 습관 그리고 저의 소아(小我)가 하는 방식을 바라보면 제 자신이 두렵습니다. 저는 매초(秒)마다 그 순간을 대아(大我)로 나아가는 계기로 삼기 위해 애쓰고 있습니다. 절을 하는 것이 아직도 저에게는 가장 쉬운 길입니다. 관세음보살 염불보다도 더 쉽습니다. 지금은 선사님께서 일러주신 대로 빠르면, 3~40분 동안에 삼천 번 이상 염불을 할 수 있습니다. 그렇지만 언제나 두통으로 끝이 납니다! 각자 나름의 방식이 있죠! 아침에 운동을 하기 위해 조깅을 할 때 관세음보살의 리듬에 맞춥니다. 이렇게 하는 것이 저를 '바로 지금 여기'에 있게 하고, '생각하지 않는 것을 생각' 하는 것을 막아줍니다. 저에게 오는 환자들의(저는 심리요법가로 조그마한 개인 사무실을 운영하고 있습니다.) 이야기를 듣고 있을 때면 가끔 관세음보살께서 제 마음속에 뛰어들어와 환자들의 말이 아니라 환자 자신들에게 주의를 기울일 수 있도록 도와주십시오.

말이란 의사소통을 하는 데에는 참으로 끔찍한 방법입니다. 하지만 말을 사용하지 않고 어떻게 서로를 이해할 수 있겠습니까? 특히 서로가 멀리 떨어져 있다면 말이죠.

우리 두 사람은 선사님께서 하고 계시는 '일체 중생을 고통에서 제도하는' 일의 일익을 담당하고자 간절히 소망하고 있습니다. 이 일보다 더 중요한 일이 무엇이겠습니까?

다이애너 올림

다이애너에게,

편지 주셔서 감사합니다. 당신과 에즈라 모두 안녕하신지요?
12일 간의 고된 수행을 했다고 하였습니다. 훌륭합니다. 고된 수행은 마음을 드라이 클리닝하는 것과도 같습니다. 사람들은 매일 자기들의 마음을 쓰지만, 자기들의 마음을 깨끗이 하려고는 하지 않습니다. 그래서 마음에 때가 낍니다. 그러면 나쁜 업이 나타나고, 나쁜 업이 쌓이면, 깨끗하게 하기가 점점 더 어려워집니다. 그래서 고된 수행이 매우 중요합니다.

잭의 지도로 수행했다고 하였습니다. 잭은 아주 훌륭한 스승입니다. 그리고 우리의 몸을 고통스럽게 하는 것에 대하여 이해를 했다고 하였습니다. "그냥 그런 것이다."고 하였죠. 참 훌륭합니다. 이런 직관은 맑은 마음에서 나옵니다. 직관이란 주관도 없고, 객관도 없다는 뜻입니다. 안과 밖이 하나가 된 것입니다. 당신이 이렇게 맑은 마음을 항상, 순간순간 지켜 나간다면, 당신의 올바른 견해, 당신의 올바른 상황, 당신의 올바른 조건을 알 수 있습니다.

많은 이들은 자기의 견해, 자기의 상황, 자기의 조건을 분리시킵니다. 하지만 당신이 맑은 마음을 지니면, 당신의 견해와 상황 그리고 조건은 결코 분리될 수 없는 하나의 행동이 됩니다. 당신이 일을 할 때에는, 일만 합니다. 당신이 집에 돌아오면, 오직 어머니의 마음을 지킬 뿐입니다. 남편과 대화를 할 때에는, 오직 아내의 마음을 지킬 뿐입니다. 운전을 할 때에는, 오직 운전할 뿐. 걸어갈 때에는, 오직 걸어갈 뿐. 밥을 먹을 때에는, 밥을 먹을 뿐입니다. 순간순간의 올바른 행위란 당신의 올바른 견해, 올바른 상황 그리고 당신의 올바른 조건입니다. 아무것도 점검하지 마십시오. 오로지 관세음보살께 곧바로 나아가십시오. 그러면 당신은 모든 것을 얻을 것입니다.

당신은 소아(小我)를 소멸시키고 대아(大我)가 되고 싶다고 하였습니다. 이것이야말로 단지 당신의 생각입니다. 그 생각을 내려놓으십시오. 또한 좌선을 하고 관세음보살 염불을 할 때, 당신은 관세음보살에 집착하고 있습니다. 그래서 두통이 생기는 것입니다. 주위를 천천히 걸으며, 관세음보살을 불러보세요. 그러면 두통이 생기지 않을 것입니다. 관세음보살에 집착하지 말고, 오로지 정진하십시오. 그러면 관세음보살 염불로 곧 당신의 마음을 맑게 지닐 수 있습니다.

말이란 의사소통을 하는 데에는 참으로 끔찍한 방법이라고 하였습니다. 하지만 말은 매우 중요합니다. 하지만 당신이 말에 집착하면, 말이 당신을 지배합니다. 그러니 당신은 당신의 말을 잘 다스려야만 합니다. 그렇게 하면 당신의 말이 당신의 참된 자아를 구속하지 않습니다. 당신이 생각을 내면, 당신은 당신의 말에 제약을 받습니다. 이것이 우리가 참선을 하는 이유입니다. 만일 당신이 생각을 내지 않는다면, 당신은 당신의 말로부터 자유롭게 되고 아무런 문제도 없게 됩니다.

당신의 숙제는 어떻게 되고 있습니까? 서암 화상을 빨리 찾아 나에게 답하십시오! 오직 모를 뿐인 마음으로 곧바로 나아가, 당신의 참된 스승을 찾고, 깨달음을 얻어, 일체 중생을 고통에서 제도해 주시길 빌어 마지않습니다.

숭산 합장

병을 알고, 맞는 약을 복용하라

선사님께,

선사님께서 베푸신 '오랜만에 맞는 아주 특별한' 수계식(受戒式)에 대하여 깊이 감사드립니다.

며칠 전 친구와 점심을 같이 했는데, 제게 참선 수행에 대해서 물었습니다. 그래서 저는 그 친구에게 내적 성찰을 주기 위해 애를 많이 썼습니다. 케터마인(ketamine) 환각제를 한 번 복용해 본 적이 있습니다. 휘황하게 빛나는 연한 빛깔의 흐름 속을 떠다니는 경험을 하였습니다. 모든 문제와 답을 알았고, 저는 그 자체였습니다. 저는 진리 그 자체가 되었습니다. 환각의 세계와 참선을 동등하게 여기고 설명하려고 시도한다는 것은 이상한 역설이지만, 그러한 경험도 없이 설명하는 것은 충분치 않습니다.

언제가 선사님께서는 수련회 도중에 "자기의 업을 본다."고 말씀하셨습니다. 선사님께서 그것을 보면, 그 업의 흐름을 멈추게 하십니까, 아니면 단순히 '오직 모를 뿐인 마음'을 지키기만 하십니까?

선사님께서는 참선을 하는 도중에 "맑은 마음으로, 곧바로 나아가라."고 하시기도 하고, 어떤 때에는 "정진하고, 정진하고, 정진해야 한다."고 하시기도 합니다. 어떤 이들은 '마음을 항복 받아야 한다'

라든가 '정진'이라는 것은 지나치게 북미(北美)적이고 개인주의적이어서 시대의 조류에 역행하는 것이라고 합니다.

'맑은, 오직 모를 뿐인 마음'을 가르쳐 주셔서 감사합니다.

캐나다 밴쿠버에서 매튜 올림

매튜에게,

편지 주셔서 감사합니다. 요즈음 어떻게 지내십니까?

수계식이 좋았다니 다행입니다. 당신이 전생에 지어 놓은 수행의 업이 금생에서 이런 결과를 가져온 것입니다. 당신은 매우 드문 업을 지니고 있다고 생각됩니다. 당신은 강한 불교도의 업을 가지고 있습니다. 이 특별한 업은 원인(原因)과 연기(緣起) 그리고 결과(結果)를 통해서 돌고 돌아, 대자대비(大慈大悲)한 마음과 보살행(菩薩行)을 실현케 합니다. 이 얼마나 통쾌한 일입니까?

케터마인을 복용한 적이 있고, 그 경험이 진리라고 하였습니다. 바로 지금, 당신은 무엇을 하고 있습니까? 만약 진리를 얻었다면, 순간순간 당신이 보고 듣는 모든 것이 진리입니다.

만약 당신이 진리를 얻지 못했다면, 당신이 말한 진리는 진리가 아닙니다. 그것은 당신의 생각만의 진리입니다. 생각만의 진리는 환상입니다. 그러니 매우 조심하여야만 합니다. 환각제로 얻은 마음과 참선으로 얻은 마음은 다릅니다. 환각제로 얻은 마음은 잃어 버린 마음이고, 참선으로 얻은 마음은 맑은 마음입니다.

잃어 버린 마음이란 당신의 참된 자아를 잃어 버렸다는 뜻입니다. '색깔이 진리' 라고 생각한다면 당신은 결코 진리를 찾을 수 없습니다. 당신의 생각이 '색깔이 진리' 라고 만든 것입니다. 색깔은 어디에서 옵니까? 색깔은 존재하지 않습니다. 명(名 : 정신)과 색(色 : 물질)의 윤회(輪廻) 속에서 무언가가 변하여 색깔이 된 것입니다. 색깔은 공(空)한 것입니다. 만약 당신이 색깔에 집착한다면, 이미 당신의 참된 자기를 잃어 버린 것입니다. 이것을 우리는 한로축괴(韓獹逐塊)* 라고 합니다.

맑은 마음이란 색깔이 오면 색이 비치고, 색깔이 가면 색도 사라진다는 뜻입니다. 맑은 마음이란 당신의 참된 자기를 얻는 것을 의미합니다. 만약 당신이 색깔에 집착하지 않는다면, 당신의 참된 자기를 찾을 수 있습니다.

LSD와 케터마인은 어떤 이들에게는 도움이 될 수 있습니다. 어떤 이들은 이름[명(名)]과 모양[색(色)]에 너무나 집착하기 때문에, 특별한 약을 주어서 공(空)을 체험하게 하여, 집착을 끊게 하기가 아주 쉽습니다. 그러나 이런 방식으로 진리를 얻을 수는 없습니다. 진리를 얻기 위해서는 오직 바르게 수행하여야만 합니다.

많은 이들이 좋은 느낌에 집착하여 약을 복용하고, 더 많이 복용하

---

* 한로(韓獹)는 고대 중국의 한국(韓國)이라는 사람이 기르던 좋은 개를 지칭한다. 한로축괴라는 말은 '한로는 흙덩이를 쫓아간다' 는 뜻이다. 개에게 흙덩이를 던지면 개는 그 흙덩이를 쫓아가지만, 사자에게 흙덩이를 던지면 사자는 그 흙덩이를 던진 사람에게 덤벼든다는 고사에서 인용한 것으로, 지엽적인 문제에 집착하여 정작 사물의 본질을 보지 못하는 학인(學人)을 지칭하는 말이다. — 옮긴이 주

고, 더욱더 많이 복용합니다. 이것은 매우 위험한 일입니다. 어느 조사께서 말씀하셨습니다. "망상(妄想)의 병에 걸린 이에게는 망상의 약을 쓴다. 병이 나으면, 그 망상의 약을 버려야 한다. 그래야 본래의 인간으로 돌아온다."

많은 이들이 이름과 모양에 매우 집착합니다. 이것이 망상의 병입니다. 망상의 약은 케터마인이나 LSD 또는 마리화나 같은 것입니다. 망상의 병이 나으면, 이런 약들도 버려야 합니다. 반드시 그렇게 해야 합니다. 만약 이런 약들을 버리지 않는다면, 당신은 망상의 약이라는 병에 걸리게 됩니다. 위험천만한 일입니다. 이런 약들에 집착하면, 당신은 참된 길을 잃습니다.

수련회에서 자기의 업이 나타나는 문제에 대하여 말하였습니다. 업은 수련회에서만 나타나는 것이 아닙니다. 특별한 약을 복용하였을 때에도 나타납니다. 그리고 열심히 수행하면, 언제나 어디에서나 업이 나타납니다. 그러나 업에 대하여 걱정하지 마십시오. 당신의 업을 건드리지 말고, 오로지 곧바로 나아가십시오. 당신의 업을 안다는 것은 오직 건드리지 말라는 것을 안다는 뜻입니다.

수행은 당신의 업을 인식한다는 뜻입니다. 당신이 더욱 강하게 수행한다면 당신의 업은 당신의 생각으로 만들어졌다는 것을 인식하게 됩니다. 당신이 모든 생각을 끊어버리면, 당신의 업은 본래적으로 공(空)하다는 것을 알 수 있습니다. 우리는 이것을 일컬어 원점이라고 합니다. 이것을 알면, 아무것에도 집착하지 않는 마음을 계발하는 일이 가능해집니다. 이 말은 당신이 더 이상 자신의 업에 집착하지 않는다는 것입니다. 당신의 업은 당신을 지배하지 못합니다. 그러면 당신은 볼 수 있고, 들을 수도 있습니다. 바로 이렇게 즉여(卽如)한 것이 진리입니다. 그렇게 되면 당신은 당신의 업을 분명하고 올바르게 사용하여 일체 중생을 고통에서 제도할 수 있습니다. 그러니 업이 오건 가건, 색깔이 오든 가든, 아무런 상관이 없습니다. 아무것도 만들지 말고, 곧바로 나아가십시오. 그러면 당신의 업은 맑고 장애가 없게 되고, 당신의 업을 써서 다른 이들을 도울 수 있습니다.

정진과 항복에 대하여 말하였습니다. 만약 말에 집착한다면, 당신은 '정진'의 의미나 '항복'의 의미를 이해할 수 없습니다. 다시 말씀드리겠습니다. 오직 모를 뿐인 마음으로 곧바로 나아가십시오. 때로는 '정진하고, 정진하고, 정진하십시오.' 때로는 '아무것도 만들지 마십시오.' 때로는 '모두 내려놓으십시오.' 때로는 '자기 자신을 믿으십시오.' 이것들은 모두 가르치기 위한 말입니다. 이런 가르치기 위한 말들은 방향을 보여줄 뿐입니다. 아무런 의미도 없는 것입니다. 많은 이들이 말 병에 걸려 있습니다. 그러니 이러한 말들은 말 약입니다. 만일 말에 집착하면, 당신은 이미 실수한 것입니다. 말에 집착하지 않는다면 정진하고, 항복하고, 모두 내려놓고, 곧바로 나아가고, 맑은 마음을 지킨다는 말이 모두 같습니다. 하지만 당신이 같다고 말한다면, 나는 당신을 주장자로 때릴 것입니다. 다르다고 말하여도, 나는 당신을 때릴 것입니다. 어떻게 하겠습니까? 당신은 이미 알고 있습니다. 그래서 당신에게, 오직 모를 뿐인 마음으로 곧바로 나아가라고 말합니다. 정진하고, 정진하고, 정진하십시오.

당신의 공안 숙제를 끝내야 합니다. 언젠가는 마음의 양식(糧食)을 먹어야만 합니다. 내가 준 공안을 완전하게 풀어야 합니다. 우리의 기본적인 공안 수행에는 열 개의 문이 있습니다. 이 열 개의 문을 모두 통과하면, 당신은 아무런 장애없이 무엇이든 이룰 수 있습니다. 그러나 다 통과하지 못한다면, 당신은 항상 '모를 뿐'이라는 약을 복용해야 합니다. 이 약은 당신의 모든 업을 소화시켜 줄 것이며, 당신의 복잡한 두통을 치유해 줄 것입니다. 그러면 당신의 눈·귀·코·혀·몸·마음은 부처님같이 맑아질 것입니다. 그러면 당신은 부처님입니다! 더 이상 무엇을 원합니까?

오직 모를 뿐인 마음으로 곧바로 나아가, 모를 뿐인 마음을 떼어내 던져버리고, 모를 뿐인 위대한 사랑, 모를 뿐인 위대한 연민 그리고 모를 뿐인 위대한 보살이 되어, 일체 중생을 고통에서 제도해 주시길 빌어 마지않습니다.

숭산 합장

7 공안 수행에 대하여

꽝!!

선사님께,
선사님께서 전에 저에게 숙제로 공안을 내주셨습니다.

조주 선사는 어떤 스님이 "저는 총림에 들어온 지 얼마 되지 않았습니다. 부디 가르침을 주시기 바랍니다."라고 하기에,
"아침 죽은 먹었는가?"라고 물었다.
"먹었습니다."라고 답하자,
"그렇다면 발우(鉢盂 : 그릇)를 씻어라." 하고 말하자, 그 스님은 번뜩 깨달았다.

그 스님은 무엇을 깨달았을까? 제 답은 이렇습니다. 그 스님의 발우는 아직도 더럽습니다. 그 스님이 발우를 닦으면, 탁발(托鉢 : 걸식)을 하러 가라고 할 것입니다. 발우가 없는 스님은 손으로 밥을 먹을 것인데, 손도 없는 스님은 무엇을 할까요?

그러니 선사님께서 프라비던스에서 이곳까지 오셔서 선사님의 큰 주장자로 저를 시험하여 주십시오!

선사님께서 편지 주셔서 감사합니다. 좋은 봄날 평안히 보내십시오.

데일 올림

데일에게,

편지 주셔서 감사합니다. 당신과 린다 모두 안녕하신지요?

당신의 답은 90퍼센트만 맞습니다. 하지만 100퍼센트짜리 답을 내놔야 합니다. 당신이 폭탄을 가지고 있는데 심지가 타들어 가다가 단지 90퍼센트만 타고 쉿 소리를 내며 꺼져버리면, 그 폭탄은 터지지 않습니다. 심지가 100퍼센트 다 타면, 폭탄은 터집니다. **꽝!!**

공안도 이와 같습니다. 당신이 이 공안이나 다른 어떤 공안이더라도 100퍼센트 완전하게 알면, 당신의 마음이 폭발할 것입니다. 당신의 마음이 폭발하면, 마음조차 없어서, 허공처럼 맑습니다. 허공처럼 맑다는 것은 일체 만물이 깨끗한 거울에 비치는 것처럼 맑게 비친다는 뜻입니다. 빨간색이 오면 빨갛게 되고, 하얀색이 오면 하얗게 될 뿐입니다. 그러니 배고프면 밥 먹고, 졸리면 잘 뿐입니다. 바로 이렇게 즉여(卽如)합니다. 이것은 아주 간단합니다. 복잡하지 않습니다. 당신의 대답은 너무 복잡했습니다. 그러니 당신에게 30방(棒)을 내립니다.

다시 묻겠습니다. "그 스님은 무엇을 깨달았습니까?" 답을 하는데, 많은 말은 필요하지 않습니다. 즉여(卽如), 이것입니다.

오직 모를 뿐인 마음으로 곧바로 나아가, 아무것도 만들지 말고, 아무것도 점검하지 말고, 당신의 마음을 '꽝!' 터트려, 깨달음을 얻어, 일체 중생을 고통에서 제도해 주시길 빌어 마지않습니다.

숭산 합장

'멍 멍' 개 짖는 소리가 무(無)자 보다 낫다

선사님께,

서부해안 지역을 방문해 주셔서 고맙습니다. 많은 이들이 항상 선사님의 가르침에 감사하고 있습니다. 선사님께서 오시면 저는 항상 '내려놓고, 곧바로 앞으로 나아가고, 즉여(卽如)'를 말씀하시는 선사님의 기본적인 가르침으로 돌아갑니다. 두 달 만에 저는 이 지점으로 되돌아 왔습니다.

선사님이 떠나시면 저는 코잔 노사(老師)님께 돌아가 다른 스승님들을 방문하거나 독서를 많이 합니다. 이분들은 모두 공안과 경전에 대하여 완전히 친숙해질 것을 강조하십니다. 일시적으로 혼돈이 생겨 선사님의 기본적인 가르침들을 망각하곤 합니다. 하지만 선사님께서 동부해안에서 돌아오시기 직전에 저의 혼돈은 사라지기 시작하고, 선사님께서 도착하시면 더욱 깨끗이 사라집니다. 이런 일이 생길 때마다 새로운 가르침이 제 머리 속으로 쏙 들어오거나 머리 속으로 똑 떨어집니다. 이런 일이 UCLA에서 저의 강의를 듣는 학생들에게 제가 보다 나은 스승이 되도록 만들어줍니다. 그들은 학구적이어서 '아는' 사람에게 매력을 느낍니다. 하지만 저는 모를 뿐을 가르칠 뿐이고, 앎을 끝내는 앎을 쓸 뿐입니다.

선사님께서 오시면, 마치 손바닥을 펴는 것과 같이 편안해집니다.

선사님께서 떠나시면, 마치 주먹을 쥐는 것과 같이 갑갑해집니다. 이렇게 쥐고 펴고, 긴장하고 편안하고 하니 나쁘지 않습니다.

모든 선원들이 나날이 발전하기를 기원합니다. 선사님의 법이 가급적 많은 이들에게 전해지는 일이 매우 중요하기 때문입니다.

선사님 대단히 감사합니다.

캘리포니아 주 로스앤젤레스에서 에드 올림

에드에게,

편지 주셔서 감사합니다. 요즈음 어떻게 지내십니까? 당신의 편지는 좋지도 않고, 나쁘지도 않습니다. 하지만 내 말은 듣지를 않는군요.

내가 항상, "아무것도 만들지 말라. 그러면 당신은 모든 것을 얻을 것이다."라고 하였습니다. 하지만 당신은 언제나 무언가를 만듭니다. 왜 나를 만듭니까? 왜 코잔 노사를 만듭니까? 왜 다른 스승을 만듭니까? 왜 책 읽는 것을 만듭니까? 만일 당신이 아무것도 만들지 않는다면, 당신은 나로부터, 코잔 노사로부터, 다른 스승들로부터 또는 책들로부터 아무런 장애도 받지 않을 것입니다.

나는 항상 이 일을 염려하였습니다. 당신은 너무 현명합니다. 당신은 당신의 현명한 생각을 따르고 있는 것입니다. 당신이 말하기를, "나는 모를 뿐을 가르칠 뿐이고, 앎을 끝내는 앎을 쓸 뿐"이라고 하였습니다. 도대체 이 말이 무슨 말입니까? 당신에게 30방(棒)을 내립니다!

죽은 말을 쓰지 마세요. 당신은 참선 수행자입니다! 살아 있는 말을 쓰세요. 죽은 말은 항상 상대적인 말이고, 살아 있는 말은 즉여(卽如) 한 말입니다. 즉여한 말은 주관도 없고, 객관도 없습니다. 안과 밖이 오직 하나가 될 뿐입니다.

이것이 우리가 공안 수행을 하는 이유입니다. 공안은 낚시바늘과도 같습니다. 당신의 마음이 맑지 않으면, 미끼가 달린 바늘이 당신의 마음속에 떨어져 들어와 온갖 생각이 나오게 되고, 그 낚시바늘을 삼키면 당신은 당신의 생각에 사로잡히게 되는 것입니다. 만일 당신이 생각을 끊어 버리고 오직 모를 뿐인 마음으로 곧바로 나아가면, 낚시바늘은 깨끗한 마음으로 떨어져 들어와 깨끗한 마음에서 나갈 뿐입니다. 이렇게 하면, 당신은 공안에서 올바른 상황을 인식하게 되고, 낚시바늘은 건드리지 않게 됩니다.

한 스님이 조주 선사에게 물었습니다.
"개에게도 역시 불성(佛性 : 부처의 성품)이 있습니까?"
조주 선사가 답하였습니다.
"무(無 : 없다)!"

이 말은 아주 악질적인 말입니다! 왜냐고요? '무(無)'의 뜻이 무엇입니까? 만일 '없다' 라는 뜻이라면, 이 말은 상대를 만듭니다. 상대적인 것은 모두 생각일 뿐입니다. 만일 이 무(無)가 상대를 가지고 있지 않다면, 그 답은 아무런 의미가 없으니 진리가 아닙니다. 조주 선사는 이렇게 악질적인 말을 사용하여 제자들에게 대의심(大疑心)을 일으키도록 한 것입니다. 이것이 선사의 할 일입니다. 조주 선사는 매우 위대한 선사로, 그의 이 악질적인 말은 참선 수행에 있어서 가장 중요한 공안 중의 하나입니다.

그러니 당신은 조주 선사의 낚시바늘을 삼켜서는 안됩니다. 개에게도 역시 불성이 있을까요? 당신은 불성이 있다, 불성이 없다는 상대적인 생각을 모두 끊어버리고, 한 방(棒)!, 하나가 되십시오. 개의 올바른 상황이 무엇입니까? 아직도 알지 못한다면, 개에게 물어보아야 합니다. OK? 개가 무어라고 합니까?

내가 당신에게 마음의 양식을 숙제로 주었습니다. 조주 선사의 무자(無字) 공안은 《정안십문(正眼十門)》에 있는 열 개의 문 중에서 첫 번째 문입니다. 마음의 양식은 당신의 마음을 시험합니다. 미끼를 물겠습니까? 만약 당신이 그 열 개의 문, 열 개의 공안을 점검한다면 굶주린 마음, 탐욕스런 마음, 만족하지 못하는 마음이 나타납니다. 그렇게 되면 당신은 마음의 양식을 먹어야만 합니다. 완전히 당신의 알음알이를 소화시켜 버려야 합니다. 그러면 마음의 양식을 다 먹을 수 있습니다. 이렇게 되면 당신은 만족하는 마음, 장애없는 마음, '나—나의—나를'이 없는 마음을 얻을 수 있습니다. 만족하는 마음은 미끼를 물지 않습니다. 그러니 모든 것이 맑아지고 당신의 삶이나 공안의 어떤 상황도 분명하게 인식할 수 있고, 일체 중생을 제도할 수 있습니다.

그러므로 조주 선사의 '무(無)'는 일체 중생을 제도하는 대답인 것입니다. 포대 선사는 이렇게 말했습니다. "빛이 오면 빛을 치고, 어둠이 오면 어둠을 치고, 부처가 오면 부처를 친다." 당신은 당신의 점검하는 마음, 죽은 말을 하는 생각을 쳐야 합니다. 그러면 당신은 살아 있는 말을 써서 마음의 양식을 다 먹을 것입니다.

오직 모를 뿐인 마음으로 곧바로 나아가, 마음의 양식을 다 먹고, 깨달음을 얻어, 일체 중생을 고통에서 제도해 주시길 빌어 마지않습니다.

숭산 합장

아야!

선사님께,

　　불상(佛像)들은 돌덩어리,
　　조사(祖師)들은 똥덩어리.

어떻게 하시겠습니까?

경박한 무진 올림

무진에게,
네 혀를 잘라버리겠다. 어떻게 말을 하겠느냐?

숭산 합장

공안 수행의 의미

선사님께,

선사님께서 올 봄에 이곳을 찾아 주신다니 저와 제 남편 리처드는 선사님과의 만남을 고대하고 있습니다. 봄이면 영국으로 오시기에 아주 좋은 시기입니다. 저는 선사님을 위해 런던뿐만 아니라 옥스퍼드와 케임브리지에서 훌륭한 모임을 마련하려고 준비하고 있습니다.

선사님께서 이곳에 도착하시기 전에, 저와 연락을 취하였으면 하고 간절히 바랍니다. 그래서 우리가 서로 낯설지 않게 실질적인 접촉을 바로 시작할 수 있었으면 합니다. 선사님의 제자인 스티븐이 저에게 이렇게 시작하라고 조언을 해준 대로, 선사님의 스승이신 고봉(高峯) 선사께서 선사님께 준 공안인 '쥐가 고양이의 밥을 먹는데, 고양이 밥그릇이 깨졌다'*는 이야기부터 해보겠습니다.

선사님께서 고봉 선사님께 드린 답의 첫 부분인, "하늘은 푸르고, 풀은 파랗다."는 '참되고, 움직이지 않는 자아'에 침잠한 상태라고 여겨집니다. 이것은 실제(實際)가 있을 때 내가 존재하며, 바깥 세상 전체는 겉모습뿐인 환상입니다. 이런 세상은 우리 자신이 겉모습과 실제가 일치하지 않는다고 생각하면 더 이상 강력한 개별적인 본질들이 아니게 됩니다.

거기에는 어떤 장애도 없습니다. 상황이 어떻든 자유롭게 거기에 대처할 수 있습니다. 이러한 경지에서는 "나에게 더 이상 추구해야 할 영적 지식은 없다."는 말씀의 진실을 참으로 알게 됩니다. 단지 이렇게 즉여(卽如)하거나, 열반(涅槃), 아니면 색이 공이고 공이 색인데, 그러한 실제를 찾는데 영적인 지식이 무슨 소용이 있겠습니까? 이 경지는 지식과는 아무런 관련이 없습니다. 왜냐하면 이것은 살아 움직이게 되는 경지이기 때문입니다. 이전에는 세상이 내 자신의 소용 때문에 존재했고 그 자체는 아무런 의미도 없는 죽은 것이었습니다. 그러나 지금은 이 세상이 전적인 중요성을 지니고 일체 만물이 똑같이 중요하게 여겨집니다.

이런 경지가 처음 저에게 나타난 것은 몇 년 전이었습니다. 그 당시에는 제가 불교에 대하여 아무것도 모를 때였습니다. 푸른 빛 속에서 그런 인식이 다가왔습니다. 그리고 사흘 반 동안 지속되었습니다. 이런 상태가 영원히 지속될 것 같았지만 정작 사라져 버리자 저는 비감

* 숭산 선사와 고봉 선사 사이의 대화는 《부처님께 재를 털면》의 '숭산 선사 이야기'에 나와 있습니다.

해졌었습니다. 이 일로 하여 저는 불교를, 특히 선(禪)을 발견할 때까지 무언가를 추구하여 왔던 것입니다. 그때 이후로 그런 경지가 잠시나마 다시 저를 찾아오기는 하였지만, 이제는 그렇게 걸리지는 않습니다. 제가 처음 그런 경지를 경험한 지 이삼 년 후에 런던을 방문하고 계시던 야스타니 노사를 소개받아 제 경험을 말씀드렸습니다. 훗날 그분이 저의 이름으로 된 깨달음의 인가장을 교토에 맡겨두었다는 소식을 들었지만, 그 후로는 서로 연락이 끊겼습니다.

풀은 파랗고 하늘은 푸를 때에야 모든 것이 옳으며, 얻을 것은 아무것도 없게 되는 것입니다. 그런데 고봉 선사께서는 선사님의 답이 조금 모자란다고 하셨습니다. 제가 그 문제에 대하여 생각해보니, 선사님은 선사님의 답에서 언어를 떼어버리지 못하셨던 것 같다고 여겨집니다. 풀이 파랗다는 것에는 여전히 무언가가 남아 있습니다. 그리고 그것을 이름한다는 것은 잘못이라고 저는 생각합니다.

제가 마음속에 구축한 갖가지 층의 덧없는 세상에서 살아간다는 것은 문제가 되지 않습니다. 사실, 저는 인간이기 때문에 그렇게 살아가야만 합니다. 하지만 정작 문제가 되는 것은 제가 속한 이 세상이 근본적으로 불가사의라는 것을 실감할 수밖에 없다는 것입니다. "하늘은 푸르다."는 말씀이 모든 것을 포용하고 있다는 것에 생각이 미치면, 이 덧없는 세상에서 혼란스럽지는 않을 것입니다. 하늘은 파랗습니다.

푸르다고 말하는 것이나 그렇게 생각하는 것은 완전한 답에 근접한 것입니다. 하지만 충분히 근접한 것은 아닙니다. 얼마 전까지도 저에게 하늘은 푸르렀습니다. 하지만 지금은 그냥 그럴 뿐입니다. 그래서 선사님께서 답을 하실 때 즉여(卽如)라고 하셨고, 이것으로 선사님께서는 그 모두를 설명하셨던 것입니다. 적어도 제가 이해한 바로는 그렇습니다.

영국 런던에서 앤 올림

앤에게,
편지 주셔서 감사합니다. 당신과 당신의 남편 리처드 모두 안녕하신지요? 스티븐이 당신에 대하여 말해 주었습니다. 당신을 훌륭한 수행자라고 생각하고 있습니다.

공안에 대하여 말하였습니다. 공안은 특별한 것이 아닙니다. 당신이 무언가 특별한 것을 만들면, 당신은 무언가 특별한 것을 가집니다. 하지만 그 '특별한 것'이 당신에게 도움이 되지는 못합니다. 만일 당신이 순간순간 당신의 올바른 상황을 지키면, '쥐가 고양이 밥을 먹는' 공안이나 다른 1,700가지의 공안이 모두 아무런 문제도 되지 않습니다.

당신은 여러 번 하늘은 푸르고 풀은 파랗다고 하였습니다. 그것은 내가 그 '쥐가 고양이 밥을 먹는' 공안을 마치기 전, 나의 이해에 불과한 것입니다. 좋지도 않고, 나쁘지도 않습니다. 우리는 그것을 단지 여여(如如)라고 하지, 즉여(卽如)라고는 하지 않습니다. 즉여는 자신의 올바른 상황을 순간순간 지키는 것을 뜻합니다. 당신이 배가 고프면 무엇을 합니까? 만약 당신이 "하늘은 푸르고, 풀은 파랗다."라고 답하면, 그 답은 충분한 답이 아닙니다. 당신이 밥을 먹어야만 합니다. 이것이 당신이 배가 고플 때 지켜야 하는 올바른 상황입니다.

"단지 이렇게 즉여(卽如)하거나, 열반(涅槃), 아니면 색이 공이고 공이 색이다.", "이 경지는 지식과는 아무런 관련이 없습니다. 왜냐하면 이것은 살아 움직이게 되는 경지이기 때문입니다."라고 하였습니다. 당신에게 30방(棒)을 내립니다! 다시 입을 연다면, 당신의 혓바닥을 잘라 버리겠습니다! 당신은 단지 '즉여함'을 설명하고 있을 따름입니다. 이것을 알음알이라고 합니다. 알음알이는 당신에게 도움이 되지 않습니다. 당신은 '즉여함'을 얻어야만 합니다. "풀이 파랗다는 것에는 여전히 무언가가 남아 있다"라고 하였습니다. 이 말은 당신이 무언가에 집착한다는 뜻입니다. 말에 집착하는 것과 말을 쓰는 것은 다릅니다. 말에 집착한다는 것은 당신에게 장애가 있다는 말입니다. 말을 쓰는 것은 오로지 다른 이들을 위하여 대자대비(大慈大悲)의 마음을 갖는 것입니다. 이것이 위대한 보살도(菩薩道)입니다.

예를 듭니다. 당신이 종(鐘)을 가지고 있다고 합시다. 질문은 이렇습니다.
"이것은 종입니까, 아닙니까?" 만일 당신이 종이라고 대답한다면, 당신은 이름과 모양에 집착하는 것입니다. 만일 당신이 종이 아니라고 대답하여도, 당신은 공(空)에 집착하는 것입니다. 어떻게 하시겠습니까?

아마도 당신의 대답은 침묵하는 것일 겁니다. 이것은 선원(禪圓)에서 180도의 경지입니다. 이것은 꿈속에서 벙어리가 된 것과 같은 경우입니다. 그러면 아마도 당신은 방바닥을 치거나, "할(喝)!"이라고 고함을 지르는 것으로 대답하려 할지도 모르겠습니다. 이것은 선원에서 180도의 경지이지만, 그래도 대답이 되지는 못합니다. 당신은 오직 하나만 알지, 둘은 모르는 것입니다.

그러면 당신은 이렇게 대답할지도 모릅니다. "하늘은 푸르고, 풀은 파랗습니다." 또는 "벽이 하얗습니다." 혹은 "종이 노랗습니다." 좋지도 않고, 나쁘지도 않습니다. 이 모든 대답은 진실이기는 합니다. 그래서 우리는 이런 종류의 대답을 '여여(如如)한' 답이라고 합니다. 하지만 이런 대답이 과연 질문에 맞는 답일까요? 이것은 마치 오른발이 가려운데 왼발을 긁는 것과 같은 것입니다.

이것은 종입니까, 아닙니까? 당신과 종의 관계는 무엇입니까? 집어 들어 종을 치세요. 말은 필요없습니다. 이것이 즉여(卽如)입니다. 주관도 없고, 객관도 없습니다. 안과 밖이 하나가 됩니다. 당신은 자신의 올바른 상황을 인식하고 합당하게 행동한 것입니다.

야스타니 노사를 만났으며, 그가 교토로 당신의 인가장을 보냈다고 하였습니다. 훌륭한 일입니다.

당신에게 공안을 주겠습니다.

덕산탁발(德山托鉢)

어느 날 덕산(德山) 화상이 발우를 받쳐들고 방장에서 나왔다. 그런데 설봉(雪峰)이 "이 늙은이, 종도 북도 울리지 않았는데 발우를 가지고 어디로 가시는 것이오?"라고 물으니, 덕산은 그대로 방장으로 되돌아가 버렸다.

설봉은 이 일을 암두(巖頭)에게 말하였다. 암두는 "덕산 같은 대단한 분이 아직도 '말후구(末後句)'를 알지 못하시는군."

덕산이 이것을 듣고 시자에게 암두를 불러오게 하여 물었다. "너는 이 노승을 수긍하지 않는다는 것이냐?" 암두는 그 속뜻을 은밀히 덕산에게 여쭈었다. 그러자 덕산은 더 이상 아무 말도 하지 않았다.

그 다음날 법좌에 오른 덕산은 과연 평소와는 달랐다.

암두가 법당 앞에 와서 손뼉을 치고 크게 웃으며 말하였다. "아, 기쁜 일이다. 이 늙은이도 '말후구'를 아시는구나. 이후로는 천하의 어떤 사람도 저분을 어찌지 못하리다."

당신이 이 공안을 알게 되면 나에게 답을 주십시오. 그러면 당신은 즉여(卽如)를 안 것이고 쥐가 고양이 밥을 먹은 공안도 안 것입니다. 하지만 이 공안을 알지 못하면, 즉여와 쥐 공안도 알지 못한 것입니다. 오직 모를 뿐인 마음으로 곧바로 나아가십시오.

당신의 알음알이를 점검하지 마십시오. 아무것도 점검하지 마십시오. 좋은 답, 나쁜 답 또는 답하지 않음, 이 모든 것은 아무 상관도 없습니다. 당신은 자기 자신을 얼마나 믿습니까? 이것이 매우 중요합니다. 당신이 자기 자신을 100퍼센트 믿으면 당신이 보고 듣는 모든 것이, 당신이 냄새맡고 맛보고 만지는 그 모든 것이 그대로 즉여(卽如)한 진리입니다. 이것이 살아 있는, 참된 공안입니다.

오직 모를 뿐인 마음으로 곧바로 나아가, 당신 자신을 100퍼센트 믿고, 위대한 보살이 되어, 일체 중생을 고통에서 제도해 주시길 빌어 마지않습니다.

숭산 합장

머리는 용, 꼬리는 뱀

선사님께,

안녕하셨습니까? 지난번에 보내주신 편지에서 선사님께서는 "보리달마(菩提達摩)는 왜 수염이 없는가?"라고 다시 물으셨습니다. 선사님께서는 저에게 보리달마의 그림을 구해 그분이 항상 수염을 기르고 있다는 것을 확인하라고 하셨습니다. 제가 마지막으로 보내 드린 편지에 90퍼센트짜리 답을 드렸지만, 공안이라는 폭탄은 폭발하지 않았습니다. OK.

보리달마는 왜 수염이 없는가?
수염.

이것은 물론, 어둠 속에서 희미하게 반짝이는 섬광이지만, 공(空)한 답이 곧 나오기를 기대하고 있습니다. 좋은 일자리를 구하기 위해 전기공학을 공부해야 하기 때문에, 제가 전에 의도했던 것처럼 많은 시간과 노력을 선사님께서 주신 공안에 쏟아부을 수가 없습니다. 전기공학을 공부하는 것도 참선 수행을 하는 것만큼이나 가치를 인정합니다. 그래서 저는 전기공학을 성실한 열정과 솔직성을 가지고 공부해 가고 있습니다. 하지만 저의 내면에는 공안으로 되돌아가고자 하는 필요를 느끼고 있습니다. 그러나 조만간 이 문제도 해결될 것입니다. 조사님들께서 하신 것처럼 저도 일체 유정(有情)을 돕고 싶습니다.

말이 너무 많았습니다! 저와 린다는 선사님의 편지를 다시 받게 되기를 고대하고 있습니다. 건강 조심하시고, 일체 중생에게 가피가 있기를 기원합니다.

웨스턴 펜실베니아에서 데일 올림

데일에게,
편지 주셔서 감사합니다. 당신과 린다 모두 안녕하신지요?
당신의 편지에는 기(氣)가 넘치지만, 공안에 대한 당신의 답에는 아무런 기도 없습니다. 어떻게 된 일입니까? 당신 자신을 100퍼센트 믿어야 합니다. 지금 무엇을 하고 있습니까? 당신이 지금 무슨 일을 하고 있다면, 그것을 해야 합니다. 이것이 당신의 올바른 상황입니다. 이것이 맑은 마음입니다. 이것이 바로 모를 뿐인 마음입니다. 당신은 공안이 당신의 삶이나 당신의 직업과는 별개의 것이라고 생각하고 있습니다. 이 공안· 오직 모를 뿐인 마음· 맑은 마음· 당신의 직업· 당신의 삶, 이 모든 것이, 한 방(棒)! 하나가 됩니다. 바로 지금, 당신은 무엇을 하고 있습니까?

시간이 없어서 공안을 가지고 공부할 수 없다고 하였습니다. 아주 나쁜 소리입니다! 모든 공안은 각기 나름의 올바른 상황을 지향하는 것입니다. 그러니 언제 어디에서도 순간순간 당신의 올바른 상황을 지킨다면, 매일매일 일상의 모든 상황이 맑아집니다. 그러면 당신의 마음을 시험하는 어떤 공안이라도 바로 지금 당신의 상황이 되는 것이고, 당신의 마음 역시 맑아질 것입니다.

전기공학을 공부하고 있다고 하였습니다. 이것이 선(禪)입니다. 전기 에너지는 어떤 것으로도 전환됩니다. 어떤 때에는 뜨겁게도 만들고, 어떤 때에는 차게도 만들고, 또 어떤 때에는 바람을 만들기도 하고, 빛도 만들고, 정확한 시간을 가르쳐 주기도 하고, 때로는 요리를 하기도 합니다. 이렇게 변형되는 본래의 에너지는 이름도 없고 모양도 없습니다. 그러니 이 에너지는 마치 당신의 마음과 같습니다. 만일 당신이 어느 한 가지 형태의 전기를 이해한다면 전기의 실체도 이해할 수 있습니다. 당신이 전등을 보면, 그 빛이 어디에서 오는 것인지 압니까? 빛은 전기 에너지이고, 전기 에너지가 빛입니다. 전기 에너지는 우리 일상적인 삶의 한 부분입니다. 마찬가지로 순간순간의 올바른 행위가 당신의 참된 자아이며, 맑은 마음이고, 진리입니다. 그러니 당신이 전기를 보고 올바른 길을 배울 수 있다면, 어떤 공안도 당신을 막을 수 없을 것입니다.

숙제에 대한 당신의 답은 '수염'이었습니다. 한데 이 공안은 공격적인 공안입니다. 당신 자신을 어떻게 방어할 수 있겠습니까? 공격해야만 합니다!
독참에서, 스승이 제자에게 물었습니다.
"저 벽은 무슨 색이냐?"
"하얗습니다."
그러자 스승이 다시 물었습니다.
"맞느냐?"
만약 당신이 여기에서 주저하면, 당신은 이미 죽은 목숨입니다. 낚시와 같은 것입니다. 당신은 공격을 하여야 합니다! 스승이 "맞느냐?" 하고 물으면, 당신은 "배고프세요?" 하고 대답해야 합니다.

만일 당신이 어린아이에게 "1 더하기 2는 얼마지?" 라고 물으면, 아이는 "3."이라고 답합니다. "그게 맞아?" 하고 되물으면, "예, 맞아요." 하고 대답할 것입니다. 아이는 자기 자신을 믿기 때문에 자신을 점검하지 않습니다.
"1 더하기 2는 3이 아니란다……"
"3이 맞아요. 선생님이 그렇게 말씀하셨어요!" 어린 아이의 마음은 움직이지 않습니다. 말이나 생각에 걸리지 않습니다.

　벽을 향해서 공을 힘껏 던져보십시오. 다시 강하게 튕겨 나올 것입니다. 천천히 던지면, 천천히 튕겨 나옵니다. 만약 스승이 검을 치켜들면, 당신도 검을 치켜들어야 합니다! 이것이 비추어진 행위입니다. "저 벽은 무슨 색이냐?"라고 스승이 묻습니다. 이 질문은 무서운 질문입니다!
　"이미 알고 계십니다."
　"모른다."
　"모른다고요? 그러면 제가 가르쳐 드리죠. 흰색입니다!" 당신은 당신 자신을 100퍼센트 믿어야 합니다!

　당신이 무엇인가를 하고자 하면서도 실제로 하지 않는 것은 당신이 자신을 믿지 않기 때문입니다. 머리는 용의 머리이지만 꼬리는 뱀의 꼬리인 것입니다. 그러니 오직 모를 뿐인 마음으로 곧바로 나아가, 자신의 일상생활을 100퍼센트 믿고, 깨달음을 얻어, 일체 중생을 고통에서 제도해 주시길 빌어 마지않습니다.

숭산 합장

이미 죽었다

선사님께,

선사님의 방문, 선사님의 가르침, 선사님의 선물 등등에 감사드립니다. 이 모든 것이 제가 강하게 수행할 수 있게 한 커다란 힘이었습니다.

선사님께 몇 가지 질문이 있습니다.

1. 선사님께서는 여기에 한 벌의 가사와 법(法. Dharma)을 남기고 가셨습니다. 가사는 이제 선사님께 보내드립니다만, 법은 이곳 베를린에 남겨져 있습니다. 그러니 요즈음의 선사님은 법이 없는 선사이십니다. 이제 어떻게 가르침을 계속하시겠습니까? 저희가 그 법을 큰 불 속에 던져 버렸으니, 더 이상 법도 없이 선사님은 무엇을 하실 수 있습니까?

2. 이것을 간직하십시오(편지를 쓴 이가 껍질을 깐 해바라기 씨를 테이프로 붙여 동봉하였다). 일주일이 지나면 그 씨는 지구의 백만 배나 되는 크기로 자랄 것입니다. 선사님께서는 내년에 다시 오실 때 어떻게 그것을 저에게 돌려 주시겠습니까? 질문은 사양합니다!

3. 770과 007 사이의 차이는 무엇입니까? 그것들은 같습니까, 다릅니까?

다시 한 번, 선사님께서 저희들에게 베푸신 모든 것에 깊이 감사드립니다. 행운을 기원합니다.

여행 잘 하시고, 건강에 유의하십시오.

베를린에서 클라우스 다이터 올림

클라우스에게,

편지와 가사를 보내 주어 감사합니다. 당신과 스테츠 선생 그리고 가족 모두와 당신 선원의 법우들 모두 다 안녕하신지요? 그곳의 선원은 아주 좋았으며, 모두들 열심히 수행하고 있었습니다. 매우 훌륭합니다. 몇 가지 질문을 하였습니다. 여기 답이 있습니다.

1. "선사님께서는 여기에 한 벌의 가사와 법(法. Dharma)을 남기고 가셨습니다. 가사는 이제 선사님께 보내드립니다만, 법은 이곳 베를린에 남겨져 있습니다. 그러니 요즈음의 선사님은 법이 없는 선사이십니다……"라고 하였습니다.

하지만 클라우스 씨, 나에겐 본래 법이 없습니다. 그러니 내 법을 어떻게 잃을 수 있겠습니까? 만일 당신이 거기에서 어떤 종류의 법이건 그것을 찾았다면, 그 법은 당신의 법이지 나의 법은 아닙니다! 그러니 당신의 법을 잘 간수해야만 합니다. OK?

2. "이것을 간직하십시오. 일주일이 지나면 그 씨는 지구의 백만 배나 되는 크기로 자랄 것입니다. 선사님께서는 내년에 다시 오실 때 어떻게 그것을 저에게 돌려주시겠습니까? 질문은 사양합니다."라고 하였습니다.

당신에게 30방(棒)을 내립니다! 어떻게 하겠습니까? 선(禪)은 '아무것도 만들지 않는다'는 뜻입니다. 하지만 당신은 무언가를 만듭니다. 육조(六祖)께서 말씀하시기를 "본래 한 물건도 없는데, 어느 곳에 티끌과 먼지 있으리요."라고 하셨습니다. 클라우스 씨, 이 세상은 완전한 정적(靜寂)입니다. 그러면 이것(숭산 대선사께서는 같은 해바라기 씨를 답장에 테이프로 붙여 동봉하였다.)은 어디에서 왔을까요?

3. 다음, "770과 007 사이의 차이는 무엇입니까? 그것들은 같습니까, 다릅니까?"라고 물었습니다.

먼저, 770은 007입니다. 다음, 770도 없고 007도 없습니다. 세 번째, 770은 770일 뿐이고 007은 007일 뿐입니다.

어느 답이 마음에 듭니까? 당신이 이 중에서 어느 하나가 마음에 든다고 대답하면, 당신을 30방망이 때립니다! 어느 하나가 마음에 들지 않는다고 하여도, 당신을 30방망이 때립니다!

베를린에서 당신에게 숙제를 주었습니다. '부처님께 재를 터는' 공안입니다. 그것을 끝냈습니까? 나에게 말하세요! 말하세요! 만약 답을 알지 못했다면, 오직 모를 뿐인 마음으로 곧바로 나아가십시오, 만년 동안 논스톱으로. OK?

허공처럼 맑은, 오직 모를 뿐인 마음으로 곧바로 나아가, 곧 숙제를 마치고, 깨달음을 얻어, 일체 중생을 고통에서 제도해 주시길 빌어 마지않습니다.

숭산 합장

선(禪)과 기독교

선사님께,

저희 두 사람은 뉴헤이븐에서 있었던 사흘 간의 용맹정진에서 선사님을 뵙고 함께 모시고 수행하게 되어 얼마나 환희로웠는지 몰랐다는 말씀을 다시 한 번 드리고 싶습니다. 비록 짧기는 하였지만 저에게 그런 기회를 주셔서 깊이 감사드리며, 그 기회가 앞으로 있을 많은 만남의 시작이기를 기원합니다.

선사님께 드리고 싶은 조그마한 책이 한 권 있다고 말씀드렸는데, 이번에 그 책을 보냅니다. 이 책은 영국에 신교가 들어오기 이전 수행이 생생하게 살아 있던 5~6백 년 전의 묵상(默想) 기도문에 관한 소책자입니다. 이 책의 제목인 《무지(無知)의 구름》*과 이 제목이 가

* 이 책은 1997년 국내에 번역 출간되었다. — 옮긴이 주

리키는 바가 선사님께 흥미로울 것으로 생각되었고, 이 책의 몇 구절은 수년 간 제게 너무 아름답고 교훈적이었기 때문에 권해 드립니다.

몇 주 동안을 여행으로 보냈습니다. 뉴욕에도 갔었고 시 낭송회와 모임들에 참석하기 위해 학생들과 함께 뉴잉글랜드의 구석구석을 돌아다니기도 하였습니다. 저희는 가능한 모든 시간을 수행하는 데 썼습니다. 그리고 선사님의 말씀을 지니고, 그 말씀과 제가 함께 사라져 버리게 되는 경지에 이르기까지 그 말씀과 하나가 되려고 노력해왔습니다. 모를 뿐입니다. 이곳이 제가 숙제를 하면서 이 순간에 도달한 곳입니다. 하지만 죄송하다는 말씀은 드리지 않겠습니다. 그것이 지금 현재의 '부처님께 재를 터는' 공안에 대한 답입니다. 때때로 그 공안에 대한 답을 알았다고 생각했었습니다. 하지만 그것은 생각이었습니다. 답에 집착하지 않는다고 하면서도, 아직도 생각에 집착하고 있습니다. 그래서 저는 모릅니다.

일체 중생을 구원하기 위해 건강에 조심하시고, 좋은 여름 보내시길 기원합니다.

뉴욕 주 뉴욕에서 윌리엄 합장

윌리엄에게,

당신과 다나 모두 안녕하신지요? 편지와 책을 보내 주셔서 감사합니다. 답장이 늦어서 미안합니다. 프라비던스에서 다시 내게로 보낸 편지가 얼마 전에야 도착했고, 성대하게 치러진 불탄일(佛誕日) 법회

그리고 로스앤젤레스와 버클리에서의 용맹정진으로 너무 바빠 틈이 없었습니다.

부처님께서는 길을 가다가 옷깃을 스치는 것도 오백 생(生)의 인연 때문이라고 하셨습니다. 그러므로 우리가 사흘 동안이나 함께 수행하고, 밥 먹고, 생활한 것은 아주 많은 생을 두고 우리가 서로 만난 적이 있을 뿐만 아니라 지속적으로 만나고 있다는 것을 의미합니다. 아주 강한 업을 함께 하고 있는 것입니다. 그리고 이 인연은 내생(來生)에도 그치지 않을 것입니다. 우리는 다시 만나고, 또 만나고, 영겁의 세월을 두고 만날 것입니다. 그렇지만 당신과 나 그리고 우리의 모든 법우(法友)들은 이것을 명심해야만 합니다. 우리의 방향이 무엇인가? 매우 중요한 물음입니다. 당신과 나 그리고 우리의 법우들이 같은 업을 함께 나누고 있다는 것은 우리의 방향이 깨달음을 얻어, 삶과 죽음이라는 일대사(一大事) 인연을 마치고, 일체 중생을 고통에서 제도하는 것을 의미합니다. 이것이 우리의 위대한 서원(誓願)입니다. 허공이 무한한 것처럼, 중생도 무한합니다. 그러니 우리의 위대한 서원도 무한합니다. 우리 모두는 위대한 보살의 길이라는 대양(大洋)에 들어선 것입니다.

《무지(無知)의 구름》이라는 책에 대하여 이야기하였습니다. 그렇습니다. 어떤 기독교 신비주의는 선의 가르침과 유사한 방식으로 이야기합니다. 하지만 대부분의 기독교 신비주의는 신(神)과 인간 사이의 장벽을 허물지 못했습니다. 어떤 이는 "신을 비롯한 일체 모든 것을 버려버려라."고 말합니다. 이런 스타일의 말은 선(禪)과 유사하긴 하지만, 한 걸음 더 나아가야만 합니다. 당신이 신을 버리려 해도, 여전히 당신에겐 '버려진 신'이 있지 않습니까?

워싱턴 D.C.의 성공회 사제인 제자 한 사람이 있습니다. 가끔 그는 프라비던스 선원에 우리와 함께 좌선을 하러 오곤 합니다. 그의 초청으로 가끔 내셔널 성당에서 법문을 하는데, 그 자리에는 목사님이나 카톨릭 신부님들도 오셔서 참선 수행이나 공안에 대하여 독참을 합니다. 어떤 이들은 신과 자기들의 참된 자기가 하나가 된다고 말하기도 하고, 또 어떤 이들은 신을 버리는 것을 말하기도 합니다. 이것은 그들이 여전히 신을 가지고 있다는 것을 의미합니다. 나는 그들에게 이렇게 말합니다.

"당신들의 신을 죽이지 못하면, 결코 참된 신을 알 수 없습니다. 참된 신은 이름도 모양도 없으며, 말도 문자도 없습니다. 많은 이들이 각기 자기들의 마음속에 신을 만듭니다. 그래서 그들은 참된 신을 알 수 없는 것입니다. 당신들은 당신들의 신을 죽여 버려야 합니다. 그러면 참된 신을 알 수 있습니다. 그렇게 하면, 선(禪)과 기독교는 하나입니다." 이렇게 그들에게 한 걸음 더 나아가라고 이야기해 주었습니다.

칠백 여 년 전 중국에 사셨던 고봉(高峰) 선사의 즉여(即如)의 공안이 있습니다. 고봉 선사는 제자들의 마음을 시험하기 위해 세 가지 문을 만들었습니다.

고봉삼관(高峰三關)

제1관 : 밝은 해가 허공에 높이 떠 비추지 않는 곳이 없는데, 무엇 때문에 조각 구름의 가림을 당하는가?
　이 공안을 안다면 당신은 부처, 하느님, 진리, 삶, 업 등 모든 것을 알게 될 것입니다.

제2관 : 사람마다 모두 각기 그림자가 있어 한 치도 떨어지지 않는데, 어떻게 그 그림자를 밟지 않을 수 있는가?
　이 공안을 안다면, 당신이 어떤 행위를 하여도 아무런 문제가 없을 것입니다.

제3관 : 온 세상이 모두 불구덩이인데, 어떤 삼매(三昧)를 얻어야 그 불에 타지 않겠는가?

　매우 유명한 공안입니다. 시간이 있으면, 참구(參究)해 보십시오. 좋은 답을 보내주길 기대합니다. 만일 이 공안을 마치면, 당신은 어느 곳에도 갈 수 있고, 어디에나 머무를 수 있습니다.

　당신은 여행하고 책을 읽느라 아주 바쁜 분입니다. 하지만 당신의 머리를 잃어서는 안됩니다. 만일 당신의 머리를 찾고자 한다면, 당신은 바보입니다. 내 말과 하나가 되려고 노력해왔다고 하였습니다. 이미 잘못을 저지른 것입니다. 모두 내려놓으십시오!

그리고 당신에게 준 숙제에 대해서입니다. 당신은 오직 모를 뿐이라고 했습니다. 훌륭합니다! 이 '모를 뿐'이 어떤 선사보다도 더 낫고, 하느님이나 부처님보다도 더 낫습니다. 당신의 마음을 점검하지 마십시오. 당신의 느낌을 점검하지 마십시오. 아무것도 점검하지 마십시오.

오직 모를 뿐인 마음으로 곧바로 나아가, 만 년 동안 논스톱으로 정진하고 정진하고 정진하여, 곧 당신의 숙제를 마치고, 깨달음을 얻어, 일체 중생을 고통에서 제도해 주시길 빌어 마지않습니다.

숭산 합장

거울에 비친 얼굴

선사님께,

선사님께서 편지를 주셔서 대단히 감사합니다. 선사님의 편지는 마치 여명(黎明) 속의 태양과 같았습니다.

오늘 밤 저는 아이스크림 뚜껑에서 부처님을 보았습니다.

제가 적은 첫 문단과 둘째 문단 사이를 쳐다봅니다. 거울 속의 얼굴이 꼭 제 얼굴 같아 보입니다. 저것은 무엇일까요?

선사님과 프라비던스 선원의 대중 모두가 즐거운 크리스마스를 보내고 새해 복 많이 받으시기를 기원합니다.

스코틀랜드 핀드혼에서 제인 올림

제인에게,

당신이 보낸 멋진 편지에 감사드립니다.

거울을 보며 "저게 누구야?"라고 말했다고 하였습니다. 거울에 비친 당신의 얼굴이 있고, 또 당신의 실제 얼굴이 있습니다. 당신에게 묻겠습니다. 거울에 비친 얼굴과 당신의 얼굴, 어느 것이 올바른 얼굴입니까? 이 두 얼굴은 같습니까, 다릅니까?

만약 당신이 "같다."고 답하면, 나는 당신의 뺨을 때릴 것입니다. 그러면 아마 당신은 "아야!" 하고 비명을 지르겠지만, 거울 속의 얼굴은 아무것도 느끼지 못할 것입니다. 만약 당신이 "다르다."고 답하면, 당신에게 이렇게 말할 것입니다. 당신이 태어나기 전, 당신의 얼굴은 공(空)입니다. 당신이 죽으면, 당신의 얼굴은 공(空)이 될 것입니다. 그러니 당신의 얼굴은 공(空)입니다. 그리고 거울에 비친 얼굴도 공(空)입니다. 그러므로 거울에 비친 얼굴과 당신의 얼굴은 같습니다.

다시 한 번 묻겠습니다. 그것들은 같습니까, 아니면 다릅니까? 만약 당신이 "같다."고 대답하여도, 당신의 본래면목(本來面目)을 알지 못하는 것입니다. 또한, "다르다."고 대답하여도, 당신의 본래면목(本來面目)을 알지 못한 것입니다. 무엇이 당신의 본래면목입니까?

먼 옛날, 어느 조사께서 말씀하셨습니다. "선(善)도 생각하지 말고, 악(惡)도 생각하지 말라. 바로 그러할 때, 어떤 것이 너의 본래면목인가?" 이것은 유명한 공안입니다. 아무것도 만들지 마십시오. 그러면 당신의 본래면목뿐만 아니라 모든 것을 알 수 있습니다. 오직 모를 뿐인 마음으로 곧바로 나아가십시오.

허공처럼 맑은, 오직 모를 뿐인 마음으로 곧바로 나아가, 곧 당신의 본래면목을 알고, 깨달음을 얻어, 일체 중생을 고통에서 제도해 주시길 빌어 마지않습니다.

숭산 합장

한 걸음 더

선사님께,
저 달은 이름이 없습니다.

스튜어트 올림

스튜어트에게,
"저 달은 이름이 없습니다." 라고 하였습니다.
그러면 무엇이지요?

숭산 합장

8 함께하는 수행

혼자만의 수행

존경하는 숭산 선사님께,

선사님의 편지와 보내 주신 대비(大悲) 관세음보살(觀世音菩薩) 그림 모두 잘 받아 보았습니다. 이렇게 마음을 써 주셔서 너무나 감사합니다.

드릴 말씀이 있습니다. 다른 선원에서 수행한 적이 있었는데, 당시 저는 거의 제 정신이 아니었고, 엄청난 혼돈과 고통을 겪었습니다. 지난 주말에는 롱아일랜드에 있는 밥의 집에서 열린 용맹정진에 참가하였는데, 다른 사람들과 함께 수행하는 것이 저에게는 너무 힘들다는 것을 알았습니다. 마치 어떤 높은 장벽에 가로막혀 발버둥치는 것 같아, 사람들이 아주 낯설게 여겨지고, 그래서 실제로 적절하게 행동하면서 사람들의 특별한 관심을 끄는 것이 저에게는 불가능했습니다. 저도 이런 일이 다른 사람들에게도 좋지 않다는 것을 알고 있습니다. 하지만 도저히 그렇게는 할 수가 없을 뿐만 아니라 어떻게 해야 좋을지도 모르겠습니다.

선사님께서는 다른 이들과 더불어 수행하면 저의 나쁜 업을 고치는 데 도움이 될 것이라고 하셨습니다. 그렇지만 제가 줄 수 있는 것보다

제가 받게 되는 것이 훨씬 더 많을 것 같아 그것들이 모두 저에게 큰 부담이 될 것으로 느껴집니다. 바로 이런 이유로 저는 혼자 살며 홀로 수행하는 것입니다. 제 스스로 균형을 유지하는 것이 저에게는 매우 중요한 일입니다.

조지 바우먼은 우리들 중 아무도 특별하지 않고, 특별히 좋거나 특별히 나쁘지도 않다고 말하지만, 저는 다른 사람들과는 아주 다르게 느껴집니다. 이상한 일이죠. 저 자신도 알 수가 없습니다. 죄송합니다. 저 혼자 수행을 계속해야만 한다고 느끼고 있습니다.

염려해 주셔서 감사합니다.

뉴욕 주 뉴욕에서 가일 올림

가일에게,

편지 주셔서 감사합니다. 요즈음 어떻게 지내십니까?

당신의 편지를 읽어 보았습니다. 그런 생각을 나는 압니다. 당신 혼자만 그런 업을 가진 것은 아닙니다. 많은 수행자들이 혼자 수행하기를 좋아합니다. 그것은 좋은 것도 아니고, 나쁜 것도 아닙니다. 아주 안 하는 것보다는 더 낫습니다. 하지만 혼자 수행하면 수행이 진전을 이루지 못합니다. 당신이 혼자 수행할 때에는 당신의 견해, 당신의 상황 그리고 당신의 조건에 대한 전체적인 조망을 할 수 없습니다. 당신의 생각만 강해질 뿐입니다. 당신은 아마도 진전을 이룬다는 것을 스스로 알지는 못할지도 모르겠습니다. 당신이 다른 이들과 함께 수행하면, 당신의 업을 볼 수 있습니다. 단지 자신의 업을 보는 것만으로도 업을 소멸시킬 수 있습니다.

　선(禪)은 아무것에도 걸리지 않는다는 뜻입니다. 당신이 무언가에 걸리거나, 무언가를 만들거나, 무언가에 집착한다면, 당신은 선을 수행하는 것이 아닙니다. 당신이 그런 식으로 수행을 한다면, 온 생애를 다 바쳐 수행한다 하더라도, 결코 깨달음을 얻거나 자기의 참된 자아를 알 수는 없습니다. 그러므로 당신의 생각과 당신의 느낌을 모두 내려놓는 일이 매우 중요합니다. 당신은 무엇입니까? 모르면, 오직 모를 뿐인 마음으로 곧바로 나아가십시오.

　당신은 항상 '내 느낌', '누군가의 느낌', '내 마음', '누군가의 이해'를 점검하고, 점검하고, 또 점검합니다. 이것이 당신이 당신의 문제를 만드는 방식입니다. 당신은 다른 사람들을 도울 수가 없고, 다른 사람들에게 짐이 된다고 하였습니다. 다른 이들에 대하여 걱정하지 마십시오. 다른 이들과 함께 수행하면, 당신의 좋고 나쁜 행동이 이미 다른 이들에게 도움이 됩니다. 우리는 이것을 함께 하는 행동이라고 합니다.

　함께 하는 행동은 감자를 씻는 것과도 같습니다. 한국에서는 감자를 씻을 때 한번에 하나씩 씻지 않고 감자를 전부 물이 가득 찬 통 속에 넣습니다. 그런 다음에 막대기를 통 속에 집어넣고 저어줍니다. 이렇게 저어주면 감자들끼리 서로 부딪히며 마찰하면서 겉에 딱딱하게 묻어 있던 흙이 씻기게 되는 것입니다. 만약 감자들을 한번에 하나씩 씻으면 하나를 씻는 데도 오랜 시간이 걸릴 뿐만 아니라 한번에 하나의 감자밖에 씻을 수 없는 것입니다. 하지만 모두 같이 넣고 씻으면,

감자들이 서로를 씻어주는 것입니다.

우리가 함께 절하고, 염불하고, 좌선하며 수행하는 것과 모두 함께 생활하는 것은 많은 감자들이 서로 부딪히며 서로를 깨끗하게 씻어주는 것과 같습니다. 때로 아침에 피곤하면 잠자리에서 일어나고 싶지 않거나, 일을 마친 뒤에 그저 텔레비전이나 보고 싶을 수도 있습니다. 그렇지만 선원에서 생활하게 되면, 반드시 다른 이들과 같이 수행해야 합니다. 당신의 감정을 내려놓고 함께 행동하여야만 합니다. '함께 하는 행동'의 뜻은 탐욕과 분노 그리고 어리석음이라는 나쁜 업이 당신을 조정하지 못하게 한다는 의미입니다.

어떤 때에는 다른 이들과 부딪힐 것입니다. "나는 절을 하고 싶지 않아!" "나는 너무 피곤해서 그릇은 못 닦겠어!" 하지만 얼마가지 않아 당신은 단지 자신의 나쁜 업과 부딪히고 있다는 것을 알게 됩니다. 만일 당신이 혼자 있으면, 당신의 생각에 걸리기 쉽습니다. 당신이 다른 이들과 따로 떨어져 있으면, 당신의 생각과 견해가 점점 강하게 자라납니다. 그러면 당신의 마음은 편협하고 꽉 막히게 되어 결국 많은 벽을 만들게 되는 것입니다.

선(禪)은 안과 밖이 하나가 되는 것을 뜻합니다. 이것은 언제나 당신과 당신의 올바른 상황이 하나로 된다는 뜻입니다. 당신이 다른 이들과 함께 수행하면, 당신이 올바른 상황을 볼 수 있도록 도와줍니다. 그러면 당신의 생활은 단순하고 맑게 됩니다. 당신의 생각의 벽은 점점 얇아지고 곧 소멸되어 버립니다. 그러면 당신이 보고 듣는 모든 것이 그대로 진리이고 있는 그대로의 즉여인 것입니다. 누군가 행복해

하면, 당신은 그들과 함께 행복합니다. 누군가 슬퍼하면, 당신은 그들의 슬픔을 그대로 받아들이고 그들을 돕습니다. 이것이 바로 자유(自由)라고 하는 것입니다. 또한 이것이 대자대비(大慈大悲)이며 위대한 보살도(菩薩道)입니다.

혼자 하는 수행은 당신 스스로의 벽을 만들 뿐입니다. 언제 당신의 조그마한 벽 속에서 나오시겠습니까? 이 우주는 몹시 광활하며, 시간과 공간은 무한합니다. 그러니 당신만의 '공간'과 당신만의 '시간'을 만들지 마십시오. '나―나의―나를'을 내려놓으십시오. 오로지 정진하고, 정진하고, 정진하십시오. 이것이 아주 중요합니다. 처음에는 매우 힘이 들 것입니다. 하지만 당신이 당신의 마음을 점검하지 않으면, 당신의 느낌을 점검하지 않으면, 당신의 알음알이를 점검하지 않으면, 아무런 문제도 없습니다. 생각은 왔다가 가는 것입니다. 그대로 놓아두십시오.

당신이 올바르게 수행하고 강해지면, 당신의 악마(惡魔)도 강해질 수 있습니다. 함께 하는 수행이 어렵다는 것은 당신의 법(法)과 당신의 나쁜 업이 함께 강해졌다는 뜻입니다. 그럴 때에는, 당신은 인내하면서 오직 모를 뿐인 마음으로 곧바로 나아가야만 합니다. 당신은 승리할 것입니다. OK? 그러나 당신의 악마가 당신의 법보다 더 강해지면, 당신의 인내심은 약해지고 제 정신이 아니게 됩니다. 그러니 당신은 정진하고, 정진하고, 정진하여야만 합니다. 정진하는 마음을 굳게 지키면, 당신은 위대한 여성이 될 것입니다.

오직 모를 뿐인 마음으로 곧바로 나아가, 당신의 느낌에 걸리지 말고, 깨달음을 얻어, 일체 중생을 고통에서 제도해 주시길 빌어 마지않습니다.

숭산 합장

함께하는 수행

선사님께,

저에게 다이애너와 에즈라를 소개해 주셔서 감사합니다. 저는 다이애너와 에즈라 그리고 버클리 선원의 모든 법우들을 좋아합니다.

재미있는 일이 일어났습니다. 어제 아침에는 공안집을 읽다가 왜 그렇게 많은 사람들이 선사님께 편지를 쓰는지 의아하게 생각되었습니다. 선사님께서 항상 말씀하시는 대로 결국에는 '오직 모를 뿐인 마음으로 곧바로' 가면 되는 것인데, 왜 편지가 필요하단 말입니까? 그런데, 어젯밤에 희한한 일이 생겼습니다. 제가 갑자기 선사님께 편지를 써야겠다고 생각한 것입니다. 즉각적인 업보입니다!

선사님도 아시다시피 마이클이 이곳 선원에서 생활하고 있습니다.

처음 마이클이 이곳으로 이사왔을 때에는 수행도 열심히 하고 선원에 활력을 불어넣어 주었습니다. 그런데 약 2주일 전에 샌프란시스코에서 일자리를 얻었다며 그때부터 우리들 곁을 떠나 떠돌아 다니면서 선원의 아침과 저녁 수행에 거의 나타나지 않았습니다. 어제는 최악의 날이었습니다. 마이클이 저녁을 준비하기로 되어 있었는데, 저녁공양 시간 45분 전까지 마이클을 본 사람도 없었고 마이클로부터 전언을 받은 사람도 없었습니다. 그래서 우리끼리 저녁을 지어먹었습니다. 마이클은 저녁 참선 시간 5분 전에 자신이 늦었다는 사실에는 전혀 아랑곳하지 않은 채 들어왔습니다. 저녁 수행의 분위기가 묘했습니다. 저녁 수행을 마치고 모두 둘러앉아 이야기를 나눴습니다.

　마이클이 자신의 지난 2주 간의 행적에 대하여 말한 한 가지는, 자기는 어디에 있어도 바로 지금의 마음을 닦고 있으면 되는 것이지, 자기가 선원에 있든 없든 그것이 무슨 차이가 있는지 모르겠다는 것이었습니다. 우리는 마이클에게 선원에서 사는 동안에는 서로 함께 행동하는 것이 매우 중요하며, 마이클은 샌프란시스코에서 절을 하고 우리는 선원에서 절을 하는 것은 함께 하는 수행이 아니라고 설명하였습니다.

　평생토록 저는 스승이 되기를 원했고 제가 할 수 있는 한 사람들을 가르쳤지만 선사님을 뵙기 전까지는 참으로 가르쳐야 할 중요한 것이 무엇인지를 몰랐습니다. 어제 저는 누군가를 가르쳐야 할 필요가 있는 상황에 직면하였지만, 가르치기에 충분할 만큼 제가 분명하게 알고 있는 것이 없었습니다. 어젯밤, 마이클은 떠나겠다고 말했습니다.

무슨 일이 일어나든 관계없이, 저는 이 상황이 선원과 저에게 가르침을 주는 것이라고 생각합니다. 이 가르침은 제가 더 열심히 수행해야만 한다는 것입니다.

지난 2주일 동안 우리가 한 일은 마이클을 점검하며 그에 대한 우리들의 견해를 만들어 버린 것이 전부였습니다. 그러나 우리가 마이클과 이야기를 나누기 시작할 때부터, 각자가 만들었던 견해를 내려놓아 버리고 오직 마이클을 도우려고 했다는 점입니다. 오늘, 마이클은 선원에 남기로 결심했습니다. 마이클 스스로 마음을 '정한' 것입니다. 우리들은 단지 우리의 견해를 내려놓은 것 이외에는 아무것도 하지 않았습니다. 전에는, 맑은 마음을 이루는 과정에 견해가 어떻게 관여하는지에 대한 지적인 이해만이 있었습니다. 이제, 견해는 자기 자신에 장애를 만들 뿐만 아니라 다른 사람에게도 장애가 될 수 있다는 것을 알았습니다! 열심히 수행하고, 견해와 좋아함과 싫어함 그리고 점검, 이 모두를 내려놓는 것이 지금 저에게는 매우 중요한 일이 되었습니다. 오늘 아침에 선원청규를 다시 읽었는데, 갑자기 전에는 생각하지 못했던 많은 깨달음이 있었습니다. 선사님과 마이클이 저에게 준 가르침에 대하여 어떻게 다 감사를 하여야 할지 모르겠습니다.

숙제 : '문' 부처님께 재를 터는 사람.
　　　'답' 부처님을 거꾸로 세워 놓고, 거기에 절을 하겠습니다.

견해를 모두 내려놓으니,

마음에 장애가 있을쏘냐?
붉은색이 오면, 붉을 뿐.
어제는, 비가 내렸다.
오늘은, 구름 흩어지고 햇빛 쏟아진다.

          캘리포니아 주 버클리에서 제프 올림

제프에게,
 편지 주셔서 감사합니다. 당신과 버클리 선원의 가족 모두 안녕하신지요?
 내가 다이애너와 에즈라를 당신에게 소개해 주었다고 하였는데, 사실은 그들과 많은 생(生)을 두고 맺어온 당신의 업이 금생에 다시 맺어진 것입니다. 부처님께서는 길을 가다가 옷깃만 스쳐도 오백 생 동안 같은 업을 지어 온 인연 때문이라고 가르치셨습니다. 전생에 당신들은 같은 업을 지었기 때문에, 지금 같은 집에서 살면서 같은 수행을 함께 하는 것입니다. 당신들은 함께 싸우고, 점검하고, 다른 이들을 도우니 행복하고 다행한 일입니다. 가장 중요한 일은, 순간순간 당신의 선업과 악업을 다스릴 수 있으면, 당신은 그것을 일체 중생을 돕는 일에 쓸 수 있다는 것입니다. 하지만 당신이 자신의 업을 다스리지 못하면, 당신의 업이 금생만 아니라 무수한 미래의 생에 이르도록, 좋음과 나쁨· 행복과 슬픔을 만들면서 여기저기로 당신을 끌고 다니며 당신을 다스리게 됩니다. 이것이 고통의 수레바퀴라고 불리는 것입니다.

마이클에 대하여 말하였습니다. 아주 재미있습니다. 그리고 올바른 수행에 대한 좋은 사례입니다. 세상에는 세 가지 부류의 사람이 있습니다. 근기(根氣)가 낮은 이들은 자신을 스스로 다스리지 못합니다. 이런 이들에게는 함께 행동하고, 함께 살며, 함께 수행하는 일이 매우 중요합니다. 그런 이들은 오로지 승가(僧伽)를 따라야만 합니다. 때로는 그들의 좋아함과 싫어함의 감정이 강하면, 자기들의 업이 나타나게 됩니다. 하지만 수행을 꾸준히 계속하면서 함께 행동하면, 그들의 좋아함과 싫어함이라는 업이 약화되고 결국에는 함께 행동하는 데 아무런 장애도 없게 됩니다. 순간순간 맑은 마음을 지키는 것은 아주 쉬운 일입니다.

이 수준에 있는 이들에게는 전체 승가가 스승입니다. 마이클도 때때로 이런 타입의 수행자였습니다. 마이클은 아주 착한 사람이고, 함께 행동하기 좋아하고, 올바른 길이 무엇인지 아는 사람입니다. 하지만 가끔씩 나쁜 업이 나타납니다. 마이클은 머리가 매우 총명해서 오히려 그 총명함이 자신을 다스리게 되면 함께 행동하는 것이 싫어지기도 하는 것입니다. 그럴 때마다 "수행은 중요하지 않아. 모든 것이 다 OK야. 내가 무엇을 하든 무슨 상관이야?"라고 할 것입니다. 이런 마음은 아주 위험합니다. 총명한 사람이 이런 견해를 갖게 되는 수가 많습니다. 이런 이들은 속으로는 문제를 많이 가지고 있으면서도, 겉으로는 자신이 무슨 행동을 하든 그것을 정당화하곤 합니다. 그러므로 이런 이들은 함께 행동함으로써 자신의 업을 정화시키는 것이 아주 중요합니다. 그러면 안과 밖이 하나로 되는 것이 가능합니다.

중간 근기의 사람들이 있습니다. 그들은 함께 행동하는 데 아무런 문제도 없습니다. 하지만 이런 이들이 홀로 밖에 나가서 어떤 것을 보거나 듣게 되면, 아직은 마음이 흔들립니다. 이런 이들이 혼자서 조용한 곳이나 산속에서 수행하면 문제가 없습니다. 그렇지만 나쁜 상황에서는 자기들의 업이 요동하여 그 상황을 다스리지 못합니다. 이런 이들은 열심히 수행을 하여 법력(法力)을 얻으면 고급 수행자가 될 수 있습니다.

높은 근기를 가진 고급 수행자는, 혼자 있든 다른 이들과 함께 있든, 어떠한 상황에서도 마음이 움직이지 않습니다. 나쁜 상황에서 비록 다른 이들과 함께 나쁜 행동을 하는 것처럼 보일지라도, 겉으로만 함께 행동할 따름입니다. 안으로는 대자대비(大慈大悲)의 마음을 지니고 있는 것입니다. 그러니 어느 때, 어떤 장소, 어떤 상황, 어떤 조건도 장애가 되지 못합니다. 적절한 때가 되면 올바른 길을 가르칠 것입니다.

다른 이들을 가르치고 싶다고 하였습니다. 그러니 당신은 고급 수행자가 되어야 합니다. 내 생각으로는, 당신은 내면적으로 이미 고급 수행자입니다. 아무 문제가 없으니 마이클을 가르칠 수 있습니다. 마이클이 마음을 바꿨고 계속하여 버클리 선원에 머물 것이라고 하였습니다. 마이클이 가건 머물건, 문제가 있든 없든, 함께 행동하든 안 하든 결국 그의 좋거나 나쁜 행동이 모두 당신들의 참된 스승입니다.

자기의 견해를 지키거나, 자기의 견해에 집착하면, 다른 이들을 도울 수 없다고 하였습니다. 옳습니다. 당신이 순간순간 상황을 따르면,

당신의 올바른 견해와 올바른 조건을 알게 됩니다. 이것이 지혜(智慧)와 보살행(菩薩行)의 근원입니다. 이런 마음을 지니고 있으면, 선원청규 따위는 필요없습니다. 낮은 근기의 수행자들에게는 선원청규가 아주 중요합니다. 중간과 고급 수행자들은 선원청규를 사용하여 다른 이들을 가르칩니다.

'담뱃재를 터는 사람' 공안에 대한 당신의 답은 "부처님을 거꾸로 세워 놓고, 거기에 절을 하겠습니다."였습니다. 그러면 그 사람은 "오! 멋있군요, 멋있습니다! 안녕하세요, 법우님?"이라고 할 것입니다. 그러면 당신은 어떻게 하겠습니까? 이런 방식으로는 그 사람의 마음을 고칠 수가 없습니다. 그 사람은 당신의 행동을 즐깁니다. 이 말은 그 사람이나 당신이나 똑같다는 말입니다. 어떻게 그 사람의 마음을 고칠 수 있겠습니까? 당신은 어떻게 그 사람에게 여여(如如)와 즉여(卽如)를 가르치겠습니까? 이것이 가장 중요한 일입니다. 나에게 좋은 답을 주십시오. 서두르세요! 서두르세요! 시간은 당신을 기다리지 않습니다.

당신의 시(詩)는 아주, 아주 좋았습니다. 여기 당신을 위한 시가 있습니다.

> 견해는 네가 거기에 걸리지 않을 때 진리.
> 장애받고 장애받지 않음은 나의 일 아니네.
> 무지개에는 몇 가지 색(色)이 있을까?
> 개는 뼈다귀를 쫓아간다.

아이들은 사탕을 좋아한다.
당신은 무엇을 좋아하는가?

허공처럼 맑은, 오직 모를 뿐인 마음으로 곧바로 나아가십시오. 당신이 좋아하는 일을 찾으면, 그것을 해야 합니다. 그러면 당신은 그것을 찾을 것이고, 일체 중생을 고통에서 제도할 수 있습니다.

숭산 합장

당신의 휘발유는 소진되지 않았다

선사님께,

저는 아이트켄 노사의 제자로, 지난 11월 25일부터 27일까지 뉴욕 선원에서 열린 용맹전진에 참가하였습니다. 아이트켄 노사께서는 저에게 선사님의 선원에 가보라고 적극 권하셨습니다. 선사님께 감사드립니다. 선사님을 뵐 수 있게 되어 기쁩니다.

당신은 어디에서 왔는가?
두 손으로 손뼉을 친다.

수백만의 승가가 있다.
하와이에 있는 승가.
뉴욕에 있는 승가……

오직 하나의 승가가 있으니
승가 아닌 승가.

선사님 염불 소리 듣고서,
한국의 음악이 어디에서 왔는지 알았다.

아침의 염불, 저녁의 염불,
가야금 산조가 한 순간에 들린다.

소리 없는 종소리 들으며
아침에 깨어난다.

  선사님, 저는 이곳 미시간에 있는 학교에 진학하려 합니다. 어떻게 하면 참선 수행을 계속할 수 있을까요? 함께 수행할 단체가 없어 수행하기가 어렵습니다. 혼자라도 좌선을 하려고 하지만, 여전히 제 휘발유는 떨어진 채입니다. 다시 뵙기를 기원합니다.
미시간 주 앤 아버에서 페기 올림

페기에게,

편지 주셔서 감사합니다. 요즈음 어떻게 지내십니까?

뉴욕에 있는 국제 조계 선원에서 당신을 만나게 되어 반가웠습니다. 아이트켄 노사의 제자가 우리 선원을 방문하여 함께 수행하여서 아주 좋았습니다. 아이트켄 노사는 위대한 선사입니다.

당신의 시는 아주, 아주 훌륭하였습니다. 여기 당신을 위한 시가 있습니다.

빈손으로 왔다가 빈손으로 가는 인생인데,
손뼉치는 소리는 어디에서 왔는가?
귀도 없고, 소리도 없는데, 그럼 무엇일까?
조심하고, 또 조심하라! 낚시바늘을 건드리지 말라.

'수백만의 승가'와 '승가 아닌 승가'를 생각하면
수마(睡魔)가 덮쳐와 네 머리를 쓰러트린다.
하와이의 파도 소리는 모든 승가의 마음을 끌어 모은다.
뉴욕의 시끄러운 차 소리는 모든 승가의 마음을 찢는다.
맑아지라! 맑아지라!

오래 전, 한 위인이 물 속에서 노니는 물고기를 보고,
어산(魚山)*찬불곡(讚佛曲)을 지으셨다.
가야금 산조, 영산곡(靈山曲), 타령(打令)

모두 여기에서 비롯하였다.
둥, 둥, 댕, 댕, 라, 라, 라, 라.

학교에 진학할 예정이라니 나도 기쁩니다. 혼자 좌선을 하기가 매우 어렵다고 하였습니다. 하지만 참선 수행이란 당신이 처한 바로 지금의 상황을 묻는다는 뜻입니다. 당신은 함께 하는 수행을 할 수 없습니다. 바로 지금 함께 수행할 단체가 없기 때문이지요. 이것은 어려운 상황이긴 합니다. 하지만 좋은 상황이 나쁜 상황이고, 나쁜 상황이 좋은 상황입니다. 당신은 이것을 알아야 합니다.

당신의 휘발유가 떨어졌다고 하였습니다. 하지만 실제로 당신의 휘발유는 떨어질 수 없는 것입니다. 당신이 절을 하거나, 좌선을 할 때 당신의 소진되지 않는 휘발유가 새로 공급됩니다. 아무런 문제가 없습니다. 당신은 수행을 해야 합니다. 당신은 모든 것을 할 수 있습니다. 당신이 어려움을 만들면, 어려움을 갖는 것입니다. 당신이 휘발유가 없다는 것을 만들면, 당신에겐 휘발유가 없습니다. 차를 절대로 멈추지 마세요. 이것이 아주 중요합니다. 차를 멈춘다는 것은 당신의 마음과 느낌과 모든 것을 점검한다는 뜻입니다. 당신의 상황을 인식하고, 오직 모를 뿐인 마음으로 곧바로 나아가십시오. 그러면 당신의 휘발유는 간헐천에서 물이 솟구치듯 솟아날 것입니다. 아무런 문제가

---

* 이 한국의 찬불곡은 스님들이 자신들의 목소리로 물고기가 산속 계곡을 거슬러 올라가는 모습을 흉내낸 자연의 곡조에서 유래되었습니다. 그 결과 이 곡은 강렬한 감정과 강한 방향성을 지녀 우리에게 자연적인 영적 울림을 전달해 주고 있습니다. 가야금 산조, 영산곡, 타령도 모두 의례 음악입니다.

없습니다.

 허공처럼 맑은, 오직 모를 뿐인 마음으로 곧바로 나아가, 당신의 차를 절대 멈추지 말고, 삶과 죽음의 일대사 인연을 마치고, 일체 중생을 고통에서 제도해 주시길 빌어 마지않습니다.

숭산 합장

꿈에서 깨어나라!

선사님께,

 어젯밤 꿈을 꾸었습니다. 몇몇 친구들과 저는 여행을 떠났습니다. 우리 일행은 우리의 욕망을 모두 들어줄 수 있는 강한 마력을 가진 마녀의 집에 이르렀습니다. 저는 완벽한 여자를 받았습니다. 너무나 만족스러웠고, 우리가 여행을 하던 중이었다는 사실을 깨닫게 될 때까지 그렇게 그곳에서 지냈습니다. 마녀는 우리가 그곳을 떠나는 것을 허락하지 않았고, 그래서 우리는 탈출하기로 하였습니다. 하지만 우리가 어디를 가든 그 마녀는 우리의 흔적을 쫓아왔습니다. 곧 우리는 그 마녀에게서 벗어나기 위해서는 그녀에게서 받은 모든 것을 돌려주어야 한다는 것을 깨달았습니다. 우리 것이라곤 아무것도 없었습니다. 제 완벽한 여인까지도 말입니다. 모든 것을 돌려주자, 그 마녀는 사라졌고, 우리는 자유롭게 여행을 떠날 수 있었습니다.

무닌드라 님이 제가 살고 있는 집을 방문해 주셨습니다. 람 다스 님도 정기적으로 자주 방문해 주십니다. 그래서 이 집은 법(法)을 구하는 길을 다양하게 볼 수 있는 참으로 흥미로운 장소가 되었습니다. 얼마간 법의 맛을 보기는 했습니다만, 저는 '나는 무엇인가?'라는 바른 길을 걸어나갈 것입니다. 그렇지만 이곳은 저에게 알맞은 장소입니다. 여기에서 많은 것을 배웠고, 또 앞으로도 배울 것이 더 많습니다. 선원에서 나온 것을 후회하지는 않습니다. 하지만 하루 속히 선원에서 강의할 기회가 오기를 바랍니다.

건강하시길 기원합니다.

매서추세츠 주 보스턴에서 프레드 올림

프레드에게,

편지와 예쁜 카드 모두 잘 받았습니다. 요즈음 어떻게 지내십니까?

편지에서 꿈에 대하여 이야기하였습니다. 아주 훌륭한 꿈입니다. 하지만 꿈은 꿈일 뿐입니다. 당신이 이 꿈에 걸리면, 당신은 단지 꿈을 꾸는 사람일 뿐입니다. 여기 당신을 위한 시가 있습니다.

손님이 자기의 꿈 이야기를 한다.
주인도 자기의 꿈 이야기를 한다.

그리고 손님과 주인이 함께 꿈 이야기를 한다.
그들은 스스로 꿈속에 있다는 걸 모른다.
이것이 꿈인 걸.

이제, 당신에게 이릅니다. 당신은 꿈에서 깨어나야 합니다!
많은 스타일의 법(法)이 당신의 집에서 오고 갑니다. 훌륭합니다. 하지만 당신이 자신의 참된 길을 알지 못한다면, 부처님이나 하느님이 당신의 집을 방문한다 하더라도 그분들은 당신에게 악마입니다. 오늘날 많은 사람들이 많은 가르침과 갖가지의 꽃을 수집하기 좋아합니다. 그렇지만 그 중에서 하나라도 진실로 얻은 이는 없습니다. "많이 배웠다."고 하였습니다. 알음알이나 느낌은 당신에게 도움이 되지 않는다는 말을 기억하십시오. 법(法)을 구하는 길을 다양하게 맛보았다고 하였습니다. 그리고 '나는 무엇인가?'가 바로 길이라고도 하였습니다. 그러나 당신이 많은 다양한 길에 걸리고, 어떤 맛이나 어떤 생각에 걸린다면, 당신의 '나는 무엇인가?'는 강해질 수 없습니다.

생각이나 꿈은 모두 당신의 의식작용입니다. 꿈은 매우 간단합니다. 이것은 당신의 제7식과 제8식의 작용입니다. 제7식과 제8식은 시간과 공간의 제한을 받지 않습니다. 그래서 꿈속에서는, 뉴욕이나 한국 혹은 로스앤젤레스를 방문하는 것은 아주 쉽습니다. 과거의 사건을 다시 찾아가 신과 악마와 더불어 이야기하거나 혹은 오랫동안 만나지 못했던 친구와 춤을 추기도 합니다.

하지만 낮에 꾸는 꿈은 우리의 눈·귀·코·혀·몸·마음에 연결

된 우리의 6식(識)의 작용입니다. 그래서 낮에 존재하는 우리는 시간과 공간의 제약을 받는 것입니다. 그러므로 꿈이란 우리의 식(識)이 활동하거나 '깨어 있는' 동안에는 일어나지 않는 것입니다.

밤에 꾸는 꿈은 매우 재미있습니다. 줌(zoom), 가고! 줌(zoom), 오고! 하지만 낮에 꾸는 꿈에서는 당신의 상황을 바꾸기가 쉽지 않습니다. 때로는 눈물도 있고, 때로는 커다란 고통도 있습니다. 낮에 꾸는 꿈속에는 장애가 많습니다. 그러니 당신은 깨어나야 합니다. 깨어나기 위하여 당신은 오직 모를 뿐인 마음으로 곧바로 나아가야만 합니다.

'오직 모를 뿐인 마음으로 곧바로 나아간다'는 말은 물질·느낌·지각·형성·의식이 없다는 뜻입니다. 당신이 이것을 경험하면 눈도 없고, 귀도 없고, 코도 없고, 혀도 없고, 몸도 없고, 마음도 없으며 또한 색도 없고, 소리도 없고, 냄새도 없고, 맛도 없고, 닿음도 없고, 마음의 대상도 없다는 뜻입니다. 만일 당신에게 마음의 대상이 없다면, 당신은 이미 완전한 것입니다. 당신은 절대가 됩니다. 그러면 붕!, 당신은 깨어납니다. 당신이 깨어나면 당신이 보고, 듣고, 냄새 맡는 그 모든 것이, 바로 그대로 즉여(卽如)한 진리입니다. 이러한 진리는 어떤 법(法)의 스승에게도 의존하지 않는 것입니다. 선(禪)은 100퍼센트 자기 자신을 믿는 것입니다.

절대의 마음을 얻고자 한다면, 당신의 업을 다스려야 합니다. 매우 다양한 맛을 보고자 하는 당신의 업을 나는 알고 있습니다. 그런 자신의 업을 다스리기 위해서는, 선원에서 사는 일이 매우 중요합니다. 선원에서 산다는 것은 다른 이들과 함께 수행하면서 '나—나의—나를'이라는 마음을 순간순간 내려놓는다는 뜻입니다. 그러면 모든 것이 당신의 스승입니다.

당신의 편지를 읽으면서 당신의 마음에는 아직도 좋아함과 싫어함이 남아 있다는 것을 알았습니다. 당신은 무엇을 원합니까?

당신이 참된 길을 원한다면, 당신의 마음속에 있는 좋아함과 싫어함을 내려놓아야 합니다. 만약 당신이 참된 자아를 찾고 싶지 않다면, 그것으로 OK입니다. 단지, 이렇게 물을 뿐입니다. "당신은 지금 무엇을 하고 있습니까?" 당신이 지금 무엇인가를 하고 있다면, 오직 그것만 해야 합니다. 꿈을 만들지 마십시오.

오직 모를 뿐인 마음으로 곧바로 나아가, 당신의 업을 다스리고, 허공처럼 맑은 마음을 지키고, 곧 깨달음을 얻어, 일체 중생을 고통에서 제도해 주시길 빌어 마지않습니다.

숭산 합장

위대한 법(法)의 바다

선사님께,

편지 주셔서 감사합니다. 선사님과 버클리 선원 그리고 케임브리지 선원의 법우들을 생각합니다.

놀라운 소식이 있습니다! 이곳에서도 강력한 참선 수련회가 열리고 있습니다! 약 한 달 전에 시작되었는데 저는 2주 전에야 알았습니다. 마에즈미 노사의 제자 두 명과 에이도 노사의 제자 한 명, 그리고 필립 캐플로 선생의 제자 한 명과 저, 그밖에 스승을 만난 적은 없지만 좌선을 열심히 하는 예닐곱 명의 사람들이 동참하고 있습니다. 아직 우리의 수행 형태를 정하지는 않았지만 그 작업도 즐거운 분위기 속에 진행되고 있으며, 모두가 이렇게 많은 이들과 함께 좌선을 하게 되어 행복해 하고 있습니다. 어젯밤에는 십여 명이 모였습니다. 아직까지는 일주일에 두 번씩 모이고 있지만, 오늘부터는 일주일에 다섯 번씩 모이려고 합니다.

선사님께서도 아시다시피, 제가 이곳에 왔을 때만 해도 승가(僧伽), 그것도 강력한 승가를 찾는다는 것은 꿈도 꾸어보지 못한 일이었습니다. 방선(放禪)을 하면, 모두들 서로 함께 좌선하는 것을 너무 행복해 하고, 아무도 집에 가려고 일어서지를 않습니다. 얼마 가지 않아 저희는 이런 수련 모임에 익숙해질 것이고 그러면 마치 아침에 일어나면 이를 닦는 것처럼 친숙해질 것입니다. 그렇게 되면 참으로 훌륭할 것입니다.

캔사스 주 로렌스에서 주디 올림

주디에게,

편지 주셔서 감사합니다. 당신과 당신의 법우들 모두 안녕하신지요?

다른 선원에서 온 수행자들과 함께 수행하고 있다고 하였습니다. 아주 훌륭합니다. 당신들 각자가 '나—나의—나를'을 사라지게 하면, 서로 배우고 서로 가르칠 수 있습니다. 때로는 여러 종파의 사람들이 모이는 것이 한 종파의 사람들만 모이는 것보다 더 나을 수 있습니다. 자기들만의 전통과 스타일을 강하게 고집하고 다른 이들과 함께 수행하기를 꺼린다면, 조금 문제가 있을 수 있습니다. 하지만 당신네 그룹처럼 여러 종파의 사람들이 모이면, 서로에게 가르치고 또 그룹으로부터 배울 수도 있습니다. '나의 생각', '나의 조건', '나의 상황'을 사라지게 하는 일이 매우 중요합니다. 그렇게 하면 당신의 올바른 견해, 올바른 조건, 올바른 상황이 나타납니다. 당신이 이 마음을 지키면 어느 곳에서나, 어떤 수행자와 함께 하든, 어떤 스타일의 수행이든, 함께 행동하는 데 아무런 문제도 없습니다. 이것이 선(禪)이고, 위대한 보살행(菩薩行)입니다. 당신은 이미 이것을 알고 있습니다.

여러 줄기의 강이 한 바다로 흘러갑니다. 바다에 이르면, 여러 개의 강 줄기는 사라지고 오직 바다가 될 뿐입니다. 각각의 강물은 자기만의 상황과 조건을 지킬 수 없게 됩니다. 어느 조사께서 말씀하시길, "대도(大道)는 대양(大洋)과도 같다."고 하셨습니다. 위대한 법(法)의 바다를 만들어, 모두가 당신의 법해(法海)에 들어서게 하고, 대자대비(大慈大悲)한 마음이자 위대한 보살도(菩薩道)인 여유로운 마음을 얻기를 기원합니다.

숭산 합장

9 스승과 제자

스승을 찾는 일

선사님께,

안녕하셨습니까? 평안하신지 궁금합니다.

선사님께서 이곳을 방문하셨을 때 저는 매서추세츠 바레에 있는 인사이트 명상센터에서 좌선을 하고 있었습니다. 선사님의 말씀이 제가 그곳에서 수행하는 데 큰 도움이 되었습니다. 몇 가지 질문이 있는데, 선사님께서 틈을 내주셔서 답해 주시면 고맙겠습니다.

인사이트 명상센터에서 가르치는 위빠싸나 수행에 대해 선사님은 어떻게 생각하십니까? 한 가지 수행 방법을 고수하는 것이 옳습니까, 아니면 여러 스승님들로부터 다양한 가르침을 받는 것이 옳습니까?

저는 선사님께서 가르치시는 선이 좋습니다. 왜냐하면 저로 하여금 모르는 마음을 지키도록 하니까요. 하지만 요즈음 저는 선 수행의 방법이 혼란스럽다는 것을 알았습니다. 선사님께서 가르치시는 방식대로 선 수행의 방법과 내용을 이해해도 될지 모르겠습니다.

선사님께서 "만법(萬法)이 하나로 돌아가는데, 그 하나는 어디로 돌아가는가?"라고 물으셨습니다. 하지만 제가 선사님께 묻고 싶습니다. 왜 최초의 자리에서 만법이 하나로부터 나왔는가?

다 여쭈어 본 것 같습니다. 오는 3월 프라비던스에서 열릴 용맹정진에서 선사님을 다시 뵙기를 기원합니다. 감사합니다.

스티븐 올림

스티븐에게,

편지 주셔서 감사합니다. 요즈음 어떻게 지내십니까? 내 이야기가 도움이 되었다고 하였습니다. 좋은 일입니다. 그리고 용맹정진에 동참한다니 기쁩니다.

위빠싸나 명상이 좋은지 나쁜지 물었습니다. 당신이 생각을 내면, 매우 나쁜 것입니다. 당신의 모든 생각을 끊어 버리면, 나쁘지 않습니다. 좋고 나쁨은 당신의 마음속에 있는 것이지 위빠싸나 명상 속에 있는 것이 아닙니다. 당신은 무엇을 원합니까? 이것이 아주 중요합니다.

다음 질문에 답하겠습니다. 사람들이 시장에 갈 때 어떤 사람은 비누를 사러 가고, 다른 사람은 옷을 사러 가고, 또 다른 사람은 음식을 사러 갈 것입니다. 자기가 사고자 하는 물건만을 사기 위해 시장에 가는 것이기 때문에, 다른 물건은 필요하지 않습니다.

스승마다 나름대로의 방향과 가르치는 스타일이 있습니다. 만일 당신의 방향과 같은 방향으로 가르치는 스승을 만나면, 그 스승을 따르십시오. 하지만 당신이 방향을 모르면 이 스승에서 저 스승으로 돌고 돌며 떠돌아다닐 따름입니다. 당신은 무엇을 원합니까? 이것이 아주 중요합니다.

당신이 참선 수행을 원하면, 참선 수행 스타일로 배워야 합니다. 당신이 참선 수행을 원하지 않으면, 참선 수행 스타일은 불필요한 것입니다. 아주 간단합니다. 가장 중요한 것은 왜 당신은 수행을 하느냐 하는 이유입니다. 일단 왜 수행하는지 그 이유를 알면, 스승을 찾는 일은 아무런 문제도 아닙니다. 그러면 스승의 가르치는 방식은 당신에게 장애가 되지 않습니다. 아마도 당신은 수행 스타일에 대하여 모든 것을 알지 못할지도 모르겠습니다. 하지만 스승의 방향은 알 수 있을 것입니다. 그 방향이 옳다면, 당신은 그저 정진하기만 하면 되는 것입니다.

만법(萬法)이 하나로부터 나왔다고 하였습니다. 이렇게 답하겠습니다. 당신이 하나를 만들면, 나에게 30방을 맞을 것입니다. 당신이 만(萬)을 만들어도, 나에게 30방을 맞을 것입니다. 하나를 만들지 마십시오. 아무것도 만들지 마십시오. 그러면 당신은 모든 것을 얻을 것입니다.

허공처럼 맑은, 오직 모를 뿐인 마음으로 곧바로 나아가, 당신의 방향을 찾고, 깨달음을 얻어, 일체 중생을 고통에서 제도해 주시길 빌어마지않습니다.

숭산 합장

난잡한 법의 현장과 깨어진 계율

선사님께,

별고 없으십니까? 부디 가능한 한 선사님 건강을 돌보시기를 바랍니다.

한동안 선사님을 뵙지 못했습니다. 저 역시 법문을 하러 여러 곳을 돌아다녔습니다. 동부 해안의 가족들은 모두 잘 지내는지요?

여전히 폴릿과 함께 살고 있습니다. 폴릿도 잘 지내고 있으며 그녀의 스승과 함께 공부를 계속하고 있습니다. 폴릿의 스승님은 아주 좋으신 분이고 별나기도 하십니다. 그분의 많은 제자들은 자기들이 원하는 것은 무엇이든 할 수 있는 완전한 자유를 누리고 있다고 생각합니다. 술 파티도 많고 계율은 전혀 지키지도 않습니다. 그런 난잡한 법(法)의 현장을 바라보는 것만으로도, 오히려 저에게는 훌륭한 가르침이 됩니다. 좋은 법과 나쁜 법이라는 제 생각을 끊는 데 아주 확실하게 도움이 됩니다. 어쨌든 저는 아주 절주하는 편이어서, 그런 술에 취해 얻는 자유에는 전혀 흥미가 없습니다.

요즘에 들어서 저의 몸과 마음이 강해졌음을 느낍니다. 제 자신을 잊는 것이 이제는 쉬워졌습니다. 보살도를 걷는 것이 환희롭습니다.

일체 중생이 행복하고 자유로워지이다!
선사님과 법우들에게 큰 사랑이 있기를!

콜로라도 주 보울더에서 리처드 올림

리처드에게,

편지 주셔서 감사합니다. 당신과 폴릿 모두 안녕하신지요? 내 건강에 대해 걱정을 하였는데, 건강합니다. 아무런 문제도 없습니다.

폴릿이 자기 스승과 공부하는 것은 좋지도 않고, 나쁘지도 않습니다. 이런 형식의 불교도 훌륭한 수행입니다. 하지만 계율은 아주 중요합니다.

부처님께서 입멸(入滅)하실 때, 마하가섭(摩訶迦葉)을 비롯한 다른 장로들이 여쭈었습니다. "스승님께서 입적하시면 저희들에게는 스승이 없습니다. 앞으로 저희가 어떻게 수행해야 할지, 승가를 어떻게 이끌어 가야할지 교시해 주십시오."

부처님께서는 "이미 그대들에게 계율을 주었으니, 계율을 스승으로 삼으라. 올바르게 수행하고, 바르게 계율을 지니면, 승가가 잘 따르게 되고 참된 길을 찾아갈 수 있느니라."고 하셨습니다.

이렇게 계율은 매우 중요합니다. 계율을 잘 지키면, 계율은 당신의 스승이 됩니다. 하지만 계율을 깨트려 버리면, 당신은 스승을 죽인 것입니다. 당신이 깨달음을 얻으면, 당신의 방향은 움직이지 않습니다. 그러면 계율을 지키든, 지키지 않든 상관이 없습니다. 당신은 항상 보살행(菩薩行)을 합니다. 그렇지만 당신이 여전히 업을 가지고 있으면, 당신의 업을 다스릴 수 없습니다. 당신의 업을 다스릴 수 없으면, 자유로운 행동은 당신의 어리석음을 일으켜 단지 나쁜 업을 증장시키게 됩니다. 이렇게 되면, 당신은 언제 삶과 죽음의 바다에서 빠져 나올 수 있겠습니까?

《화엄경(華嚴經)》에서 이르기를, "술 마시고, 성교를 하는 것도 반야(般若 : 지혜)행이다."고 하였습니다. 다른 말로 하자면, 당신이 당신의 탐욕 · 분노 · 어리석음이라는 업을 다스릴 수 있으면, 어떤 행동을 하더라도 문제되지 않는다는 뜻입니다. 무슨 행동을 하더라도 다른 이들에게 가르침이 되는 것입니다. 나의 스승이신 고봉(高峯) 선사께서는 이런 방식으로 가르치셨습니다.

한국에 있는 정혜사(定慧寺)에서는 3개월 결제(結制)를 하고 3개월 해제(解制)를 합니다. 해제 때에는 모두 절 밖으로 나가 결제 때 양식으로 할 쌀과 돈을 시주 받아 돌아옵니다. 나의 사조(師祖)이신 만공(滿空) 선사께서 이 절을 창건하셨을 때만 하더라도 아무런 재원이 없었습니다. 스님들이 모두 마을로 탁발을 나가 쌀이나 돈을 시주 받아 절로 돌아오곤 하였습니다. 그런데 고봉 스님께서는 쌀을 받아 오시면 그날 저녁에 그 쌀을 팔아 술을 드시곤 하셨습니다. 다른 스님들은 해제가 끝나면 쌀이 가득한 봇짐을 지고 돌아왔지만, 고봉 스님은 술병만 차고 돌아오셨던 것입니다. 그리고 취하기만 하면, 술주정을 하였습니다. "이 절은 글렀어! 만공은 아무것도 몰라! 저질이야!"

한번은 만공 선사께서 나타나 고봉 스님의 이런 장광설을 듣고 호통을 쳤습니다.

"자네가 무엇을 알아?"

모두들 무슨 일이 일어날까 숨을 죽이고 있었습니다.

"고봉!!!"

"예?"

"왜 자네는 항상 내 등 뒤에서 험담을 하나?"

깜짝 놀란 듯이 보인 고봉 스님은 곧 정색을 하고, "스님, 제가 스님에게 무슨 욕을 했습니까? 제가 왜 스님에게 욕을 합니까? 저는 아무 짝에도 쓸모 없는 만공에 대해 말하고 있었습니다."

"만공? 만공이라니, 자네 지금 무슨 말을 하고 있나? 내가 만공이야! 나하고 만공하고 무슨 차이가 있어?"

"할(喝)!!!" 고봉 스님이 지른 소리가 얼마나 컸던지 모두들 귀청이 찢어질 것 같았습니다. 그것으로 그만이었습니다.

"들어가 자게." 하며 만공 선사께서는 방장으로 돌아가셨습니다.

내 스승님께서는 늘 술에 취해서 욕설을 하시기도 하고 존경받을 수 없는 행동을 하시기도 하였습니다. 하지만 언제나 맑은 마음을 지키셨습니다.

"만공? 나하고 만공하고 무슨 차이가 있어?"

"할(喝)!!!"

이 "할(喝)!!!"이 매우 중요합니다. 돈이나 한 자루의 쌀보다 훨씬 중요한 것입니다. 고봉 스님께서는 자신을 완전히 믿었던 것입니다.

  만약 당신이 자신을 완전히 믿으면, 당신의 행동이 다른 이들을 가르칠 것입니다. 마찬가지로 다른 이들을 돕기 위하여 어떤 행동이라도 할 수 있게 됩니다. 이것이 위대한 보살의 길입니다.
  네 가지의 보살도가 있습니다. 첫째, 어떤 것을 원하거나 필요로 하는 이에게 그것을 주는 일입니다. 특히 법을 알려주는 것이 중요합니다. 다음은, 사람들에게 친절한 말을 하고 사랑을 보여주는 일입니다. 그 다음은, 법을 일러주어야 하는 데 사람들은 법에 귀를 기울이지 않습니다. 그러면 당신은 다른 이들과 함께 일을 해야 합니다. 함께 하는 행동이란, 다른 이가 섹스를 좋아하면 함께 섹스를 하는 것을 뜻합니다. 술을 좋아하면, 함께 술을 마십니다. 노래 부르기를 좋아하면, 함께 노래를 부릅니다. 자기 자신을 위한 탐욕을 가지지 않고, 오직 다른 이들을 위하여 행동할 뿐입니다. 마지막으로, 고통을 겪으면 사람들은 당신의 말에 귀를 기울일 것입니다. 그러면 당신은 그들을 이로운 일로써 도와주고 가르칩니다.

  당신에게 위대한 사랑이 있다면, 어떤 상황에서도 탐욕과 분노와 어리석음에 의해서 장애를 받지 않게 됩니다. 하지만 아직 이러한 보살의 마음을 갖지 못했다면, 당신은 먼저 자신의 참된 자기를 얻어야만 합니다. 꼭 그렇게 해야 합니다.
  당신이 탐욕과 분노와 어리석음에 지배되고 있다면, 결코 당신의 참된 길을 찾을 수 없습니다. 순간순간 자신의 올바른 길을 지킨다면,

바로 지금의 마음이 더욱 강해집니다. 자신이 혼란스럽거나 자기 자신을 다스리지 못할 때, 계율은 우리들에게 올바른 상황이 무엇인지 보여줍니다. 이제 당신에게 숙제를 주겠습니다.

남전참묘(南泉斬猫)

남전(南泉) 화상은 동당과 서당의 학인들이 고양이를 두고 다투고 있음을 알고 곧바로 고양이를 잡아들어 보이며 말했다.
"대중들이여! 무엇인가 한 마디 일러볼 수 있다면 이 고양이를 살리고, 이를 수 없다면 바로 베어 버리겠다!"
대중은 아무도 답하지 못했다. 그래서 남전은 고양이를 베어 버렸다.
저녁에 조주(趙州)가 밖에서 돌아왔다. 남전 화상이 이 일을 이야기하였다. 조주는 짚신을 벗어 머리 위에 이고 나가 버렸다. 남전은 "네가 거기에 있었다면 고양이를 살릴 수 있었을 텐데."라고 하였다.

남전이 "한 마디 이르라!"라고 하였습니다. 이때, 당신은 무엇을 할 수 있습니까?

조주는 자기의 머리 위에 짚신을 이었습니다. 이것은 무슨 뜻입니까?

만일 당신이 남전의 보살심(菩薩心)을 얻으면, 당신은 계를 지니거나 파(破)할 수 있습니다.

허공처럼 맑은, 오직 모를 뿐인 마음으로 곧바로 나아가, 당신 자신을 완전히 믿고, 깨달음을 얻어, 일체 중생을 고통에서 제도해 주시길 빌어 마지않습니다.

숭산 합장

선사보다 더 낫다

선사님께,

선사님께서 10월에 방문하신다는 소식을 듣고 얼마나 기쁜지 모릅니다. 선사님을 다시 뵙게 되면 반가울 것입니다. 하지만 이렇게 반년 만에 열리는 법회에는 그다지 열광적인 반응이 없을 것 같습니다. 왜냐하면 저희는 이곳에 상주하시면서 저희들에게 보다 깊고, 집중적인 수행을 이끌어 주실 수 있는 스승을 찾고 있기 때문입니다. 다행히 이런 분을 찾을 수만 있다면 저희는 그분이 기거하실 장소와 생활에 필요한 급여를 드리기로 의견을 모았습니다.

선사님께서 이런 분을 소개해 주실 수 있다면 정말 감사하겠습니다. 오랜 기간 동안의 용맹정진에는 많은 법우들이 모일 것이라고 생각합니다.

건강에 유의하시기 바랍니다.

일리노이스 주 시카고에서 리처드 올림

리처드에게,

편지 주셔서 감사합니다. 요즈음 어떻게 지내십니까?

답장이 늦었습니다. 미안합니다. 그간 로스앤젤레스 달마사(達摩寺)와 버클리에서 가르치느라 여가가 없었습니다. 제자인 다이애너와 에즈라 클라크가 거처를 버클리 선원으로 옮겨서 그들을 방문할 겸 용맹정진을 하기 위해 다녀왔습니다.

시카고에도 가고 싶지만 이번에는 힘들 것 같습니다. 미안합니다. 지금은 시카고에 있는 제자들을 도울 수 없지만, 아마도 언젠가는 도울 수 있는 날이 올 것입니다. 다른 도시에 있는 제자들 중에는 이미 선원을 운영하기 시작한 사람도 있습니다. 그래서 지금 이런 선원에서는 운영을 강화하기 위하여 내 도움을 필요로 하고 있습니다. 그런데 상주할 수 있는 스승을 원한다고 하였습니다. 아주 훌륭한 생각입니다. 만일 당신이 훌륭한 선사를 찾을 수 있다면, 그렇게 애써야 합니다.

나는 당신의 마음을 압니다. 당신의 마음은 내 가르침을 충분하게 받아들이지 않았습니다. 남악회양(南嶽懷讓) 선사의 이야기를 알고 있습니까? 그는 중국의 7대조(七代祖)입니다. 그가 처음 6조혜능(六

祖慧能)을 방문하였을 때 이렇게 말했습니다.

"법을 가르쳐 주십시오. 저는 숭산(嵩山)에서 온 회양입니다."

혜능이 물었습니다. "숭산에서 무슨 물건이 여기 왔는고?"

회양은 전혀 알 수가 없었습니다. 그래서 이 모르는 마음만을 지니고 혜능의 절을 떠나 숭산으로 돌아가 8년 간 참학하였습니다. 마침내 홀연히 깨우치는 바가 있었습니다. 그는 혜능의 처소로 돌아가, 절을 하고 말했습니다.

"설사 한 물건이라고 해도 맞지 않습니다."

혜능은 이 말을 듣고, 회양이 깨달았음을 알았습니다. 곧 회양은 전법(傳法)을 받아 7조(七祖)가 되었습니다.

옛날에는 많은 참선 수행자들이 선사(禪師)를 단 한 번만 찾아갔다가 다시 자기의 처소로 돌아와 수행하였습니다. 그리고는 위대한 깨달음을 얻었습니다. 만약 당신이 바르게 오직 모를 뿐인 마음으로 곧바로 나아간다면, 어떤 선사나 어떤 경전 그리고 어떤 보살도 이미 다 당신의 것입니다. 하지만, 당신의 마음은 무언가를 원하고 있고, 그래서 당신은 선사를 원하는 것입니다. 내가 생각하기에, 당신은 아주 훌륭한 수행자입니다. 하지만 당신이 무언가를 원하는 순간, 당신에게는 문제가 생기는 것입니다. 이 '원하는 마음'을 내려놓으십시오. 이제 당신에게 묻겠습니다. 당신은 무엇입니까? 모르면, 오직 모를 뿐인 마음으로 곧바로 나아가십시오. 이 모르는 마음이 어떤 선사보다도, 부처님보다도, 하느님보다도, 그 무엇보다도 더 낫습니다.

오직 모를 뿐인 마음으로 곧바로 나아가, 허공처럼 맑은 마음을 지키고, 깨달음을 얻어, 일체 중생을 고통에서 제도해 주시길 빌어 마지 않습니다.

숭산 합장

29개의 나

선사님께,

저는 선사님께 조언을 구하고자 이 편지를 씁니다. 제가 혼자 수행하는데 있어 몇 가지 문제가 있습니다. 저는 몇 년 동안 이 영적인 문제들을 지적으로 연구해 왔습니다. 저는 친구들이 부르는 것처럼 '영적인 백화점'에 다녀온 것 같습니다. 너무나 어리둥절할 만큼 진열된 수행법과 철학들! 몇 년 동안이나 걸려 제가 알게 된 것은 오직 하나의 길, 제 길이 있다는 것입니다. 그런데 이 길을 저 혼자 수행하며 가자니 어려움이 매우 많습니다. 저는 섹스와 기름진 음식을 굉장히 즐기고 또 제가 생각하기에 조금 보다는 더 많이 게으른 것 같습니다. 이렇게 써 있습니다.

금욕은 욕망으로부터 달아난다.

하지만 여전히 욕망을 싣고 있다.
실제(實際)의 문에 들어서면
욕망을 뒤로 하고 떠나느니라.
— 〈바가바드 기타〉 중에서

제가 제 자신을 닦으려고 애쓸 때마다 제가 잘 분노하며 성질이 고약하다는 것을 압니다. 이런 내적 갈등 속에서 저는 집중력을 잃고 말았습니다. 저는 결국 굴복했고, 굴복했다는 것에 죄책감을 느끼는 것으로 끝이 납니다. 선사님께서도 짐작하시겠지만, 저는 생각이 너무 많습니다. 저는 제 자신과 싸우지 않으려고 노력합니다. 하지만 제가 싸우기를 포기하면, 저는 전혀 수행하지 못하는 것으로 결말이 날 것입니다. 상황은 여전히 절망적입니다. 저는 제가 '모두 떨쳐 버려야 한다'는 것을 압니다. 하지만 저는 그렇게 할 수가 없습니다. 저는 엄격한 수행을 해야 할 필요성과 저의 응석받이 게으름을 제 자신 억지로라도 버려야 하는 불편한 느낌 사이에서 갈팡질팡하고 있습니다. 저는 이 두 극단 사이에서 흔들리며, 균형을 잡지 못하고 있습니다. 아마 선사님의 말씀이 도움이 되겠지요? 그렇게 해주시면 대단히 감사하겠습니다.

데이브 올림

데이브에게,

편지 주셔서 감사합니다. 요즈음 어떻게 지내십니까?

당신은 나에게 '나'를 스물 아홉 번 보냈습니다. 이것이 당신에게 문제가 생기는 이유입니다. 당신은 단지 조그만 종이 한 장을 보낸 것이지만, 벌써 그 종이 위에 스물 아홉 개의 문제를 써 놓은 것입니다. 당신은 '나'를 사용하긴 했지만, 이 '나'를 알지는 못합니다. 그래서 문제가 있는 것입니다. 당신은 '나—나의—나를'을 사라지게 해야 합니다. 그러면 '나'가 없습니다. '나'가 없으면, 문제도 없습니다.

당신에게 '나'가 있으면, 당신에게 문제가 생깁니다. 만일 당신이 '나'를 열 번 만들면, 열 개의 문제가 생깁니다. 만일 당신이 '나'를 스무 번 만들면, 스무 개의 문제가 생깁니다. 만일 당신이 '나'를 천 번 만들면, 천 개의 문제가 생깁니다. 만일 당신이 '나'를 만 번 만들면, 만 개의 문제가 생깁니다. 얼마나 많이 원합니까?

편지에서 이렇게 말했습니다. "저는 섹스를 좋아합니다. 저는 기름진 음식을 좋아합니다. 저는 게으릅니다. 저는 금욕합니다. 저는 수행하려고 애씁니다. 저는 죄책감을 느낍니다. 저는 생각이 많습니다. 저는 제 자신과 싸웁니다. 저는 제 자신과 싸우지 않으려고 노력합니다. 저는 '영적인 백화점'에 있습니다. 저는 흔들립니다……" 저, 저, 저, 저, 저, 제, 제, 제. 이것이 당신에게 문제가 생기는 이유입니다. 만약 당신이 단지 '나'라는 것이 실제 없다는 것을 깨닫기만 하면, 도대체 어디에서 이런 문제들이 생길 수 있겠습니까? 또 생긴다 한들, 어디에 머물 수 있겠습니까? 이것을 당신이 깨닫기만 하면, 문제들은 벌써 사라져 버립니다.

그러면 어떻게 '나'를 만들지 않을 수 있을까요? 당신에게 아주 강하게, 묻겠습니다. 당신은 무엇입니까? 나에게 말하세요! 말하세요! 만약 모른다면, 오직 모를 뿐인 마음으로 곧바로 나아가십시오. 만 년 동안, 논스톱으로, 정진하고 정진하고 정진하십시오. 당신의 마음을 점검하지 마십시오. 당신의 느낌을 점검하지 마십시오. 당신의 알음알이도 점검하지 마십시오. OK? 모를 뿐인 마음으로 곧바로 나아가십시오. 이것이 당신의 삶을 도와 줄 것입니다. 하지만 조심하십시오! 나의 주장자에는 눈이 달려 있어서 당신의 머리를 쫓아갑니다. 당신이 '나'를 만드는 순간, 내 주장자는 당신을 찾아 후려칠 것입니다. 언제나, 어디에서나.

허공처럼 맑은, 오직 모를 뿐인 마음으로 곧바로 나아가, 삶과 죽음의 일대사 인연을 곧 마치고, 깨달음을 얻어, 일체 중생을 고통에서 제도해 주시길 빌어 마지않습니다.

숭산 합장

당신의 생각이 당신을 가둔다

선사님께,

심사숙고하고, 슬퍼하고, 괴로워하며, 저는 법사(法師)의 직을 사임코자 합니다. 선사님과의 개인적인 관계가 지속되기를 몹시 바라고 있습니다. 하지만 어디까지나 한 개인으로서의 관계이지, 법사로서는 아닙니다. 법사 주간 동안 어떻게 하는 것이 훌륭한 법사인지 분명히 알았습니다. 저는 대부분의 요건을 충족시키지 못한 것으로 생각됩니다. 그래서 법사인 것이 저에게는 큰 짐입니다. 처음부터 저의 업(業)은 의식이나, 조직, 법거량 그리고 공안과는 거리가 멀었습니다. 시간이 지남에 따라 그 거리는 더욱 멀어져 갈 뿐이었습니다. 법사 주간 동안 모든 법사들에게서 넘치는 환희와 활력을 보게 되어 저는 매우 행복했습니다. 하지만 한편으로는 그 모든 것으로부터 멀리 떨어져 있다는 이질감을 느낄 뿐이었습니다.

한 인간으로서 그리고 스승으로서의 선사님을 향한 엄청난 사랑과 존경 그리고 선사님의 궁극적이고 본래적인 가르침의 순수성과 힘이 아니었다면, 떠나야겠다는 결심을 하기가 훨씬 쉬웠을 것입니다. 선사님은 제가 만난 스승 중에서 가장 뛰어난 스승님이십니다. 그렇기는 하지만, 이제 저 혼자서 가야만 한다고 느낍니다. "네 자신을 믿으라."는 말씀은 아마도 '교수로서의 나' 그리고 지금 '선(禪) 법사로서의 나'를 포기하는 데에서 오는 두려움을 정면으로 받아들이라는 의미인 듯합니다.

저에 대하여 염려하지는 마십시오. 저는 매우 강하고, 한편 떠나는 것이 슬프기도 합니다. 곧 백일 수행에 들어갈 작정입니다. 사직에 관하여 말씀드리고 가사(袈裟)와 발우(鉢盂)를 돌려 드리기 전에 개인적으로 선사님을 찾아 뵙겠습니다.

선사님의 변함없는 사랑과 관용에 감사드립니다.

앤드루 올림

앤드루에게,

어떻게 지내십니까? 당신의 아름다운 편지 고맙습니다. 당신의 마음이 슬프니, 내 마음도 역시 매우 슬픕니다.

당신의 마음에는 장애가 많습니다. 나 또한 당신에게 장애입니다. 법사를 그만두고 가사와 발우를 돌려주겠다고 하였습니다. 하지만 이런 직함이나 가사 그리고 발우는 단지 겉모습일 뿐입니다. 그러니 이렇게 하는 것은 단지 외적인 행위일 뿐입니다. 나는 항상 당신에게 물었습니다. "무엇이 가장 중요한 것인가? 왜 당신은 이 세상에 살고 있는가? 왜 당신은 수행을 하는가? 왜 당신은 정진 법회에 동참하는가? 왜 당신은 가르치는가? 당신은 무엇인가?" 만약 답을 할 수 있다면, 나에게 말하십시오. 만약 답을 할 수 없다면, 당신의 마음속에서

'나—나와—나를'을 없어지게 해야만 합니다.

당신의 업을 안다고 말하였습니다. 그러나 사실은 당신의 업을 모르고 있습니다. 만약 당신의 업을 바르게 알고 있다면, 당신의 업을 사라지게 하는 일이 가능합니다. 당신은 단지 당신의 업에 걸려서 그것을 당신의 보물로 만든 것일 뿐입니다. 이것이 어리석음이고 미혹(迷惑)인 것입니다.

나는 당신을 매우 아낍니다. 그러나 당신은 내 말을 듣지 않습니다. 어떤 행동도 좋지도 않고 나쁘지도 않은 것입니다. 단순히 아무것도 만들지 마십시오. 만일 당신이 복잡하게 만들면, 복잡해집니다. 만일 당신이 아무것도 만들지 않으면, 당신의 마음은 텅 빕니다. 그러면 아무것도 장애가 되지 않습니다. 당신의 업이 "무언가로부터 멀리 떨어져 있다."고 하였습니다. 이 말은 당신이 마음속에 무언가를 만들어 그것에 강하게 걸려 있다는 뜻입니다. 이대로는 당신이 백일 수행을 하여도, 천일 수행을 하여도, 아니 평생 수행을 하여도 이 마음을 고칠 수 없습니다. 당신의 참된 길을 찾을 수 없을 것입니다.

나에게 가사와 발우를 돌려주는 일은 당신의 생각에 더욱 걸릴 뿐입니다. 나는 항상 당신에게 말했습니다. 당신은 '나의 견해', '나의 조건', '나의 상황'을 사라지게 만들어야만 한다고 말입니다. 그러면 당신의 올바른 견해, 올바른 조건, 올바른 상황이 나타날 것입니다.

언젠가 당신은 우리에 갇힌 곰에 관한 아름다운 법문을 한 적이 있었습니다. 아주 훌륭한 이야기였습니다.

깊은 산속에 커다란 검은 곰이 살고 있었는데, 그 곰은 행복했고 자유로웠습니다. 잠을 자지 않는 동안에는 주로 먹이를 찾아 다녔는데, 때로는 먹이를 찾는 경우도 있었고 찾지 못하는 때도 있었습니다. 곰은 그렇게 살아가고 있었습니다.

어느 날 사람들이 그 곰을 잡아다 서커스단에 데려가 작은 우리에 가두었습니다. 그로부터 얼마 지나지 않아 사육사가 서커스 묘기를 가르쳤습니다. 곰은 묘기를 잘 부리면 먹이를 얻을 수 있었습니다. 그 밖의 시간은 좁은 우리 안에서 어슬렁거릴 뿐이었습니다. 그 우리는 너무 작아서 곰은 그 우리에 대해 속속들이 잘 알았습니다. 곰은 언제나 배불리 먹을 수 있었고 그래서 산속에서의 생활은 곧 잊어 버렸습니다.

칠 년의 세월이 흐른 어느 날 저녁, 사람들이 침입하여 우리를 부수고 갇힌 동물들을 모두 풀어주었습니다. 곰은 갑자기 자유를 찾게 되었고 서커스단에서 나와 길을 따라 이전에 살았던 산으로 돌아갔습니다. 하지만 곰에게 산은 이미 낯선 곳이었고 먹이를 찾는 것 또한 쉬운 일이 아니었습니다. 그래서 곰은 재주넘기를 하기 시작했습니다. 앞으로 넘고 뒤로 넘고, 앞으로 넘고 뒤로 넘고. 그러자 근처에 있던 곰들이 다가와 한동안 그것을 보고는 지금 무엇을 하느냐고 물었습니다.

"아, 지금 재주를 부리고 있어. 그러면 먹이를 얻을 수 있거든."

"아이구, 이런 밥통아!"

다른 곰들이 비웃었습니다.

"너는 지금 산속에 있는 거야. 네가 아무리 재주를 부린다 해도 누가 너에게 먹이를 주냐? 먹이는 네가 찾는 거야!"

이 곰은 자신의 우리에 집착하게 되었기 때문에 자유에 대한 모든 것을 잃어 버렸던 것입니다. 누구나 마찬가지입니다. 누구나 집착하게 되는 자신만의 우리가 있습니다. 의사 우리, 변호사 우리, 교수 우리, 직업 우리, 우정 우리, 가족 우리 등등입니다. 사람들은 이 우리 안에 살면서 참으로 자유가 무언지 알지 못합니다. 이 말은 사람들이 자기 우리 밖의 세상에 대하여는 알지 못한 채 살아가고 있다는 뜻입니다. 우리 안의 삶만을 알 뿐인 것입니다.

지금 당신의 머리는 그 곰의 머리와 같습니다. 당신이 갇혀 있는 그 우리를 아주 좋아하고 있기 때문에 "나는 강하다."라고 말하는 것입니다. 이 말은 "내 우리는 강하다."는 말에 다름아닌 것입니다. "더 이상 법사가 아닙니다."라고 나에게 말하는 것은 "제 우리 안으로 들어오지 마세요."라고 말하는 것입니다. 그러나 나는 당신의 우리를 부숴 버리고 당신을 완전한 자유인으로 그리고 위대한 인간으로 만들고자 합니다. 그렇기 때문에 나는 당신이 자신의 우리를 강하게 만드는 것을 보고 슬퍼하는 것입니다. 언젠가 당신의 우리도 약해질 것입니다. 그러면 내가 당신을 도울 수 있습니다. 만일 당신의 무언가에 걸려 있는 마음을 내려놓아 버리면, 당신의 우리는 사라질 것입니다. 그 걸려 있는 마음이 바로 '나' 입니다. 당신의 '나'를 죽여야 합니다. 꼭 그렇게 해야만 합니다. 당신이 이 '나' 에 걸려 있으면, 영겁의 세월을 두고 수행하더라도 당신의 참된 길을 찾을 수가 없습니다.

당신은 $1 - 1 = 0$이라는 것을 알아야 합니다. 아주 간단합니다.

어렵지 않습니다. 이 간단한 셈을 모른다면 다시 초등학교로 돌아가야 할 것입니다. 당신은 알음알이가 너무 많습니다. 이 알음알이가 얼마나 당신에게 소용이 됩니까? 요가를 매일 한다고 합니다. 무엇 때문에 요가를 합니까? 이 왜가 중요합니다. 당신 몸뚱이만을 위해? 당신의 삶만을 위해? 당신의 마음만을 다스리기 위해? 오로지 진리만을 위해? 어느 것입니까?

당신과 나, 우리의 삶은 곧 끝이 납니다. 누가 당신의 삶을 보장해 줍니까? 당신은 무엇을 원합니까? 당신은 이미 모든 것을 가지고 있습니다. 하지만 당신은 자신의 꿈에서 깨어나지 못하고 있습니다. 내가 당신에게 이릅니다. 깨어나라! 깨어나라! 오직 모를 뿐인 마음으로 곧바로 나아가라. 아무것도 만들지 마십시오. 아무것에도 걸리지 마십시오. 가사와 발우 혹은 어떤 다른 가르침의 형식에 대해서도 걱정하지 마십시오. 이것은 나의 일이지, 당신의 일이 아닙니다. 내게 백일 수행을 하고 싶다고 이야기하였습니다. 만일 당신이 떠나기에 앞서서 당신의 수행에 대하여 나에게 말하고 싶다면, 좋습니다. 그런 다음에, 백일 수행을 마치고 다시 만나 법사로 있는 문제에 대하여 이야기합시다. "나는 강하니, 걱정하지 마십시오."라고 하였습니다. 나는 걱정하지 않을 수 없습니다. 당신이 자신의 우리를 강하게 만들고 있기 때문에 나는 매우 우려하고 있습니다.

오직 모를 뿐인 마음으로 곧바로 나아가, 당신의 소아(小我)를 죽이고, 허공처럼 맑은 마음을 지녀, 삶과 죽음의 일대사 인연을 곧 마치고 완전한 자유를 얻어, 깨달음을 얻고, 일체 중생을 고통에서 제도해 주시길 빌어 마지않습니다.

숭산 합장

내버려 둔 꿈

선사님께,

7월 18일까지 달마사 선원을 현재 있는 건물에서 옮겨야 한다는 통지를 받았다는 소식은 들으셨을 것입니다. 서둘러서 이사를 해야 하겠지만, 가능하다면 우리들은 함께 살기로 결정하였습니다. 일주일 내내 이사갈 곳을 물색했지만 지금 당장은 마땅한 집을 찾을 수가 없어서, 다른 대책이 생길 때까진 각자 흩어져 살아야만 합니다. 함께 모여 수행할 선원이 없어 따로 수행해야 하니 우리 모두는 슬퍼하고 있습니다.

지금 저는 팸과 함께 조그마한 아파트에서 살면서 아침저녁으로 절하고 좌선을 합니다. 하지만 함께 수행하던 도반들이 그립습니다.

몇 주 전 재미있는 꿈을 꾸었습니다. 사실 몇 년 동안 비슷한 꿈을 꿨었는데 이번에는 좀 달랐습니다. 대개는 누군가 저를 죽이려 하거나 해치려고 하여 제가 도와달라고 소리치면 아무 소리도 나오지 않는 그런 꿈이었습니다. 잠에서 깨어나면 만사 아무 일도 없을 것이라는 사실은 잠자면서도 알고 있습니다. 보통은 깜짝 놀라 잠에서 깨어나는데, 식은땀으로 온몸이 흠뻑 젖고 몹시 두려운 느낌에 사로잡히곤 했습니다.

그런데 이번에는 달랐습니다. 누군가가 나를 해치려 하는데, 그 상황에서 벗어나도록 도와달라고 하지 않았습니다. 그 대신에 제가 잠들어 있다는 것을 아는 제 마음이 갑자기 저에게 이 상황을 다루는 다른 방법이 있다고 알려 주었습니다. 그 마음은 저의 잠자고 있는 자아에게 "내버려 둬. 싸우지 말고, 죽어야 한다면 죽어도 돼."라고 말해 주었습니다. 제 자신이 평안해지는 것을 느꼈고 무슨 일이 일어나든 그대로 놓아두자는 생각이 들었습니다. 저는 조금 지나서, 놀라지도 않고 식은땀을 흘리지도 않은 채 깨어났습니다. 우리 자신이 이기적이고 못났다는 것을 알면서도 여전히 그런 자신에 매달리고 있다는 것이 얼마나 우스꽝스러운 일입니까? 그런 꿈들에 무관심하기는 쉽지 않습니다. 그리고 이런 식으로 대처하는 것 말고 다른 어떤 방법이 있을까요?

제가 드릴 말씀은 다 드렸습니다. 건강에 유의하시고 프라비던스 선원의 모든 이들에게도 안부 전해 주십시오. 다시 뵙기를 기원합니다.

앨리셔 올림

앨리셔에게,

　당신과 당신의 법우 모두 안녕하십니까? 재미있는 편지를 보내주어 고맙습니다. 씨 호이가 법사 용맹정진에 왔다가 달마사 선원의 상황에 대하여 같은 얘기를 해주었습니다. 나쁜 상황이 좋은 상황입니다. 그리고 좋은 상황이 나쁜 상황일 수도 있습니다. 지금 당신들은 모두 따로 흩어져 살고, 따로따로 수행하고, 새 장소를 물색하는 데 문제도 있을 것입니다. 그렇지만 당신들이 올바른 상황을 지킨다면, 어떤 문제라도 다 당신들에게 좋은 가르침이 됩니다.

　만약 당신에게 방향이 없다면, 어떤 문제이든 큰 문제가 되고 많은 고통을 줄 것입니다. 하지만 우리의 수행은 '나—나의—나를'을 점검하지 않고, 오로지 곧바로 나아가는 것입니다. 이렇게 하면 나쁜 상황은 좋은 상황이 되고, 큰 문제는 우리들의 좋은 스승이 됩니다. 모든 것이 아무런 문제도 없습니다.

　편지를 읽어보았습니다. 당신은 매우 강한 사람입니다. 훌륭합니다! 당신은 강하고 훌륭한 참선 수행자입니다. 머지않아 새 집을 구해 함께 수행할 수 있을 것입니다. 지금 우리는 어려운 시기를 겪고 있습니다. 하지만 '어려운 시기'를 만들지 마십시오. 그러면 좋은 시기를 맞을 것입니다. 그러니 아무것도 만들지 말고 오로지 곧바로 나아가십시오. 그러면 모든 것을 가질 것입니다.

　이 세상 전체가, 일체 만물이 변하고, 변합니다. 하지만 순간순간 일체 만물은 완벽하게 완전합니다. 이것은, 당신의 마음이 완전하면 일체 만물이 완전하고 매 순간 역시 완전하다는 뜻입니다. 만약 당신의 마음이 완전하지 못하면, 일체 만물이 완전하지 않고, 그러면 매 순간이 큰 문제입니다. 완전하지 않다는 말은 무언가를 만든다는 말이고, 무언가로부터 분리되어 있다는 뜻입니다. 나와 너, 주관과 객관이 이것에서 비롯됩니다. 그렇지만 완전하다는 말은 아무것도 만들지 않는다는 뜻입니다. 이미, 모든 것이, 완전합니다. 그래서 내가 당신에게 이릅니다. 오직 모를 뿐인 마음으로 곧바로 나아가라.

꿈을 꾸었다고 하였습니다. 과거에는 꿈을 꾸고 나면 식은땀에 흠뻑 젖고 몹시 두려움을 느꼈는데, 지금은 땀도 흘리지 않고 두렵지도 않다고 하였습니다. 훌륭하다고 말씀드립니다. 이것은 당신의 나쁜 업이 그만큼 사라졌고, 당신이 그만큼 더 강해졌다는 뜻입니다. 꿈은 제7식과 제8식의 작용입니다. 전에는, 당신이 무언가를 만들었습니다. 그리고 이 무엇인가가 당신의 제8식에 남아 있었던 것입니다. 밤에는 당신의 제6식이 제7식과 제8식으로부터 분리됩니다. 모든 나쁜 업과 좋은 업은 모두 '의식의 창고' 또는 순수한 기억의 영역인 제8식에 저장되어 있습니다. 어떤 사람이 나쁜 업이 많으면 매일 밤 이 사람은 나쁜 꿈을 꿉니다. 어떤 사람이 좋은 업이 많으면 매일 밤 이 사람은 좋은 꿈을 꿉니다. 하지만 이런 꿈은 본래 공(空)한 것입니다. 텅 빈 것이지요. 당신이 텅 빈 마음을 오랫동안 지키면, 좋음과 나쁨은 사라지고 당신의 의식은 매우 맑아집니다.

당신의 꿈은 나쁜 꿈이었습니다. 하지만 당신이 그것을 다스렸습니다. 이것은 당신의 마음이 맑아졌다는 뜻입니다. 그러니 오직 모를 뿐인 마음으로 곧바로 나아가십시오. 그러면 당신의 마음은 더욱 맑아질 것이고, 당신의 삶을 다스리는 것도 역시 아무런 문제가 없을 것입니다. 그러면 당신은 꿈을 알게 될 것입니다. 그러면 당신은 바른 길도 알게 될 것입니다.

오래 전 중국에는 선(禪)의 오가(五家 : 다섯 종파)가 있었습니다. 임제종(臨濟宗), 조동종(曹洞宗), 법안종(法眼宗), 운문종(雲門宗), 위앙종(潙仰宗)이 그것입니다. 위산(潙山)과 앙산(仰山)이 함께 하나의 종파를 열었는데 그것이 위앙종입니다. 위산이 스승이고 앙산은 위산의 제자입니다.

하루는 위산이 낮잠을 자고 있었습니다. 그 당시 앙산은 위산의 상좌(上佐 : 도제, 비서역)였습니다. 앙산이 문을 열고 들어오다 스승께서 주무시는 것을 보고 슬며시 문을 닫았습니다. 위산 선사가 일어나 앉으면서 말했습니다.

"나는 마침 꿈을 꾸고 있던 참이다. 어떤 꿈이었는지, 네가 내게 물어보지 않겠느냐?"

앙산이 대답하였습니다.

"예, 방금 알았습니다." 하고, 밖으로 나가 대야에 물을 떠가지고 왔습니다.

"스님, 세수나 하시지요."

"오, 고맙구나. 세수를 하게 하다니."

이번에는 다른 제자인, 나중에 조사가 된 향엄(香嚴)이 방으로 들어왔습니다. 위산 선사가 말했습니다.

"나는 아까 꿈을 꿨는데, 앙산과는 그 꿈을 놓고 문답을 마친 바가 있다. 너도 한번 그것이 어떤 꿈이었는지, 내게 물어보지 않겠느냐?"

향엄은 "예, 스승님." 하고 나가 부엌에서 차를 끓여 가지고 돌아왔습니다.

"스님, 차나 한잔 드십시오."

그러자, 위산 선사가 말했습니다.

"아, 두 사람의 견해가 목련(目連)보다 더하구나. 모두 내 꿈을 알았다."

이 이야기에 담긴 의미가 무엇입니까? 내가 말씀드리겠습니다. 당신이 잠에서 깨어나면 먼저 세수를 하고 그런 다음에는 차를 마십니다. 이것뿐입니다! 이것이 올바른 길입니다. 만약 당신이 꿈을 완전하게 안다면, 당신은 올바른 길을 안 것입니다. 너무 간단하죠? 하지만 모두들 복잡한 삶을 좋아합니다. 그래서 알지 못하는 것입니다.

당신은 이 세상 전체가 꿈이라는 것을 알아야 합니다. 그러면 당신의 탐욕도 꿈이고, 당신의 노여움도 꿈이며, 당신의 어리석음도 꿈이라는 것을 알 것입니다. 당신은 꿈을 알아야 합니다. 그러면 자기 자신을 위한 탐욕을 버리고 오직 다른 이들을 위하여 살게 될 것입니다. 하지만 안다는 것만으론 충분하지 않습니다. 당신은 꿈을 깨달아야만 합니다. 그러면 당신은 자신의 참된 자기를 알 것입니다.

내 몸은 건강합니다. 아무런 문제도 없습니다. 프라비던스 선원에 있는 모두가 당신에게 안부를 전합니다.

오직 모를 뿐인 마음으로 곧바로 나아가, 꿈을 깨닫고, 깨달음을 얻어, 일체 중생을 고통에서 제도해 주시길 빌어 마지않습니다.

숭산 합장

그림으로 보여주는 가르침

선사님께,

선사님과 워싱턴에 계시는 선사님의 법사들이 이끈 워크숍에서 매우 즐거운 시간을 보냈다는 말씀을 드리고 싶습니다. 실로 오랜만에 그런 모임에 동참하였습니다.

수행에 따른 의식을 잘 모르면서도 먼저 테이프와 가사를 보내달라고 신청서를 보냈습니다. 그리고 뉴욕 용맹정진에 앞서 숙제를 조금 풀어볼 계획입니다.

한 아이가 낯선 영광의 땅에서
쿵쿵거리며 꽃내음을 맡고
나무를 먹는다.

저를 선사님의 제자로 맞아주셔서 감사합니다.

워싱턴 D.C.에서 머리 올림

머리에게,

당신의 시는 매우 흥미로웠지만 그 뜻은 알지 못하겠습니다. 마지막 구절, "나무를 먹는다."는 것이 무슨 뜻이지요? 누가 나무를 먹고 있습니까? 어떻게 나무가 먹힐 수 있지요?

여기 당신을 위한 시가 있습니다.

진흙소 두 마리가 씨름을 한다
빙빙빙 돌면서 서로를 당기다,
바다 속으로 빠졌다.
누가 이기고, 누가 졌을까?
뒷소식은 없다
갈매기가 물 위를 난다
바다는 푸르다

숭산 합장

선사님께,

새로운 언어를 처음 배울 때에는 항상 서서히 배워야 하고 숙달하기 위해선 연습이 필요합니다. 그동안 제가 연습한 바입니다.

수영을 배우려면
물 속에 들어가라!
쓰레기 더미 밑에 참 스승 있는 법.
쓰레기를 치우지 말라!
참 스승 찾자,
쓰레기 더미는 사라진다.
실망이란 환희로운 것!
그것은 항상 내 코밑에 있지!
하지만 나는, 다른 것을 찾아 헤매다,
그것을 놓쳐 버렸다……
특별할 것도 없다!
다를 것도 없다!
처음에는 계율이 있다
그리고… 계율
그리고 지금은……
아무것도 없다!!!
하지만……
계율
참 스승에게 여쭈었지, "나는 왜 여기 있느냐?"고

"가르치기 위해" 대답이 왔었다.
"무엇을 가르치기 위함일까?"
"네가 이미 알고 있지 않느냐!"
"하지만 저는 모릅니다!!"
"괜찮다. 선사님이 가르쳐 주실 것이다.
어떻게 할지를."

연못에 사는 물고기 머리 올림

머리에게,
편지와 훌륭한 시 고맙게 받아 보았습니다.
당신의 시는 아주 부드럽고 아름다웠습니다. 하지만 머리와 발만 건드렸습니다. 당신의 몸통은 어디에 있습니까? 팔은 어디에 있고요?

오래 전에 고봉 선사께서 제자들에게 매일 같이 말하였습니다.
"여기 시가 한 수 있는데, 이 시에는 능히 죽이고 살릴 수 있는 사활구(死活句)가 한 구절이 있으니, 어떤 것인지 일러보아라."

바다 속 진흙소가 달을 머금어 몰고 가고
바위 앞 돌호랑이 아기 안고 잠을 잔다
쇠 뱀이 금강의 눈을 뚫고 들어가는데
코끼리가 탄 곤륜을 백로가 끌고 간다*

당신은 과연 이 능사능활(能死能活)의 한 구절을 찾을 수 있겠습니까? 그것을 찾으면, 당신의 몸통과 당신의 팔다리를 찾을 것입니다.

숭산 합장

존경하는 선사님께,

머리 올림

---

* 이 게송(偈頌)은 도솔종열(兜率從悅. 1044~1091년) 선사의 게송이다. 고봉 선사는 이 게송을 인용하여 제자들에게 문제를 낸 것이다. 이 게송의 원문은 "海底泥牛啣月走 岩前石虎抱兒眠 鐵蛇鑽入金剛眼 崑崙騎象鷺鷥牽"이다. — 옮긴이 주

머리에게,

당신은 이것을 압니까? 이것이 무엇입니까?

숭산 합장

선사님께,

머리 올림

머리에게,

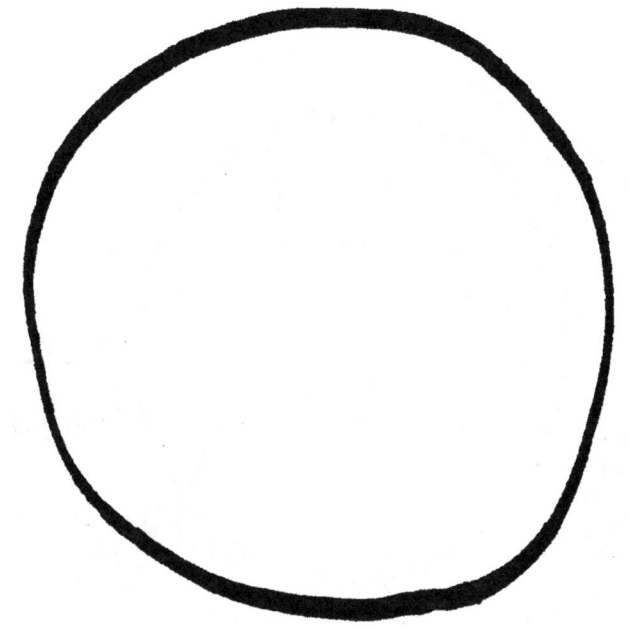

당신의 답은 훌륭합니다. 하지만 당신은 원숭이입니다.
다시 묻겠습니다. 이것이 무엇입니까?

숭산 합장

선사님께,
답장이 늦어 죄송합니다.

머리 올림

머리에게,

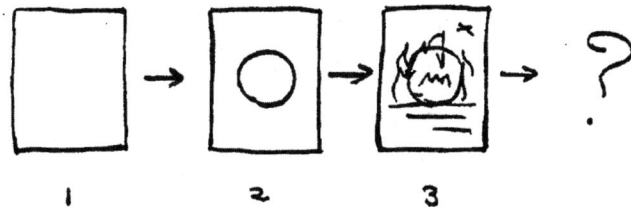

숭산 합장

선사님께,

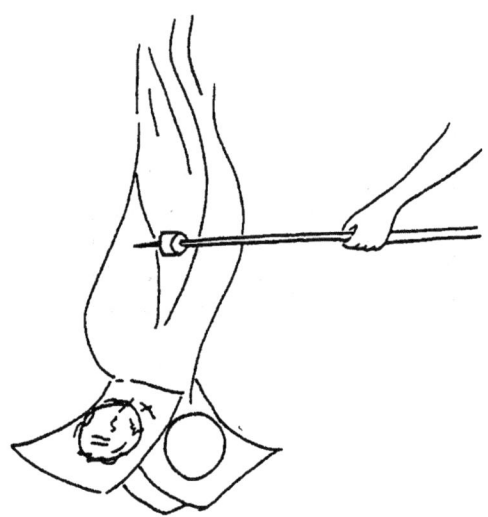

머리 올림

머리에게,

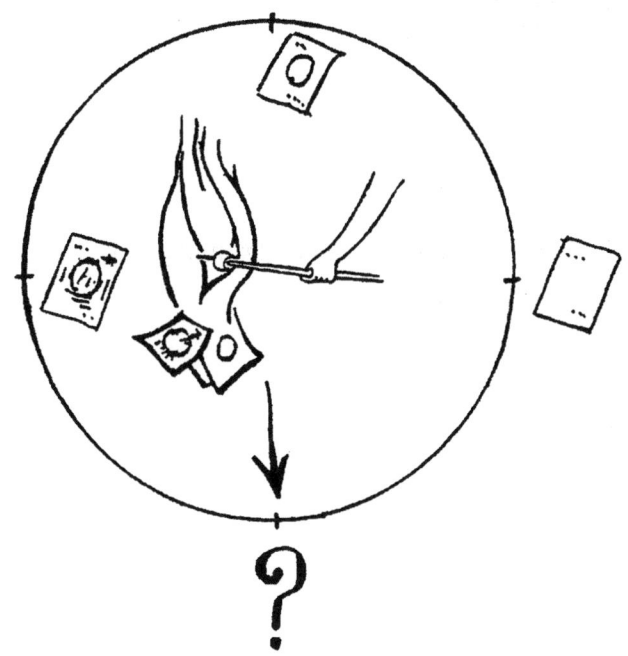

한 걸음 더 나아가세요!

숭산 합장

선사님께,

저는 애리조나에 계신 부모님께 와 있습니다. 하지만 5월 17일 이후에는 워싱턴에 있을 겁니다.

즐거운 여행 되세요.

　　　　　　　　　　　　　　　　　　　　　　　머리 올림

머리에게,

편지 주셔서 감사합니다. 요즈음 어떻게 지내십니까?

그림으로 대답하세요.

　　　　　　　　　　　　　　　　　　　　　　　숭산 합장

선사님께,

머리 올림

머리에게,

당신의 답은 나쁘지 않고 매우 좋습니다만, 아직은 350도이지 360도가 아닙니다.

무엇이 "색즉시색(色卽是色)이고 공즉시공(空卽是空)"입니까?

힌트를 하나 주겠습니다. 선원청규에 "크고 둥근 거울에는 좋음과 싫음이 없다."라는 말이 있습니다.

숭산 합장

선사님께,

구름이 온다… 구름. 비행기가 온다… 비행기.

머리 올림

머리에게,
　당신의 답이 이렇게 훌륭할 줄이야! 훌륭합니다! 훌륭합니다! 아주 훌륭합니다!

　당신은 이제 즉여(卽如)를 알았습니다. 즉여를 아는 것은 매우 쉽습니다. 하지만 즉여를 지키기는 매우 어렵습니다.

　항상 즉여를 지키고, 삶과 죽음의 일대사 인연을 곧 마치어, 일체 중생을 고통에서 제도해 주시길 빌어 마지않습니다.

숭산 합장

숭산 대선사의 생애

어린 시절

숭산(崇山) 대선사는 1927년 8월 1일 평안남도 순천군 순천읍에서 독실한 장로교 계통의 기독교 가정의 4대 독자로 태어났습니다. 속성은 전주 이(李)씨로 이름을 덕인(德仁)이라 하였습니다.

토목업과 조상으로부터 물려받은 넓은 과수원을 경영하던 부친과 신앙심이 깊은 어머니의 보살핌 속에서 덕인은 비교적 유복하고 순탄한 유년시절을 보낼 수 있었습니다.

순천공립학교를 졸업하고 이듬해 평양에 있는 평양공업학교에 들어간 덕인은 무언가 조국의 독립을 위하여 노력해야겠다는 결심을 하고 지하독립운동에 가담하였습니다. 단파수신기를 만들어 하와이에서 방송되는 '미국의 소리'를 청취하여 그 내용을 주변에 전파하고 주위에서 일어나는 여러 가지 사건들을 수집하여 길림성의 독립군에게 보내는 등의 활동을 하였습니다. 그로 인해 몇 달 뒤 일본 경찰에 의해 체포되었고 평양의 감옥소에서 4개월 반 동안 갖은 곤욕을 다 치루었습니다.

부친의 노력과 교장선생님의 보증으로 감옥에서 풀려난 덕인은 친구 두 명과 함께 부모님에게서 돈 500원을 훔쳐 팔로군 본부가 있는 봉천으로 갔습니다. 독립군과 합세하려 하였지만 뜻을 이루지 못하고 한 달여 만에 다시 집으로 돌아왔습니다. 이렇게 하여 학교를 졸업하고 다음해 대동공전에 입학하였습니다.

대동공전 1학년 가을에 해방이 되었습니다. 이때 평양학생운동이 일어났는데 덕인은 이 사건의 주모자로 활동을 하던 터였습니다. 결국, 묘향산으로 도망을 가 보현사(普賢寺) 상윤암에 숨어 겨울을 보냈습니다. 이것이 덕인이 불교와 인연을 맺게 된 첫 계기였습니다.

다음해 봄, 3·1절에 평양농고 학생들의 평양역 수류탄 투척사건이 일어나자 북한 당국은 학생들에 대한 일제 검거에 나섰습니다. 이 일로 묘향산에 숨어 있던 덕인은 서울로 월남하게 되었습니다.

성속(聖俗)의 갈림길에 서다

월남한 덕인은 동국대학교(東國大學校)에 입학하였습니다. 처음에는 문과에 입학하였으나 깊이 있는 공부를 위해 불교과로 전과(轉科)해 졸업하였습니다. 라디오를 고치는 기술이 있어 그것으로 학비를 조달하며 공부하였습니다. 그 당시 북한에서 월남한 학생들이 조직한 서북청년회라는 단체가 있었는데 직접 가담하지는 않았습니다.

동국대학교를 졸업하던 해인 1947년 3·1절이었습니다. 그 날 남대문 옆 농림부 자리에서 좌·우익 학생들의 유혈사태가 발생하였습니다.

그것을 보고 덕인은 머리를 깎았습니다.

"이제 우리 조선은 망한다. 도저히 살 길이 없다. 3·1 운동은 2천만 민족이 한 덩어리가 되어 독립을 위해 일본과 싸운 날이다. 그런데 오늘 해방이 되어 이 3·1 운동을 기념하는 행사를 하는 이 마당에 왜 총질을 하는가? 이것은 망국의 징조이다. 자신의 주체성을 잃어 버리고 사는 것이다."

덕인은 그날로 머리를 깎고 사상전집 10권을 싸들고 김구 선생께서 공부하셨다는 마곡사(麻谷寺)로 들어갔습니다. 처음에는 부용암에 머물다가 서산의 한 민가로 옮겨 석 달을 대학(大學), 중용(中庸), 논어(論語)를 읽었습니다. 그러나 그것만으로는 만족할 수가 없어 다시 절로 돌아왔습니다. 그때 마침 친구인 한 스님이 신소천 선생이 쓴 노란 표지의 《금강경(金剛經)》한 권을 주어 읽게 되었습니다.

'범소유상 개시허망 약견제상 비상 즉견여래(凡所有相 皆是虛妄 若見諸相 非相 卽見如來)'라는 대목에서 무언가 머리를 치는 것이 있었습니다.

"아! 세상이 다 허망하구나. 내가 전에는 부처님 경전의 한 부분만을 보고 불교는 미신이다, 인과법이다, 무엇이다라고 하였는데 부처님 가르침의 골수가 모두 여기에 있었구나." 하면서 흐뭇해 하였습니다. 정말 불교가 좋구나 하면서 보아 나가니 모든 문제들이 그만 술술 풀려 나갔습니다. 《반야심경(般若心經)》의 '무안이비설신의(無眼耳鼻舌身意)'니 '무색성향미촉법(無色聲香味觸法)' 등이 가슴 한가운데 깊숙히 들어와 박혔습니다.

그런 중에도 "내가 우리집 4대 독자인데 만약 우리 부모님이 남한에 와서 내가 중이 되었다는 것을 아시면 얼마나 슬퍼하실까?" 하다가도, "4대 독자가 뭐하는 것이냐? 부처님께서는 왕자로서 나라도 버리고 부모, 처자 모두 버리고 출가하셨는데, 내게는 이만한 용기도 없는가?"라고 다독이며 몇 개월 동안 치열한 내면의 싸움을 하였습니다.

까마귀는 나무 위에 날다

마침내 1947년 9월 10일 마곡사의 감원을 맡아 보시던 조수해 스님에게 출가하여 사미계를 받았습니다. 계를 받자 곧 친구인 다른 스님에게 물었습니다.

"기도 중에서 가장 어려운 기도가 무엇이냐? 나는 이번에 생사를 뚝 떼어놓고 단번에 이루거나 죽거나 미치거나 이 셋 중에서 하나를 결정하겠다. 가장 어려운 기도가 무엇이냐?"

"기도 중에서 가장 어려운 것은 '신묘장구대다라니(神妙章句大陀羅尼)'인데 100일 동안만 열심히 외우면 도통을 하든지 죽든지 미치든지 한다."

이 말을 들은 숭산 선사는 솔잎을 말려 가루를 내 원각산 부용암으로 들어가 100일 다라니 기도를 시작하였습니다. 초저녁에 한숨 자고 밤새 신묘장구대다라니를 외우고, 오전에 한숨 자고 다시 신묘장구대다라니를 외워 하루의 수면 시간은 2~3시간에 불과하였습니다. 원각산 꼭대기 부용암 산신각 마룻바닥에 앉아 신묘장구대다라니만 외우면서 밤에는 물통에 언 얼음을 깨 그 물로 목욕을 하고 다시 신묘장구대다라니만 붙들면서 추운 삼동을 지냈습니다.

한 달쯤 지나자 무서운 환상이 보였습니다. 어둠 속에서 마구니가 나타나 욕설을 내뱉기도 하고 큰 구렁이나 호랑이가 삼킬 듯 덤벼들고, 무시무시한 장군이 나타나 커다란 칼로 목을 치려고 하는 등 여러 환각들이 나타났습니다. 이렇게 50일이 지나자 이번에는 즐거운 환각이 나타나기 시작하였습니다.

잠깐 눈을 붙이면 백의의 관세음보살이 와서 어깨를 두들겨 주기도 하고, 아침이 되어 신묘장구대다라니를 영창하고 있으면 하늘에서 보살이 내려와 장하다고 칭찬하기도 하고, 잠시 지쳐 무릎을 꿇고 엎드려 있으면 잠을 깨워주기도 하였습니다.

80일째부터는 솔잎이 몸에 배어 건강도 좋아지고 힘이 솟는 것을 느낄 수 있었습니다. 피부는 솔잎처럼 파랗게 변색되었습니다.

100일 기도를 회향하기 1주일 전부터는, 새벽에 도량석을 하려고 목탁을 치면 어디선가 열한두 살쯤 되어 보이는 동자 두 명이 나타나서 함께 도량석을 하였습니다. 그들은 색상이 화려한 옷을 입고 있었고 얼굴은 하늘에서 내려온 듯 매우 아름다웠습니다. 선사께서는 그들을 보고 매우 놀랐습니다. 자신의 마음이 완전히 맑아졌다고 느꼈는데 도대체 어디서 이런 것들이 나타났는지 알 수가 없었습니다.

도량석을 돌 때 요사채와 산신각 사이에는 큰 바위가 있어 약 5미터 가량 겨우 한 사람만이 지날 수 있는 길이 있는데, 이곳에서 동자들은 바위 위로 걷는 것이 아니라 바위 속으로 걸어가는 것이었습니다. 이것은 꿈이 아니고 현실이었습니다. 그러나 도량석을 끝내고 돌아보면 종적이 묘연하였습니다. 이렇게 1주일을 보냈습니다. 이 동자들이 나타나고부터는 마음이 우주와 하나가 되었는지 자연과 하나가 되었는지 허공에 떠서 사는 듯 그렇게 맑고 기쁠 수가 없었습니다.

99일째 되던 날 어떤 사람이 걸망을 짊어지고 건너편 산길을 가는 것이 보였습니다. 까마귀가 그곳에 있다가 파다닥 날면서 까악까악 우는데 그것을 보고 그만 마음이 활짝 열렸습니다. 그리고 그 자리에서 게송(偈頌)을 하나 지었습니다.

원각산하 한 길은 지금 길이 아니건만
배낭 메고 가는 길손 옛사람 아니로다
탁탁탁 걸음소리 옛과 지금 꿰었는데
깍깍깍 까마귀는 나무 위에 나는구나
圓覺山下非今路 背囊行客非古人
濯濯履聲貫古今 可可烏聲飛上樹

드디어 100일을 채워 신묘장구대다라니 기도를 회향하는 날이 되었습니다. 산신각 밖으로 나와 목탁을 두드리며 신묘장구대다라니를 조용히 영창하였습니다. 그때 숭산 선사는 자신이 몸을 떠나 무한공간 속에 있음을 느꼈습니다. 무념무상의 삼매경에 이른 것입니다. 진리란 참으로 이와 같은 것이었습니다.

고봉 대선사를 만나다

그후 곧 산을 내려와 마곡사에 계시던 은사이신 조수해 스님께 말씀드렸습니다.
"저는 이제 중노릇을 하려면 똑똑한 중노릇을 해야겠으니, 만공(滿空) 스님 회상으로 가든지 한암(漢巖) 스님 회상으로 가든지 해야겠습니다."
"만공 선사께서는 이미 열반하셨다. 이곳 토굴에 거사들이 모여 한국에서 제일 가는 선지식 한 분을 모시고 선방을 만든다 하니, 그곳에 가서 공부하는 것이 어떻겠느냐? 그곳에서 안되면 그때 오대산 한암 선사 회상에 가든지 어디를 가든지 하거라."
이렇게 하여 거사들이 공부하는 토굴에 가서 공양주로 살면서 공부하기로 하였습니다. 거사들이 대표를 뽑아 만공 선사의 회상에서 가장 큰 스님인 고봉(高峯) 선사를 모셔오기로 하고, 세 번을 찾아간 끝에 고봉 선사께서 마곡사로 오시기로 하였습니다. 고봉 선사는 당대 제일의 선지식으로 만공 선사도 그의 법을 따라가지 못했다는 평을 들었습니다. 고봉 선사는 "머리 깎은 중들이란 다 도둑놈들이다. 벼룩 세 마리는 데리고 다녀도 중 셋은 데리고 다닐 수 없을 만큼 말을 안 듣는 놈들이니 법문을 할 수 없다."고 하며 비구니들과 거사들에게만 법문을 해주시던 그런 스님이었습니다.
고봉 선사가 마곡사에 와 법회를 가진 날, 저녁이 깊어 사람들이 다 가고 조용해진 후에 숭산 선사는 장삼을 입고 목탁 하나를 들고 고봉 선사에게 갔습니다. 공손히 고봉 선사께 절을 올리고 불쑥 목탁을 내

밀었습니다.

"이것이 무엇입니까?"

고봉 선사는 숭산 선사를 물끄러미 바라보더니 말없이 목탁채를 집어들어 목탁을 때렸습니다.

"감사합니다." 하고 숭산 선사가 일어서 나가는데 고봉 선사가 다시 들어오라고 하였습니다.

"네가 부처를 보았느냐, 절을 보았느냐?"

"아무것도 안 보았습니다."

"아무것도 안 봐? 그럼 왜 목탁은 가지고 들어왔느냐?"

"……"

"막혔지?"

"모르겠습니다."

"공부를 더 하거라. 그런데 너는 무엇을 공부하였느냐?"

"신묘장구대다라니를 외우고 있습니다."

"아, 신묘장구대다라니는 업장을 녹이고 소원을 성취하게는 하지만 참으로 마음을 깨닫게 하지는 못하느니라. 이제부터는 화두(話頭)를 들어라. 옛날 한 스님이 조주 선사에게 묻기를 '달마 대사가 서쪽에서 온 까닭이 무엇입니까(如何是祖師西來意)?'라고 하였더니 조주 선사는 '뜰 앞의 측백나무(庭前栢樹子)'라고 하였다. 이게 무슨 뜻이냐?"

"모르겠습니다."

"모르면 그 의심덩어리를 끌고 나가라. 모르면 모르는 거고 알면 아는 것이다."

"알겠습니다."

"너는 이제부터 수덕사(修德寺)로 가서 살아라. 여기 있다가 결제 때에는 수덕사로 가거라. 그곳에 가서 한 철 나면 될 것이다."

밖에 눈이 하얗다

이때 숭산 선사는 법명으로 속가의 이름을 그대로 사용하고 있었습니다. 고봉 선사는 그 이름이 속인의 이름이라 못 쓰겠다고 하시며 행원(行願)이라고 다시 지어 주었습니다. 법명을 고봉 선사께 처음 받은 것입니다.

고봉 선사가 떠난 후에는 거사들과 함께 느릅나무 껍질을 벗겨다 기름을 짜 도라지도 무쳐 먹고 콩가루와 깨를 먹으며 벽곡을 하면서 가을까지 공부하였습니다.

결제 때가 되어 수덕사로 옮겨 3개월 동안거에 들어 선과 법거량을 배웠습니다. 그러던 중에 문득 "삼세제불(三世諸佛)이 오늘 저녁에 다 죽어서 송장을 치워 주어야 할 터인데, 같이 송장을 치워 줄 사람이 있는지 찾아 보아야겠다."는 생각이 들어 밤중에 죽비 하나를 들고 정혜사로 올라갔습니다. 부엌에 들어가 놋그릇을 모두 꺼내 정혜사(定慧寺) 앞 공원에 둥그렇게 늘어 놓았습니다.

그 다음날 밤에는 법당에 가서 국보였던 향로를 내와서 견성암(見性庵) 마당 위쪽에 있는 감나무 꼭대기에 올려 놓고, 정혜사 관음전

불단 위의 부처님을 벽을 향해 돌려 놓았습니다. 다음날 아침이 되었을 때 절에서는 난리가 났습니다. 어떤 사람이 왔다고도 하고 또 산신이 내려와 스님들 열심히 공부하라고 혼을 냈다고 하는 소문이 쫙 퍼졌습니다.

셋째날 밤에는 견성암 대중처소에 가서 고무신 100여 켤레를 자루에 넣어 전월사(轉月舍)로 갔습니다. 전월사에 다다르니 대문이 잠겨 있어 바위를 타고 담을 넘어서 대문의 빗장을 열어 놓고, 그 고무신을 덕산(德山) 선사의 방 앞에 고무신 가게처럼 죽 늘어 놓았습니다. 대문을 닫고 나서는데 그만 '딸랑' 하고 소리가 났습니다. 이 소리에 덕산 선사의 시봉이던 원담(圓潭) 스님이 쫓아 왔습니다. 숭산 선사는 수덕사까지 거의 다 와서 큰 배나무 위로 올라가 숨었습니다. 원담 스님이 배나무를 지나가자 나무에서 내려와 원담 스님의 뒤로 가 죽비로 등을 쿡 찌르면서 "손들어!"라고 하였습니다.

"아악! 누군가 했더니 행원 대사였구만."

그래서 다른 이들에게는 말하지 말라고 하고 수각에 가서 손을 씻고 큰 방으로 돌아갔습니다. 그런데 조금 있으니까 대종이 울리고 북이 울리면서 큰 난리가 났습니다. 사실은 견성암에서 신발이 없어진 것을 안 비구니들이 전월사로 돌아가는 원담 스님을 붙잡아 괴롭히자 원담 스님이 실토를 한 것이었습니다. "며칠 동안 이 산중을 소란스럽게 만든 것이 그 미친 중이다."고 하여 산중공사가 열렸습니다.

고봉 선사가 보냈다는 이 학생 중이 정신이 돌았다, 그러니 산문출정을 시키느냐 아니면 그대로 두느냐 하는 것이 논의되었습니다. 산중의 대중이 모두 모였는데, 대부분의 의견은 참회(懺悔)를 하라는 것이었습니다. 숭산 선사께서는 하나도 꺼릴 것 없이 좋기만 하였습니다.

수덕사 부처님께 참회하고 상판과 하판에도 "잘못되었습니다."고 참회하였습니다.

"고봉 선사님의 체면을 보아 그대로 두어 둘 터이니 앞으로는 절대 그런 짓을 하지 말라."며 용서하였습니다.

다음으로 전월사의 덕산 선사께 참회를 갔습니다. 절을 올리자,

"아! 행원 스님 왔나? 젊은 사람이 그럴 수도 있지 뭘 그래? 잘 했어."라고 하였습니다.

그 다음으로 견성암에 갔더니 입승이 일엽 스님이었습니다.

"젊은 사람이 산중을 이렇게 시끄럽게 하고, 도대체 이럴 수가 있는가?"고 호통을 쳤습니다.

"이 세상이, 이 우주가 온통 시끄러운데 견성암만 시끄럽겠습니까?"라고 되묻고, "아무튼 잘못했습니다."고 참회하였습니다.

마지막으로 정혜사의 춘성(春城) 선사를 찾아 뵈었습니다.

"스님, 제가 어젯밤에 삼세제불을 다 죽여서 그 송장들을 치우려고 도반을 구하러 다녔습니다. 스님께서 제 도반이 되시겠습니까, 안되시겠습니까?"

"아! 이 사람 보게. 어디서 그런 것을 배웠나?"

"밖에 눈이 하얗지 않습니까?"

"아하, 이 사람 큰일낼 사람이네! 그래, 밖에 눈이 하얀데 그 눈 속에 불이 붙는 소식을 아는가?"

"왜 구멍 없는 젓대(피리) 소리를 하십니까?"

"이 사람이 장차 큰 일을 낼 사람일세. 그래, 구멍 없는 젓대 소리는 누가 낸다고 하느냐?"

"스님, 조반 잡수셨습니까?"

그러자 춘성 선사는 벌떡 일어나더니, 숭산 선사를 안고 춤을 추며 소리를 쳤습니다.

"행원이가 견성(見性)을 했다! 견성을 했어!"

그때 같이 있던 대중들의 눈이 휘둥그레지고, 덕숭산(德崇山) 산중이 발칵 뒤집혔습니다.

쥐가 고양이 밥을 먹다 밥그릇이 깨지다

1월 15일 해제를 하자, 숭산 선사는 고봉 선사를 찾아 길을 떠났습니다. 서울로 올라가는 길에 숭산 선사는 금봉 선사와 금오 선사를 뵙고 두 선사로부터 모두 인가(認可)를 받았습니다.

추운 겨울날, 누더기만을 걸치고 바랑에는 소주 한 병과 오징어를 넣고 22살의 숭산 선사는 고봉 선사의 절 앞에 섰습니다. 그 절의 스님들은 "저기 웬 누더기 중이 오징어 한 마리와 소주 한 병을 들고 오느냐? 저 사람이 큰스님 대접할 줄도 모르고 저런다." 하며 수근거렸습니다.

숭산 선사는 고봉 선사께 절을 올리고 말했습니다.

"제가 어제 저녁에 삼세제불을 다 죽여서 송장을 치우고 오는 길입니다."

"그걸 내가 어떻게 믿을 수 있겠느냐?"

"예, 제가 어제 송장을 치우고 제물 중에 남은 것이 있어서 여기 가지고 왔습니다." 하며 오징어와 술병을 꺼내 드렸습니다. 고봉 선사의 눈이 둥그레졌습니다.

"그럼 한 잔 따라라."

"잔을 내 주십시오."

이 말에 고봉 선사가 손바닥을 내밀었다. 숭산 선사는 술병으로 고봉 선사의 손을 치우고 술병이 깨지도록 장판을 내려쳤다.

"그것이 스님 손이지 술잔입니까?"

"아, 그놈 고약한 놈이네." 하더니 고봉 선사는 1,700 공안을 물어 나갔습니다. 한 30분쯤 그렇게 물었는데 숭산 선사는 전혀 막힘이 없이 대답을 하였습니다.

"아하, 네가 공부를 좀 하기는 했구나. 그러면 내가 마지막으로 한 마디 묻겠다. 쥐가 고양이 밥을 먹다가 밥그릇이 깨졌다. 이게 무슨 뜻이냐?"

"하늘은 푸르고 물은 흘러 갑니다."

"아니다."

"3 · 3은 9입니다."

"아니다."

"오늘은 날씨가 맑습니다."

"아니다."

"방바닥이 뜨끈뜨끈합니다."
"아니다."

무어라고 대답을 하여도 아니라고 하자, 숭산 선사는 10여 분 묵묵 부답하며 생각하였습니다. "춘성 선사도 인가해 주셨고, 금오 선사도 금봉 선사도 인가해 주셨고, 고봉 선사도 이제까지 인정을 해주시다가 왜 마지막에 아니라고 하실까?
 그때 숭산 선사의 머리를 스치는 것이 있었습니다.
 "내가 틀렸구나! 이래서 선지식이 필요하구나." 하며 바로 즉여(卽如)의 도리로 답을 하였습니다.
 고봉 선사는 숭산 선사의 손목을 잡고 눈물을 흘리며 말했습니다.
 "너의 꽃이 피었는데 내가 왜 너의 나비 노릇을 못하겠느냐?"
 고봉 선사는 숭산 선사를 이끌어 대중방에 들어가 대중들에게 "이 사람을 나와 똑같이 대우하라."고 하였습니다.

1949년 1월 25일 광나루의 상두암에서 고봉 선사로부터 전법 건당(建幢)하였습니다. 이때 고봉 선사로부터 받은 당호(幢號)가 숭산(崇山)입니다. 이렇게 숭산행원(崇山行願) 선사는 제78대(代) 조사(祖師)가 되었습니다.
 건당식이 끝나자 고봉 선사는 숭산 선사에게 말하였습니다.
 "너하고 나하고 오백 년 후에 다시 만나자. 네 법이 세계에 퍼질 것이다."

격동의 세월을 보내며

숭산 선사는 고봉 선사의 지시에 따라 3년 묵언(默言)을 시작하였습니다.

"3년 간은 묵언을 하라. 필요한 말은 하더라도 무슨 법문이나 도에 대해서는 이야기할 필요가 없으니 그 자리에서 잘 익히고 닦아야 한다. 입을 열면 기운이 나가 버리니 입을 다물고 있어라."

이렇게 묵언을 하자 욕심과 색심 그리고 일체의 감정이 다 소화되어 정심(定心)이 굳어졌습니다. 눈이 밝아지고 귀가 밝아지고 상황에 맞는 법문을 할 수 있게 되었습니다.

이렇게 3년 보림을 하는 동안 수덕사에 갔다가 재무를 맡게 되었는데 6·25전쟁이 터졌습니다. 6·25 전쟁 당시 수덕사로 북한 측 스님들이 들어 오는 바람에 천장사로 도망가 숨어 지내곤 하였습니다. 6·25를 겪고 나자 일차 공무원 소집이 있었는데 행정 착오로 군에 소집되었습니다. 훈련소에 입소하여 동창생의 도움으로 어렵게 시험을 쳐서 장교가 되었습니다. 훈련을 받으러 광주에 갔는데 그곳에서 구멍가게를 하던 전강(田岡) 선사를 만났습니다.

"자네가 행원인가? 화엄경에 십지품이 있는데 자네는 몇 지쯤 되었는가?"

"조반은 무엇을 잡수셨습니까?"

"내가 무엇을 먹었건 무슨 상관인가?"

"스님, 제가 몇 지이든 스님과 무슨 상관이 있습니까?"

"오늘 내가 행원이에게 코가 납작해졌네. 공부 잘 하게. 군대에 가서도 잊지 말아야지. 암, 그래야지." 하며 전강 선사는 매우 좋아하였습니다.

광주 보병학교에서 훈련을 마치고 소위로 임관한 후에는 최홍희 장군 휘하의 태권도 사단인 29사단에 배속되어 양양으로 가게 되었습니다. 그곳에서 숭산 선사는 장성들을 교화하여 불교장교회를 조직하여 참선을 지도하며 사관학교의 법회를 이끌기도 하였습니다.

6년 간의 군 복무를 마치고 육군 중위로 제대하고 와서 보니 고봉 선사께서는 미타사에 계셨습니다. 그런데 고봉 선사께서 숭산 선사를 보더니, "안 되겠다. 네 눈은 아수라(阿修羅)의 눈과 같구나! 우선 눈부터 보살의 눈으로 바꿔라."라고 하며 예산의 탈해사(脫解寺)라는 절로 100일 기도를 갔습니다.

그곳은 기도 성취를 많이 할 수 있는 곳이자, 기도를 하다가 미친 사람도 많고 또 여러 가지 경계가 나타나 기도를 채 마치기도 전에 나온 사람이 많은 곳이었습니다. 어느날 기이한 일이 일어났습니다. 이곳은 밤이면 장난이 많다고 하여 금강저(金剛杵)와 목탁을 옆에 두고 자는데, 자다가 보니 숭산 선사의 몸이 공중에 떠 있었습니다. 눈을 뜨고 주위를 살펴보아도 분명히 공중에 떠 있는 것이었습니다. 나한들이 장난을 하는가 싶어 "당장 내려놓지 못하겠느냐!"고 호통을 쳐도 역시 공중에 떠 있기는 마찬가지였습니다. 그런데도 몸은 움직일 수가 없었습니다. 옆을 보니 금강저가 있었습니다. 금강저를 들고

'옴' 자를 그리면서 "당장 내려놓지 못할까!"라고 했더니 몸이 밑으로 쑥 내려왔습니다.

탈해사에서의 백일기도를 마치고 서울에 오니 고봉 선사께서는 상도동 백운암에 와 계셨습니다. 선사님께 인사를 드리고 기도가 끝났다고 말씀을 드리니 총무원(總務院)에 가 소임을 맡으라고 하셨습니다. 당시에는 효봉(曉峰) 선사께서 종정(宗正)이셨고 청담(靑潭) 선사께서 총무원장이었습니다. 숭산 선사는 두 분 선사님께 말씀을 드렸습니다.
"우리 스님께서 백운암과 미타사를 왔다 갔다 하시는데 스님이 계실 절을 하나 주시면 국장을 제가 하겠습니다." 그래서 수유리 화계사(華溪寺)를 숭산 선사가 받게 되었습니다.

화계사 주지 발령을 받아 고봉 선사를 화계사로 모시고 총무원 일을 보는데 4·19혁명이 일어났습니다. 그때 이남채, 안덕암 스님 등이 조계사 총무원에 몰려와 대통령도 하야하였으니 청담 선사도 하야하라고 요구하며 하야성명을 쓸 것을 강요하였습니다. 총무원에는 청담 선사와 숭산 선사 그리고 벽암 선사만 있었습니다. 숭산 선사는 이들에게 말했습니다.
"다 좋은데 무리하게는 하지 맙시다. 성명서를 쓴다고 해서 종단이 넘어가고 안 넘어가고 하겠습니까?"
그러자 이남채 스님과 안덕암 스님은 "우리 스님과 가까워서……"라며 물러갔습니다.

이런 일이 있은 후로 숭산 선사는 재무부장, 교무부장, 총무부장을 차례로 지내면서 청담 선사와 함께 불교정화운동과 불교재건에 진력하였습니다. 5·16혁명 이후에는 불교재건 비상종회를 구성하여 그 의장을 맡아 종단분규를 종식시키는 일에 앞장섰습니다. 이때 효봉 선사께서 종정, 임기산 스님이 총무원장, 월하 스님이 총무부장을 맡고 교무부장을 현 태고종계에서 맡는 통합종단이 구성되었습니다. 하지만 몇 달이 지나자 대처승계가 통합종단에서 탈퇴하여 태고종을 설립함으로써 종단분규는 일단락 되었습니다.

서(西)쪽으로 법(法)을 전하다

일본과의 국교가 정상화되자 숭산 선사는 일본으로 건너가 1966년 동경에 대한불교 조계종 재일홍법원(在日弘法院)을 창건하고, 1970년에는 홍콩에 재향항홍법원(在香港弘法院)을 창건한 다음, 1972년에는 미국으로 건너가 재미홍법원(在美弘法院) 프라비던스 선원(Providence 禪院)을 창건하였습니다. 숭산 선사님은 30년 동안을 미국과 유럽을 비롯한 전세계에 걸친 해외포교로 부처님의 정통 법맥을 이은 30여 명의 전법제자(傳法弟子)를 배출하였습니다. 전세계 각처에 50여 개의 사찰과 선원을 창건하였고 수만 명의 신도와 수행자들을 지도하고 있습니다.

오늘날 서구에서 숭산(崇山) 대선사는 티벳의 영적 지도자인 달라이 라마(Dalai Lama)와 더불어 살아 있는 부처로, 그리고 동쪽으로 법(法)을 전한 달마대사(達磨大師)와 함께 서쪽으로 법을 전한 서양의 달마로 기리고 있습니다.

선원(禪圓)

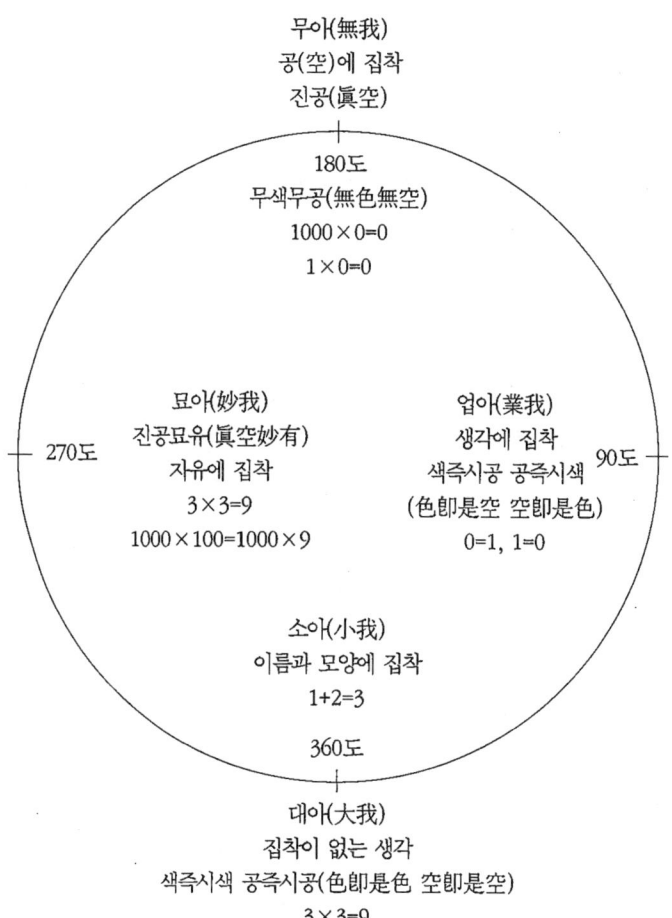

옮긴이의 말

항상 강남의 삼월을 생각하나니
자고새 우는 곳에 백화 향기롭다
長億江南三月 鷓處百花香

불교를 처음 접하여 숭산행원 대선사께 참학하던 그 시절을 생각합니다. 나에게 숭산은 봄인가 합니다.

얼마 전, 계룡산 국사봉 아래 무상사(無上寺)에서 정진하던 현각 스님과 이 책을 출판하신 물병자리의 유희남 사장님을 만났습니다. 이 자리에서 현각 스님은 큰스님의 어투(語套)와 어의(語義)를 살려 재번역하여 새롭게 편집한 개정판을 내었으면 하는 간절한 청을 하였습니다. 유 사장께서는 커다란 경제적 손실에도 불구하고 흔쾌히 개정판을 내기로 수락하였고, 제가 그 재번역의 책임을 감당하게 되었습니다.

책을 다시 읽어보니, 각각의 상황에 따라 간명하게 선리(禪理)를 풀어주시는 큰스님의 모습이 눈에 보이는 듯 하였고, 애쓰며 우리말로 옮겨주신 원번역자의 노력이 그대로 나타나 있었습니다. 그래서 가급적 처음의 번역을 살려 이 책의 일관성을 유지하면서 큰스님의 어투와 어의가 살아나도록 유의하며 다시 옮겼습니다. 그러므로 우리말 번역에 있어, 잘된 점은 모두 원번역자의 몫입니다. 그리고 잘못된 번역이 있다면 그것은 모두 본인의 책임임을 밝힙니다.

아무쪼록 이 책을 읽는 모든 이들이 참 '나'를 찾고, 더 나아가 일체 결박(結縛)의 번뇌에서 벗어난 대자유의 대장부, 해탈인(解脫人)이 되어, 구경지(究竟地)에 함께 서서 푸른 하늘 바라보며 한웃음 터트릴 날을 기대해 봅니다.

땅을 보고 웁니다.
아이고! 아이고! 아이고!

하늘을 보고 웃습니다.
하! 하! 하!

할!

산은 높고, 물은 흘러간다.

2000년 11월 1일
나무꽃 나루에서
無山本覺 삼가 쓰다